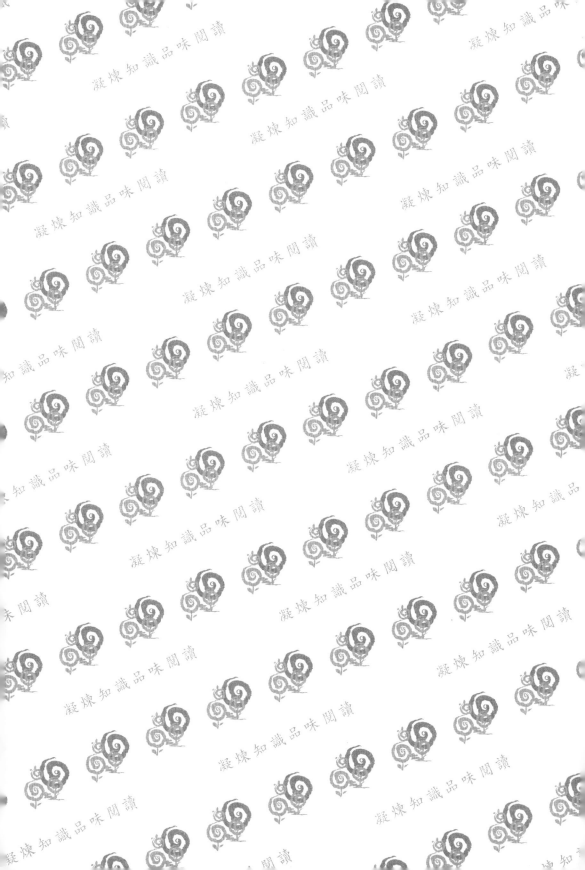

圖解
公共政策

汪正洋 著

推薦序

有一次我在課堂上請學生閱讀一些教材資料，某位同學說：「老師可不可以少一點！」我沒完全會意過來，所以我說這些都是很重要的教材應該要讀。她又說：「不是啦！我是說，能不能短一點，我好閱讀。」於是我問她，那妳說多長就算長？她回我說：「超過 LINE 一頁就太長了！」一時間，我傻住了！

事後想想，我意識到資訊科技已經改變了新世代人們的學習行為，從事教育工作的朋友如果不改變過去的思維模式可能就要面臨淘汰的命運。前頭那個小故事給了我一個大啟發，於是我開始稍稍改變過去我已經習慣的工作方式，包括我的課堂教學方式以及我在臺北市政府公務員訓練處的行政管理思維，獲益不少。

學棣汪正洋君是我在臺灣師大政治學研究所指導的博士研究生，勤學誠懇，謹小慎微，尤其具有追根究柢的治學精神。在攻讀博士學位期間不但博覽政治學、行政學、公共政策群籍，而且還在不少教育機構從事教學工作，以收教學相長之效。所以正洋可謂已在政治學相關科學裡浸淫經年，初有成效。最近他來尋我提到他又有新作即將問世並囑我為序，我一看書名《圖解公共政策》，立刻意識到他也體會到了新世代年輕學子執簡馭繁的學習需求。翻閱內文果然看見一張張圖表把公共政策理論的發展、公共政策五階段論、公共政策新觀念全部納入。這種執簡馭繁的功夫老實說並不容易，我很為他感到高興。

不過我也要在此提醒讀者一句，執簡馭繁只是入門方法，它可以讓讀者很快地了解公共政策梗概但並不是全貌。入門之後還是要深明究理才可以登其堂奧，否則將會陷入知其皮毛卻難明其道的窘況。

總之，這是一本初入公共政策理論的導讀書籍，很適合大學本科生和求取公職的青年使用。余審閱之餘，願為其序，並期許莘莘學子讀後能有所獲。

國立臺灣師範大學教授
臺北市政府公務人員訓練處處長
2018 仲秋序於臺北市公訓處

推薦序

在國家考試拿高分的關鍵助力——《圖解公共政策》

　　汪老師是我在剛開始準備初等考試時的老師。由於他生動活潑的講授方式，讓我對於行政學有了初步的認識，除了上課時努力聽課理解之外，多做一些考古題也是有助益的。後來因為初等考試的錄取率實在是太低，幾經思考後轉而報考錄取率高一點點的高普考。然而高普考的應試科目內容又比初等考更多、更深、更難，而且除了選擇題之外，又增加了申論題。當我在上課進度到一個段落的時候便開始著手練習申論題，一練習才發現，腦袋根本一片空白而無從下筆。我將這個問題反映給汪老師知道後，他便給了我這本《圖解公共政策》；在拜讀了汪老師寫的這本《圖解公共政策》之後，才從書中專業的內容、配合的圖像表格與各種例子，讓我覺得公共政策這一科的理論更加有趣、更加生活化了。書中淺顯易懂的理論說明和適例，經過重複的研讀內化之後，發現可應用於申論題中加以發揮，成為在國家考試中加分的關鍵助力。因此，我也將這本書推薦給其他準備國考的讀者們，希望每位讀者都能取得好成績。

許凱茹

（民國 100 年地方政府特考三等錄取）

五版序

公共政策（Public policy）是一門內容廣泛的學問，儘管人類自有政府以來，就有公共政策的存在，但真正成為一門應用性社會科學，也不過是 20 世紀中期的事。而且，公共政策的實務，通常是朝向專業分化的領域進行，例如交通政策、國防政策、經濟政策、教育政策……等等；基本的公共政策學反而是較少為人所知的。

對於有學習公共政策需求的學生或投身公職考試的讀者而言，可將本書當作輔助性教科書。因為多數公共政策學理來自艱澀的原文教材，或是這些歐美教材的翻譯；對一般讀者而言，由於環境的差異，較難對歐美的政策產生「同理心」。因此本書除了使用圖畫、表格及較淺顯的文字外，亦大量運用國內的政策來舉例，以彌補讀者在閱讀與理解國外教材的困難之處。同時，本書也儘量參考公職考試的命題方向來選擇題材，相信準備國考的讀者不論在測驗題（考在「行政學」一科中）或申論題，都能從本書中獲得助益。

由於本書必須兼顧「入門」與「應考」兩種特性，是以筆者採用較傳統的「公共政策五階段論」為鋪陳途徑，分別為：問題認定、政策規劃、政策合法化、政策執行以及政策評估，恰為本書的第三章至第七章。這是以一個理性邏輯的視角來看待公共政策，但在現實世界中，公共政策常受到政治角力、利益妥協，以及衝突調適等等不理性因素的干擾，反而很少以全然理性的方式進行。不過作為一本入門的教科書，以階段的方式論述仍是最容易理解的架構。

至於本書第一章「公共政策理論」，介紹公共政策的基本觀念，初學的讀者務必先讀本章，了解公共政策常用的名詞意涵之後，才能使後續的閱讀通達無礙。第二章「政策分析理論」，介紹學術界進行政策分析時經常採用的不同觀點及其背後的哲學基礎，其間涉及許多社會科學研究的方法與概念，若初學者覺得較為生澀，可待其餘內容閱畢之後，再回頭閱讀第二章。而第八章「公共政策新觀念」則是介紹 1980 年代後的新右派思潮對公共政策所產生的影響，本章彙集當下較新的議題如：治理、民營化、社會資本、地方創生、電子治理、政策推力……等等，作為強化讀者應試能力與社會觀察的跳板。

本書自 2012 年首版以來，已多次修訂；筆者感謝讀者的支持，更感謝求學過程中曲兆祥教授、吳瓊恩教授、紀俊臣教授、黃人傑教授、陳銘薰教授、史美強教授、許立一教授、諸承明教授與蘇子喬教授等諸位法政與管理學界大師名家的指點。而全書付梓應歸功於五南圖書法政編輯室副總編輯劉靜芬小姐及其編輯團隊，為原本枯燥平淡的公共政策學說賦予了全

新的活力。

　　在參政管道開放、參政年齡下修的今日，筆者反而更加憂心參政的品質是否能隨之提升。因此希望每位打開本書的讀者，無論是為了準備考試，還是為了成為一位理性思辨的公民，都能以本書作為理解公共政策的墊腳石，一窺政策科學的堂奧。

汪正洋

2022 年 3 月

第 2 章 政策分析理論

本書目錄

本書目錄

第 **4** 章　政策規劃

本書目錄

第5章 政策合法化

設法建立多數的聯盟

試探性地發布消息

把握適當提出時機

爭取社會資源支持

加強聯繫維持情誼

提供資訊增進了解

列席各種相關會議

運用立法聯絡人員

發揮黨政協調功能

政策相關資訊（policy relevant information）

政策主張（policy claim）

立論理由（warrant）

立論依據（backing）

駁斥理由（rebuttal）

可信度（qualifier）

抽樣誤差

題目設計失當

沉默的螺旋

傳統民意調查的缺失

審議式民調的意義

審議式民調的進行

公民投票的定義

公共政策與公民投票

公民投票的優缺點

提案

一讀會

本書目錄

第 6 章 政策執行

本書目錄

本書目錄

本書目錄

第 ① 章
公共政策理論

●●●●●●●●●●●●●●●●●●●●●●●●●●●●●● 章節體系架構

UNIT 1-1
公共政策的意義與學習目的

圖解公共政策

就實務來說，公共政策（public policy）存在的歷史與人類政府存在的時間一樣久，可說人類政府存在之目的，就在於處理各種公共事務，使人民過得更加幸福。但就學術而言，在 1951 年美國學者拉斯威爾（Harold D. Lasswell）與賴納（Daniel Lerner）合著《政策科學：範圍與方法的最近發展》（The Policy Science: Recent Developments in Scope and Method）之後，才使公共政策成為一門具有系統的獨立學科。

國內一般均將公共政策包含於公共行政之中，亦即公共行政是公部門中所有事務運作的通稱，公共政策只是諸多行政運作事務範圍之一，關心的是如何規劃妥適的政策、如何有效執行，以及如何評估的問題，因此不算是獨立的學科。但在美國，公共政策是獨立的研究領域，也有獨立的研究機構，主要提供政策分析方法與專業的訓練，與公共行政之間並沒有必然的關係。

（一）公共政策的定義

美國著名政治學者伊斯頓（David Easton）認為，公共政策就是「政府對社會價值進行權威性的分配」。社會價值指的是社會上一切人們所欲追求的有價值的事物，而政府因具有公權力，故可以對其進行管制及干預。例如政府對 Covid-19 疫苗注射順序的安排，民眾只能接受，若不按施打順序注射疫苗會受到處罰。

另一位學者戴伊（Thomas Dye）將公共政策定義為「政府選擇『作為』或『不作為』的任何行動」。例如政府決定允許含有萊克多巴胺的豬肉進口，並實施邊境檢查，這就是政府決定有所「作為」。另外，政府決定不啟用核能四廠，

這就是政府決定對核能發電採取「不作為」。無論作為與不作為，都經過縝密的規劃，也都是公共政策。

伊斯頓和戴伊的定義指出了兩個公共政策的基本要件，前者的定義強調政府具有「公權力」可以分配社會各種資源；後者的定義則強調政府一切「決定」都是公共政策。因此，吳定教授綜合上述國外知名學者的定義，認為公共政策指「政府機關為解決某項公共問題或滿足公眾需求，決定作為或不作為，以及如何作為的相關活動」。

（二）學習公共政策的目的

公共政策的知識在現代社會相當重要，學者們鑽研公共政策的知識，可以分為以下三種目的：

❶實證論（Positivism）觀點──讓事實為自己說話

作為一位社會科學家，應對於政策狀態的事實面有系統地加以研究，將各種變數予以經驗性的印證，建立放諸四海皆準的決策法則。

❷工程模式（the engineering model）──以有限知識學術報國

主張一位社會科學家應以行動對社會產生關懷，運用自己長期累積的知識，為社會事務或公共政策的推行做些補偏救弊的工作。

❸啟蒙模式（the enlightenment model）──使人人都能成為理性的政策分析家

啟蒙模式不僅希望啟迪決策者的思考方向，在民主社會中，更希望民眾也能學習和理解公共政策的相關知識，促成人們對政策議題的理性思辨，實現理想的公民社會。

其他關於公共政策的重要定義

學者	定義
安德森 （Anderson）	公共政策就是由政府機關或政府人員所發展出來的政策。
包爾（Pal）	公共政策是公權威當局所選擇的行動綱領或不行動，以闡明某既定問題或一組相互關聯的問題。
謝富（Chelf）	公共政策是一項政府在處理某個大眾所關心的對象或爭論的問題時，所做的行動方案，通常涉及幾個不同的部門及機關。
賴契特 （Leichter）	公共政策乃是由權威性人員所採取的一系列目標取向之行動。
丘昌泰	公共政策是公權威當局所進行的活動；是政府機關一種有意識的意圖行為，包括公權威當局行動或不行動的作為；同時也是問題導向的，目的在解決社會問題。

學習公共政策的各種目的與限制

	目的	舉例	限制
實證論	準確描述事實，以建立公共政策的決策法則。	研究影響房價波動的因素為何，並建立經濟模型。	易淪為「學術象牙塔」的研究。
工程模式	以自己的知識與經驗，倡導特定政策來改善社會。	倡導房屋稅制改革，增加空屋持有者的壓力，使其願意出售房屋，增加市場供給以平抑房價。	易陷入「專業宰制」的心態，忽視民眾真正的需求。
啟蒙模式	教育決策者和人民，去學習和理解政策的基本概念。	傳播各種有關房屋價格波動的專業知識，讓人民及決策者理解房價波動的原因，及各種政策調控可能產生的後果；並使決策者的房價調控政策得以受到公眾合理的評價，達成民主課責的目的。	對社會環境的要求較高，需要人民本身有相當高水平的教育程度，且決策者願意放下個人的政治利益，從理性的角度出發，追求公共利益。

UNIT *1-2*
公共政策的歷史演進

自有人類的政治組織，就有專人向執政者分析局勢、提出各種政策建設，如我國春秋戰國時期以來就有的謀士，東漢末年諸葛孔明的「隆中對」，更是一場膾炙人口的政策分析。只不過，今日的公共政策，受到西方理性主義的影響，自然與過去大不相同，本單元約略介紹 20 世紀以前的公共政策研究發展史。

（一）古代的公共政策研究

就公共政策的歷史而言，我國古代的公共政策反映的是各種哲學思想，例如道家著重休養生息的無為之治，漢代「文景之治」就是這種思想的代表；法家思想著重客觀情勢的變化，商鞅、管仲可為其代表；儒家思想重視以民為本的民本政治，並有「重農抑商」的基本政策主張。

至於西方的公共政策研究起源，有學者認為最早的起源可溯自西元前 1800 年的《漢摩拉比法典》（*Hammurabian Code*）中，相關的公共政策實務之規定。至西元前 4 世紀時，則有許多「符號專家」（symbol specialists）被執政者網羅以預測政策後果，像是巫師、占卜者等，儘管方法並不科學，形式上仍可算是一種政策研究。爾後歐洲中世紀都市文明逐漸擴張，各國的領袖招募各種類型的財政、法律與戰爭專家，作為領袖的決策顧問，方為較具科學雛型的政策研究。

（二）19 世紀的公共政策研究

19 世紀時公共政策研究的主角是歐洲的數量研究方法，主要的特徵包括三個層面：實證研究、政治穩定，以及專業知識。

❶ 實證研究的成長

在 19 世紀初期，統計學發展成一個專門學科，也成立了相關的學會，統計學家開始蒐集都市化與工業化的相關資訊，並倡導以價值中立的觀點研究社會問題。除此之外，大量以經驗科學為基礎的研究，也突顯人類從農業社會轉變為工業化社會、都市化社會的過程中，希望擺脫宗教束縛，掌握自己未來的渴求。

❷ 政治穩定性的成長

工業化社會需要一個穩定的成長環境，因此相較於工業革命前的歐洲，人們的生活如同機器般依循著慣常模式運作。19 世紀的國際政治也相對穩定，歐洲主要工業國家之間的大規模戰爭較過去少，政府關注的焦點自然就放在國內問題的解決。

❸ 專業知識的成長

19 世紀也是應用性社會科學逐漸成熟而分化成專業學科的時代，除了前述的統計學、社會學、經濟學、行政學等等都在此時成為專業學科，也形成日後設計公共政策的知識基礎。

綜上所述，人類面對公共問題尋求解決之道時，可說是日漸朝向客觀理性科學方法移動。尤其 19 世紀人類理性主義的發展，更是奠定了 20 世紀政策科學分析的基礎。

我國古代著名的公共政策

朝代	著名的公共政策
周代	井田制度等
春秋戰國	管仲之尊王攘夷、商鞅之獎勵軍功、實施連坐等
秦代	車同軌、書同文
漢代	平準法、均輸法等
宋代	王安石之青苗法、方田均稅法、免役法、保甲法等
明代	張居正之一條鞭法等
清末民初	孫中山先生之建國大綱、建國方略等

公共政策的演進

時期	知識基礎	發展方向
19世紀之前	哲學思想	❶中國：以儒家思想為主 ❷西方：從巫術、占卜到稍具科學雛型的法律、戰爭與財政分析
19世紀之後	科學思想	大量運用數學、理性邏輯，以及專業知識

 ★人類社會科學的研究：從「應然」到「實然」

公共政策的研究，與人類解答社會問題的演進一樣，是從「應然」到「實然」的過程。所謂「應然」，乃指探討事物「應如何做」的意思，比較偏向規範性的判斷，通常屬於哲學的範疇。例如當我們討論「政治」時，孔子說：「君子之德，風，小人之德，草；草上之風，必偃。」（論語‧顏淵），認為在上位者應以德化民；但韓非子說：「威勢可以禁暴，厚德不足以止亂。」（韓非子‧顯學），認為執政者當以暴制暴。以上二例為「應然」的說法，同一個問題，會因提出者主觀意識不同而有所差異。

至於「實然」面的探討，則著重在研究事物的本質或問題的真相為何。例如同樣是關於「政治」的討論，我們熟悉的孫中山先生曾說「政治就是管理眾人之事」，可見當時孫中山先生的思想已經是較科學的「實然」觀念。當代西方對政治的定義則為「權力的鬥爭」，充分展現政治的本質，而不帶價值觀的判斷，同時不只用於國家的範疇，也可用於任何組織理論的研究，是標準「實然」的解釋。

UNIT 1-3
20 世紀初期公共政策研究的回顧

關於公共政策的研究，以 1950 年代興起的「政策科學運動」為權輿。然而我們在此還是先從 20 世紀的前期開始。

在政策科學運動興起之前，美國社會科學與哲學思潮的演進具有三大方向：

（一）實用主義

實用主義（pragmatism）是從 19 世紀法國哲學家孔德（Auguste Comte）的實證主義（positivism）發展而來，實用主義認為真理必須符合人類社會的實際狀況，方具有實用價值。此一實用主義的精神，反映出美國中產階級要求經濟發展的進取、務實精神，也使政策科學後來發展成一門應用性的社會科學。

（二）工具主義

認為哲學與科學的貢獻應視其改善人類生活的程度而定。美國知名哲學家杜威（John Dewey）即認為知識與思想僅是達成行動的工具，其價值應由行動的後果來評估。

（三）應用社會科學

主張以「量化研究」及「科際整合」來分析政治現象，解決社會問題。代表人物如梅因（C. Merriam）、林德（R. S. Lynd）與墨頓（R. K. Merton）等。經由這些學者的鼓吹，使公共政策的研究成為一門科際整合性的學科。

除了學術思想的發展，現實社會中也有兩大事件影響公共政策研究的演進：

（一）羅斯福總統的新政（The New Deal）

在新政時期（1933-1945），羅斯福總統聘用大量的社會科學家，對當時的社會經濟問題進行客觀的調查與研究，作為政府擬定社會政策的依據。同時這些科學家也開始建構各種政策模型，以進行各種社會實驗與方案檢測。

（二）兩次世界大戰

第一次世界大戰期間及之後，美國胡佛（H. Hoover）政府就以社會科學方法進行過兩次大規模社會調查。第二次世界大戰及戰後的重建工作，讓政府面臨許多亟待解決的社會問題，正好給予社會科學家們許多實驗理論與模型效力的機會，無論社會福利、經濟重建、國防戰略，都有社會科學家的參與及貢獻。

綜觀 20 世紀初期的發展，成熟的社會科學已經正式運用在公共事務的調查與解決方案的設計上，社會科學家在政府決策過程中也已扮演舉足輕重的地位。凡此種種，皆為 1950 年代的專業政策科學研究興起奠定良好的基礎。

知識補充站

★實證主義

實證主義的鼻祖——法國思想家孔德認為人類知識的演進分為神學、玄學、科學三個階段，只有科學是追求現實的、有用的、精確的、積極的；所以實證主義就是科學，其目的在發現自然規律，而社會生活受自然規律的支配。實證主義的發展是人類知識從尋找宗教解釋而追求哲學意義，最後以科學方法來了解事物的里程碑，這種以科學觀念解決人類所有問題的哲學思想主導一百多年，直到1960年代才逐漸受到批判而衰落。吳瓊恩教授將實證主義的發展過程歸納如下：

時期	代表	主要論述
前實證論時期 （18世紀以前）	亞里斯多德 （Aristotle）	邏輯學的研究
第一代實證論 （19世紀中葉以前）	孔德、密爾 （J. S. Mill） 史賓賽 （H. Spencer）	❶ 科學知識必須以感官經驗基礎 ❷ 科學的普遍原理乃經由事實的歸納而得 ❸ 社會科學和自然科學在研究方法和對象上是一致的
第二代實證論 （19世紀末）	馬赫（E. Mach）	❶ 強調科學方法，在科學中清除形上學的基礎 ❷ 以函數關係取代因果關係
第三代實證論 邏輯實證論 （1920~1950年代）	石里克（M. Schlick） 等學者組成 「維也納學派」	可證性原則： 認為可以實證方法加以驗證的命題才具有意義

★量化研究與質化研究

一般社會科學研究會區分成「量化研究」與「質化研究」兩種。通常量化的方法在於以統計學進行研究，是實證主義下的產物。質化研究的方法則重視對個案資料進行深入的了解；兩者的比較如下：

量化研究	質化研究
測量客觀的事實	建構社會的真實、文化的意義
焦點置於變項的處理	焦點置於互動的過程、事件
以信度為關鍵	以誠實為關鍵
以價值中立為理念	以當下及明確為價值理念
獨立的情境脈絡	互動的情境
許多個案、受試者	很少的個案與受試者
統計式的分析	主題式的分析
研究者是獨立的	研究者參與其中

大體來說，1930年代起，公共政策的研究是以量化研究掛帥，直至1960年代末期，才重新重視質化研究的重要性；而當代學者多認為良好的公共政策研究應當是結合兩種方法優點。

★科際整合

公共政策是一門「科際整合」性的學科，意指在研究公共政策時，並不僅限於單一學科的知識，只要能用來解決實際問題，無論是政治學、經濟學、管理學、哲學、法學、心理學、統計學、人類學……等，任何學門的知識都可以引用，因此任何學科的專家，都可能成為公共政策領域的一份子。

UNIT 1-4 當代公共政策研究的興起——政策科學運動

圖解公共政策

在當代公共政策研究發軔之時，美國的社會科學與哲學吹的是一片實用性、工具性的風潮，所以當代公共政策的研究是充滿科學理性色彩的。整個政策科學運動可分成三階段說明：

（一）第一階段：1950 至 1960 年代

此一時期以拉斯威爾（Lasswell）與賴納（Lerner）在 1951 年所著之《政策科學：範圍與方法的最近發展》為開端，此時政策分析者以經濟學家為主，著重政策的效率與量化分析，並運用資訊科技協助政府進行政策規劃，例如大規模民調、系統分析、線性規劃研究等，展現出以科學方法解決社會問題的信心與期望。

（二）第二階段：1970 至 1980 年代

前述政策科學萌芽時期的發展頗為順利，但隨著社會問題的日趨複雜，在 1960 年代末期逐漸捉襟見肘。越戰失利、水門案爆發、能源危機等，在在顯示過度重視計量方法的公共政策分析不能真正解決社會問題，而道德規範、價值信念等倫理議題再度受到重視。詹森總統任內（1963-1969）推動「大社會計畫」（Great Society），高喊「向貧窮宣戰」（The War on Poverty），積極推動各項經過縝密計畫的社會福利政策，最後雖大都失敗收場，卻使學者注意到政策執行與評估的重要性不亞於政策規劃，以及學術與實務界二者在知識認知與應用上的差異，亦為從失敗中學到的教訓。

在這一階段中，學者開始了解科學理性並非解決問題的萬靈丹，也不能取代利害關係人的共識，政策研究不能脫離價值體系，必須在各種不同觀點與利益中取得平衡；而政策科學家的角色，在於提供資訊以協助政治人物了解問題，並擴展他們思考政策行動的空間。

（三）第三階段：1990 年代以後

當代公共政策的研究可包括傳統研究主題的修正，以及新研究方向的發展：

❶傳統研究主題之修正

①公共政策倫理與價值的討論：公共政策就是人類的「選擇」，因此政治倫理、社會道德等價值觀，是公共政策探討的主題之一。

②公共管理的改良：公共管理就是推動公共政策的組織、計畫、指揮與管制等工具。因此，改善行政組織的各項管理技術，也有助於公共政策的執行。

❷新研究方向的發展

①相關性與應用性的增強：公共政策的研究必須務實地解決人類社會的問題，因此純科學的量化研究必須和意識形態、價值觀等面向配合，才能反映社會生活的真實面貌，並解決問題。

②政策分析的制度化：1960 年代以後，美國研究公共政策的學術社群逐漸形成，民間也出現研究公共政策的專業「智庫」（think tank），政府各部門也設置專責政策研究的幕僚單位，使公共政策成為一門獨立學科。

政策科學運動的發展

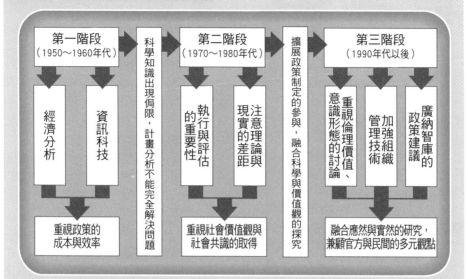

★大社會計畫

1960年代美國總統詹森以建立「偉大的社會」為目標,決定幫助窮人、老人及單親家庭,大幅增加福利預算,此一連串的計畫即稱為「大社會計畫」。但增加福利預算並不代表低收入貧困人群享受到更多福利,其結果是填飽了假貧民、福利商人和負責福利的公務員的肚子,而勞動者愈來愈喪失工作意志。

★智庫

智庫是指參與公共政策運作過程,進行政策分析,提供政策相關資訊及建議的研究機構。智庫可以是官方的,也可以是民間的,不過一般仍以民間研究機構為主;智庫通常擁有各種專業政策分析人員,他們接受政府機關的委託,或基於本身專業需求,主動進行政策問題研究。美國最重要的公共政策智庫包括:
❶ 布魯金斯研究所(The Brookings Institution)
由企業家布魯金斯(Robert S. Brookings)設立於1916年,強調「沒有意識形態」的政策研究,在70年代卡特總統任內扮演協助政府政策規劃的關鍵角色。
❷ 美國企業研究所(The American Enterprise Institute)
由布朗(Lewis H. Brown)於1943年創立,本來只為公司客戶分析國內經濟,後來再擴大至社會福利、國防、外交等領域,在雷根與布希總統任內都提供許多重要的政策分析。
❸ 藍德公司(The RAND Corporation)
藍德公司是1948年時由政府捐助基金而成立,並由政府協助營運,雷根總統的「星戰計畫」及老布希總統的「沙漠風暴」都由藍德公司參與研究。
❹ 傳統基金會(Heritage Foundation)
由企業家柯爾斯(Joseph Coors)等人於1974年成立,由於立場傾向保守,在雷根政府時期主導許多社會福利政策的規劃。
我國也有許多智庫,在官方有行政院國發會的「國家政策網路智庫」;半官方的有「中華經濟研究院」;在民間有「臺灣新社會智庫」、「臺灣智庫」、「國家政策研究基金會」、「臺灣綜合研究院」(簡稱臺綜院)等等。

UNIT **1-5**
公共政策知識的應用鴻溝

公共政策應用知識的方式，可分為「工具性應用」（instrumental utilization）與「概念性應用」（conceptual utilization）；前者是指運用各種知識以影響公共政策；後者則是運用各種知識以啟發決策者的思考方向或處理公共問題的態度。而實際上，大多數的知識應用是屬於後者。衛斯（Weiss）認為政策研究知識之所以無法直接影響政策制定的原因在於：❶政策研究的知識太過理論性，不能解決問題；❷政府機關的限制因素太多，無法依據研究結果制定公共政策；❸政策研究者與政策制定者之間的溝通不良；以及❹政策研究者與政策制定者之間價值觀的歧異。

這種從事學術研究的公共政策學者與從事實務工作的政策決策者之間所存在的知識應用鴻溝，就是一般所謂的「理論與實務脫節」現象。學者對此提出了「二元社群論」（two-communities theory），又稱「兩界理論」，意指政策研究者與政策制定者根本是屬於兩個不同世界的人，各有其特定的環境、專門術語、價值觀、報酬與懲罰系統等，以致雙方難以溝通。他們的鴻溝可由下列幾點觀察：

❶研究目的的差異

政策研究者認為研究的目的是對知識累積做出貢獻，俾為社會問題提出解決方法；但政策制定者有時反而將研究視為拖延決策或解決政治危機的工具。

❷研究動機的差異

政策研究者認為研究是維持其學術聲望的方法之一，並經由研究了解社會問題，改善社會環境或影響政策制定；而政策制定者則希望透過研究能為決策提供相關資訊，以協助對自己有利的政策制定。

❸問題界定的差異

政策研究者以專業知識來認定政策問題；政策制定者則以過去的經驗界定政策問題。

❹預期研究結果的差異

政策研究者希望研究結果能得到正確、客觀的成果；政策制定者則期望研究結果能對政策制定提供資訊、引導決策，為政策提供合理化的依據。

❺研究方法的差異

政策研究者重視不同的研究方法，願意採用創新理論；政策制定者居於官僚體系中，較喜歡採用爭議性低、量化性的研究，以避免產生太多的爭議。

❻研究時間的差異

政策研究者對研究品質有強烈要求，需要有足夠的時間去界定問題、蒐集資訊、分析資料等；但政策制定者對資料的需要是立即性的，以有效地解決問題。

❼使用術語的差異

政策研究者與同僚之間的溝通有時會使用一些專門術語，而政策制定者不一定能了解，因而造成彼此的隔閡。

❽報酬系統的差異

政策研究者從事政策的研究，主要誘因來自於對學術的追求，最大的回饋是來自學術界的尊崇；而政策制定者身處層級體制中，依循公部門的獎懲陞遷系統。

二元社群論反映了所謂「理論與實務的差距」，而學術界與實務界也不斷地試圖在科學性的「硬知識」（hard knowledge）與實務的經驗或普通常識的「軟知識」（soft knowledge）之間建立對話管道，以消弭二者之間的差距，建立「有用的知識」（usable knowledge）。

二元社群表列說明

	政策研究者	政策制定者
代表人物	大學教授	高級文官
研究動機	維持學術聲望或影響公共政策	提供決策者相關資訊以制定政策
問題界定	運用專業知識	運用政治經驗
對研究結果的預期	正確的結果	使政策合理化的資訊
研究時間	時間充分	時間壓力極大
溝通語言	科學術語	通俗語言
報酬系統	學術地位	職等、薪資、工作保障

二元社群之間的差異

 學術界（學者） | 鴻溝 | 實務界（文官）

學術界（學者）	實務界（文官）
在學術機構中進行研究的環境	在真實社會中面對民眾的環境
習慣使用操作性定義清晰的學術名詞	必須使用一般社會大眾能接受的草根語言
以理論與科學模型看待問題	以政治因素看待問題
透過科學分析尋求答案	透過協商取得共識，以尋求利害關係人配合政策執行
在學術機構中，以論文的數量與品質提升地位	在官僚機構中，以解決問題的能力與年資逐級爬升
重視知識的累積	重視問題的解決

學者往往用科學模型、實驗結果等等來解釋或預測公共政策，不是艱澀難懂，就是過度簡化了實際的社會現象。反之，決策者並不在意研究方法，只要能解決社會問題、穩固執政地位的方法，就是好方法，因此通常被學者所排除的「政治問題」，卻是決策者最重要的考量因素，以至於二者在溝通上產生極大困難。

二元社群之間的差異

政策研究者

尋找知識掮客（knowledge broker），將學者的研究成果傳送給官員，同時也將官員的理念傳達給學者。政策分析家如果有相當的實務經驗，最適合擔任知識掮客的角色。
學術界應主動地宣傳、遊說及傳播本身所產生之知識，作為知識之宣傳者、遊說者及中介者。以普通語言建構實務界所慣用的普通知識。

政策制定者

UNIT **1-6**
公共政策研究的範圍

圖解公共政策

（一）國內學者的看法

公共政策研究範圍的區辨，在學術界並無定論，吳定教授的見解如下：

❶政策科學研究

政策科學可泛指一切有關公共政策議題的系統性的知識，著重於對政策有關的學術理論之研究探討，研究之目的在累積公共政策的相關知識；由於抽象程度較高，通常是大學及學術研究機構在從事的工作。

❷公共政策研究

政府機關為解決社會問題而針對公共政策所做的一切研究，均屬此一範疇，其內容一般包括「問題認定」、「政策規劃」、「政策合法化」、「政策執行」與「政策評估」等五個階段，研究之目的在了解公共政策的運作過程及活動；學術機構、政府機關的專業研究幕僚、民間智庫等都經常從事這種研究。

❸政策分析研究

在政策制定的過程中，政策分析人員為了釐清問題，並設計各種可行的方案以供決策者選擇，而進行的各種研究分析，即為政策分析的研究，因此也可稱為「政策制定研究」，研究之目的主要在於實務上尋找解決公共問題的適當方案，而非學術知識的累積，因此政府機關和智庫較常從事這種研究。

（二）國外學者的看法

在國外學者的看法中，以哈務（Hogwood）與岡恩（Gunn）所提出的公共政策研究範圍較為完整：

❶政策研究

著重政策理論的建構，是學術界所著重的領域。又稱為政策本身的研究（analysis of policy），範圍包括：①政策內容研究：針對特定政策的背景與發展，去探討其起源、意圖、運作、發展、預算等，以解釋該政策的來龍去脈，告知決策者及後學者政策意涵；②政策過程研究：描述政策問題如何形成的階段活動，著重於影響政策形成的因素；③政策產出研究：解釋在不同環境裡，什麼因素決定了政策的產出水準。

❷政策分析

著重政策建言與實際的政策規劃，企圖解決社會問題，是為了政策而研究，強調技術與政策說服的工作。範圍包括：①政策制定的資訊分析：幫助決策者達成政策決定而從事資訊的蒐集與分析，具有政策合理化的政治意義；②過程倡導：改變政策制定過程，透過政府任務的重新評價或方案評估的發展，強化政策選擇基礎；③政策倡導：如何利用「分析」作為採行某一特定政策的論證基礎，特徵為：Ⓐ分析人員應成為一位懂得推銷理念的「政治行動者」；Ⓑ應力求客觀的分析與資訊來彌補常識之不足。

❸政策研究與政策分析的重疊——政策評估研究

對政策的價值和成敗作判斷的過程，是否達成目標？是否有意義？兼具描述性與規範性。

公共政策研究的範圍（吳定教授的看法）

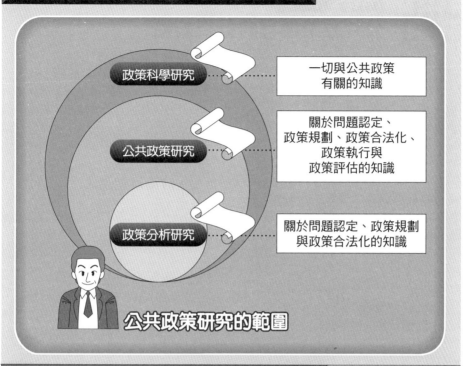

政策科學研究 ……… 一切與公共政策有關的知識

公共政策研究 ……… 關於問題認定、政策規劃、政策合法化、政策執行與政策評估的知識

政策分析研究 ……… 關於問題認定、政策規劃與政策合法化的知識

公共政策研究的範圍

公共政策研究的範圍（哈務與岡恩的看法）

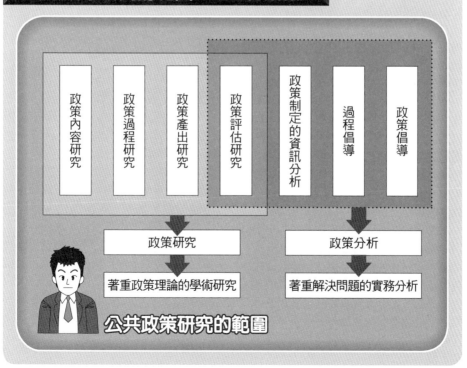

政策內容研究　政策過程研究　政策產出研究　政策評估研究　政策制定的資訊分析　過程倡導　政策倡導

政策研究 → 著重政策理論的學術研究

政策分析 → 著重解決問題的實務分析

公共政策研究的範圍

UNIT 1-7
公共政策過程的分析觀點

圖解公共政策

公共政策過程的觀念是有「政策科學之父」美譽的美國學者拉斯威爾（Lasswell）的貢獻。他認為公共政策的研究包括「政策內容」與「政策過程」兩部分，前者是指公共政策運作過程中所必須使用的科學分析技術，例如在都市規劃的政策中，所需要的人口密度、環境汙染、交通運輸分析等等的專業知識；後者則指公共政策形成過程所應具備的程序知識，主要是政治、行政與組織理論方面的知識，例如在都市規劃中，政府應如何平衡各方利益，以利政策執行。拉斯威爾認為兩種知識在公共政策上應該兼備，但政策過程的知識更可能影響政策的制定與執行，所以身為一個公共政策的研究者，除了相關領域的科學專業知識外，更應重視政策過程的研究。

公共政策的教學與研究十分重視政策過程，惟對於政策過程的研究一向有兩種觀點，一是主張公共政策的過程是一個理性的科學過程，可以清楚地分為若干步驟，如問題的認定、議程的設定、方案的規劃、合法化、執行與評估等等，並不斷的重複此一循環，此為「階段論」的觀點；另一則是將公共政策的過程視為充滿政治因素的過程，無法以理性角度觀察，必須以政治、社會等等人文理論加以詮釋，此即為「反階段論」的觀點。

在階段論與反階段論兩種觀點中，階段論又是公共政策研究的主流，甚至被稱為「教科書觀點」。儘管由於社會複雜性日增，像階段論這種按部就班的理性途徑已不完全符合真實的公共政策過程，但仍是最簡單明瞭的方法，本書寫作亦採用此種觀點，將公共政策過程分為下列五個階段：

（一）政策問題認定階段

主要在探討公共問題為何會發生？如何從社會關注的「公共問題」變成政府必須解決的「政策問題」？以及一些認定問題的基本方法。

（二）政策規劃階段

主要介紹各種政策方案規劃的途徑、流程與方法，以及一個理想的政策方案應注意哪些原則。

（三）政策合法化階段

在合法化過程中，可能有行政機關、立法機關、利益團體等立場不同的參與者，他們的策略為何？即是本階段探討的重點。

（四）政策執行階段

探討政策執行時所運用的政策工具、執行者的因素，以及如何讓政策順利執行等。

（五）政策評估階段

主要說明各種政策評估的方法、指標等，以了解一個政策的成敗，以及是否應該持續或終結等。

在前述五個階段中，每個階段都會受到諸如政治氣氛、經濟發展、科技進步、社會風氣、文化遞嬗、法律修訂、全球局勢……等環境因素的影響，因此環境因素也是公共政策研究中不可忽視的一部分。

公共政策過程的五個階段

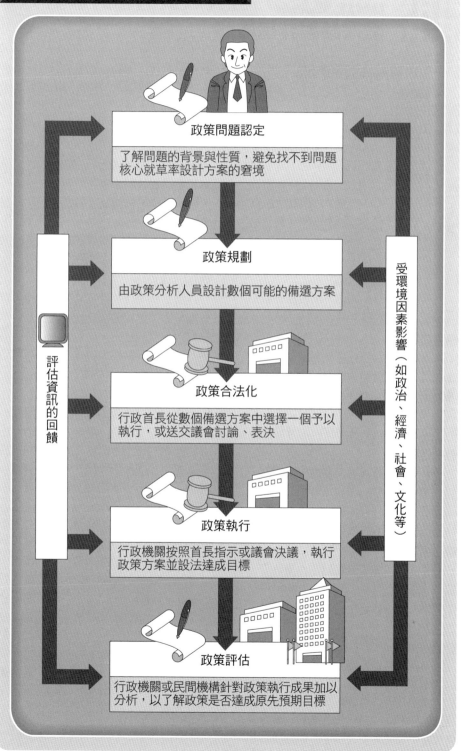

政策問題認定

了解問題的背景與性質，避免找不到問題核心就草率設計方案的窘境

政策規劃

由政策分析人員設計數個可能的備選方案

政策合法化

行政首長從數個備選方案中選擇一個予以執行，或送交議會討論、表決

政策執行

行政機關按照首長指示或議會決議，執行政策方案並設法達成目標

政策評估

行政機關或民間機構針對政策執行成果加以分析，以了解政策是否達成原先預期目標

評估資訊的回饋

受環境因素影響（如政治、經濟、社會、文化等）

UNIT **1-8** 公共政策過程的爭議—— 階段論與非階段論

圖解公共政策

（一）政策階段論的內涵

政策過程的階段論是當代公共政策教學與研究的主流，如前一單元將公共政策的分析架構定為「問題認定」、「政策方案規劃」、「政策方案合法化」、「政策執行」與「政策評估」等五個循環的階段。除此之外，國外學者如安德森（J. E. Anderson）、鍾斯（C. O. Jones）等，也從階段論的角度看公共政策的形成。

（二）階段論的類型

丘昌泰教授歸納國內外階段論的觀點後，將之分為六種型態：

❶直線型

將政策分析的過程排列為一個循序漸進的直線，如前述的安德森與鍾斯外，還有史塔林（G. Starling）將政策過程分為五個階段：問題認定、政策建議方案、政策採納、問題運作、政策評估。

❷循環型

循環型是以直線型為基礎，但認為一個公共政策從第一階段進行到最後一階段之後，會因為評估結果而進行不斷的修正、重複，因此呈現循環的現象。

❸金字塔型

金字塔型的過程論是以政治學的菁英論為基礎，認為政治菁英擁有決策與執行的權力，位居金字塔上層，一般民眾只是被統治者，位居金字塔底層。

❹同心圓型

同心圓型的觀點認為政策形成的過程依其參與程度來分，是以核心圈為中心，再由內而外漸次延伸。由於同心圓是封閉的，故一般人沒有參與的機會。例如在美國的外交政策中，總統與核心幕僚常是最內圈的核心圈，第二圈則是相關的部長級閣員，第三圈則可能是國會議員與學者專家等。

❺平面螺旋型

認為公共政策是由外向內逐漸發展的過程，在順序上與同心圓型相反，同時也是開放性的，民間參與者有機會涉入政策形成。例如我國曾以「民間經發會」、「國是會議」、「全國能源會議」等等名目凝聚產官學界共識而形成公共政策。

❻圓錐螺旋型

以圓錐螺旋代表政策流動的方向，可以顯示政策過程的層級性，並認為政策形成過程可能是由外向內（由基層到高層），也有可能是由內向外（由高層到基層）。

（三）非階段論的觀點

非階段論者認為，現實生活中的問題非常複雜，不太可能以如此規律的線性模式呈現，因此階段論的模型純粹是理論上「理想化」的產物，難以真實反映公共政策形成的全貌。

非階段論非常重視政治因素在公共政策中所扮演的關鍵性角色，認為公共政策的制定是人類權力運作下的產物，也就是私人利益相互競爭的政策賽局（policy game），是故公共政策常是私人利益、企業團體與政治人物相互勾結的縮影，根本無法以理性的階段論觀點呈現。林布隆（C. E. Lindblom）的「漸進途徑」（見 4-6 單元）與柯漢（M. Cohen）的「垃圾桶途徑」（見 4-7 單元）均為代表之作。

安德森的政策過程論

政策行動模式	主要活動
問題形成與議程設定	分析政策問題及其形成因素
政策規劃	找出可能的解決方案；確認政策規劃的可能參與者
政策採納	找出政策方案應具備的合法化形式與實質要件
政策執行	決定政府與民間的配合措施；了解執行行動的影響
政策評估	觀察政策所產生的影響；確定政策評估者；探討政策的變遷

鍾斯的政策過程分析架構

系統概念	政府因應過程	功能活動	產出
問題認定	政府了解問題	認知、界定、集結、組織、呈現	問題形成的需求
政策發展	政府採取行動	規劃、立法、撥款	預算計畫提案
政策執行	政府介入問題	組織、註釋、應用	服務、付款、設備、監督等
政策評估	政府檢討政策	專門化、量度、分析	合法化、推薦
政策終結	問題解決或變更	解決、終結	解決或變遷

六種階段論的類型

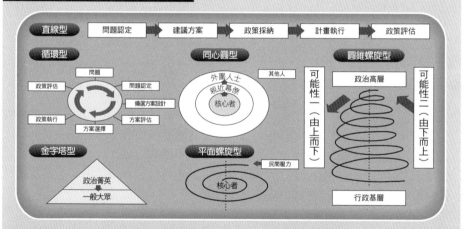

公共政策的階段論與反階段論的比較

	優點	限制
階段論	❶肯定人類理性思考的能力 ❷不斷改進，止於至善 ❸重視科學分析的邏輯 ❹適合知識的累積與教學	❶傾向由專家決策，易形成專業獨裁 ❷太過理性，不符合現實狀況 ❸忽略決策者與官僚的自利傾向
非階段論	❶重視協商、共識，政策較易被接納 ❷較能反映社會的現實面	❶難以累積科學知識 ❷低估人類的理性能力，高估自利傾向

UNIT 1-9
政策倫理

在二戰結束後,全球形成美蘇兩大敵對陣營,彼此進行軍備科技競爭,因此在 1950 年代,對於科學與效率的追求仍是政策研究的主軸。但是,美國在 1960 年代也興起了以追求種族平等為目的之「平權運動」(affirmative action),人們開始反省在公共政策上僅僅強調效率是無法解決社會的價值觀問題。再加上 1970 年代爆發震驚全球的政治醜聞「水門案」,使美國人開始思考「倫理」在公共事務中的重要性,因而促使政策倫理研究的興起。

(一)政策倫理的基礎

有時一個有效率的政策不一定合乎公平正義,公共政策倫理即是以公平或不公平、正義或不正義等道德性判斷的字眼去定位公共政策。當代公共政策常見的倫理基礎有二:

❶功利主義(Utilitarianism)

這種道德觀源自 18 世紀英國哲學家邊沁(Bentham)的功利主義,這是一種目的論(Teleology)或結果論(Consequentialism)的道德哲學,主張「為最大多數人謀取最大的福利」,是一種量化的思維,展現於對「成本—利益分析」(cost-benefit analysis)的重視。

❷義務論(Deontology)

義務論主張行動的倫理性質與結果是分離的兩件事,倫理行動內在於「行動本身」必須遵守某些重要的行動規則,這些規則為人們普遍接受且視之為道德原則,例如誠實、尊嚴、生命權、履行義務……等等,皆是西方的根本思想,並成為指導決策的普遍規則與正當理由。就公共政策而言,義務論強調群體正義的優先性,特別是「分配正義」,也就是機會與利益的平等分配。

(二)政策倫理的內涵

政策倫理的考量,應包含下列概念:

❶決策前的考量

決策前應思考行動是否合乎法規?是否符合倫理?是否滿足公共利益?並依據理性分析過程後才採取必要的行動。

❷對未來的責任感

決策不能只顧目前享福或需要,而為後代子孫留下被破壞的環境、龐大的債務,或用掉大量的資源。

❸追求互動正義

決策過程應由政府當局與利害關係人進行良性的互動,相互溝通彼此不同的政策主張。

❹追求資源管理的效率

決策者對公共資源進行妥適管理與有效的運用,也是一種必要的美德。

❺決策標準的判斷

決策者可用三項標準指引的政策考量:

①可逆轉性:決策應避免可能形成無法恢復的災害,保護不可代替的資產。

②整體影響:若政策的影響深遠或寬廣,政策的討論及對話就更加重要。

③永續可用:不因滿足當前的資源需要而造成未來世代的負擔。

道德與倫理的差異

通常倫理與道德是相互通用的，但事實上，它們是可以被區分的。純粹的道德行為是一種不會引起社會爭議的個人正確行為，倫理則涉及特定的情境系絡，是可以透過檢驗及反省加以思辨的。所以人際之間關係的情境會使用「倫理」，如「公務倫理」（行政倫理）；但純粹個人修養則用「道德」，如我們說某個人行為不端時用「缺德」而不用「缺倫」。

	舉例說明
道德	良好的個人品格修養——如：八德（忠、孝、仁、愛、信、義、和、平）
倫理	群己關係的正確認知——如：五倫（君臣、父子、夫婦、兄弟、朋友）

結果論（功利主義）與義務論的比較

結果論是一種基於「數量」的判斷。義務論則主張無需考量行為後果，行為本來就有道德上的對錯之別，例如說謊是不對的，任何情況都不得說謊。

類型	意義	舉例（以核電為例）
結果論	以能造福最大多數人為考量	核電能為經濟發展提供穩定的電力來源，只要經濟發展的利益能彌補少數人的環境損失，就是划得來的能源政策
義務論	純粹的善行	我們不能為了多數人想要便宜的電價而決定興建核電，就讓蘭嶼人承擔核廢料的汙染風險

公平的不同面向

「公平」是個很抽象的概念，吾人可從以下五個不同的面向詮釋公平：

公平的類型	意義	舉例
純個人公平	一對一的個人公平關係	一人一票，每票等值
區隔的公平	同一類型的人得到相同的對待，不同類型的人得到不同的對待	累進稅制（同所得階級課以不同稅率；不同所得階級有不同稅率）
團體的公平	團體之間的，即不同類型的人亦得到相同對待	婦女與男性在工作上應同工同酬
機會的公平	每個人天分不一、成就不同，但都應有相同的機會	人人皆有機會參加國家考試進入政府服務
代際的公平	目前這一代與未來年輕世代之間的公平	退休金的給付過多，就會造成年輕人的負擔

UNIT *1-10*
政策利害關係人與標的人口

在公共政策的討論中，有兩個非常重要的名詞：「政策利害關係人」（policy stakeholders）與「標的人口」（target population）。

（一）政策利害關係人

政策利害關係人是指「受到公共政策影響或影響公共政策制定的個人或團體」。「Stakeholder」的本義是「賭局中持有籌碼的人」，而在政策制定過程中，由於這些參與政策或受政策影響的特定人就像在一場賭局中下了籌碼一樣，會因為政策的實施獲得利益或受到損失，所以稱為「利害關係人」。一般而言，常見的政策利害關係人包括：政府機關中的政策分析人員、政策決策者、政策執行人員，以及社會中的特定民眾、利益團體、政黨組織等。

政策利害關係人可以分成三種類型：

❶政策制定者

制定或執行公共政策的個人或團體，例如決策的官員，以及執行的機關等。

❷政策受益者

直接或間接從該政策中獲得利益的個人或團體。直接受益者通常是「標的團體」，間接受益者往往是因為直接受益者的關係而得到好處，例如小學學童營養午餐的直接受益者是小學生，但父母也因此減輕照顧學童的壓力，是間接受益者。

❸政策犧牲者

直接或間接因該政策而失去應得利益、遭受意外損失，或希望受到特定政策照顧卻未能如願的個人或團體。上例中，學校提供營養午餐，影響校外便當店的生意，所以校外便當店業者就是犧牲者。

（二）標的人口

標的人口指政策方案直接實施的對象，往往以特定群體或利益團體的方式呈現，故又可稱為「標的團體」（target group）。標的人口類似一般企業行銷中「目標市場」（target market）的概念，亦即前述利害關係人中「直接」的受益者或受害者。由於標的人口是最直接受影響的一群人，所以在政策制定與執行的過程中，一定要隨時注意他們的行為與態度；政策如能得到標的人口的支持，成功的機率必定較高。

標的人口與政策利害關係人不僅被動地受到政策直接與間接的影響；更多的時候，他們會採取主動的行為以促使政策朝向有利於他們的方向發展。故政府一定要了解政策標的人口與利害關係人是誰，才能在一開始的時候就掌握他們的動機，爭取他們的支持，以利日後政策的執行。

舉例來說，臺灣在 2017 年進行軍公教人員的退休年金改革，其中的「標的人口」是軍公教的退休人士；但是，當軍公教的退休人員每個月可領取的退休年金變少以後，便會縮減開支，於是專做退休人士國內旅遊的業者便少了許多客源，成了間接的政策犧牲者，因此這些旅遊業者在年金改革中也是「利害關係人」。

標的人口與政策利害關係人的比較

政策利害關係人結構

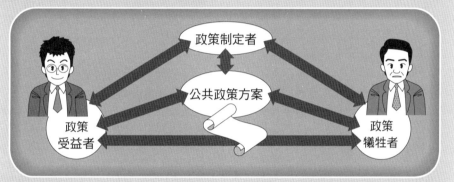

知識補充站

在公共管理中，常借用企業管理的觀念，將人民視為「顧客」，以方便進行區隔；例如林頓（Linden）將各種利害關係人歸類為三種不同角色——顧客（Customers）、消費者（Consumers）與選民（Citizens）：

❶顧客：指的是出錢購買或資助機構與方案的個人及團體，其需求通常與資金的運用有關，如提高效率、避免錯誤，或是對立法目的有所回應。例如行政機關提供「使用者付費」的服務時（如路邊收費停車格），會付費來使用服務的民眾，以及那些在國會中掌握部門預算的議員。

❷消費者：指方案或服務最終的使用者，通常追求的是品質、時效、便利，以及人性化的服務。就政府機關而言，使用者與付費者有時是不同的人，例如警察、消防隊、社會福利機構等提供的服務，多半不直接向接受服務者收費。

❸選民：指那些對機關任務有濃厚興趣者，其需求通常與政策及政治事件相關。例如我們常看上電視節目的政治評論人（名嘴）、因為即將參選而關切行政機關運作的政治人物、在大學或研究機構的政策研究者，甚至是一般街頭上談論政策的市民等等都可歸於此類。

就林頓的分類而言，行政機關應先關注並設法滿足「顧客」的需求，其次是「消費者」，最後才是一般的「選民」。例如政府的義務教育政策，首先考慮的其實是家長的反應，因為家長是「顧客」；其次是接受教育的學生，他們是「消費者」；最後才是其他的一般選民。2021 年 5 月在我國「公共政策網路參與平臺」上有超過萬人連署要求將國高中上學時間延後至上午 9:30，從網路留言上看參與連署者多為中學生，但在公聽會上，家長團體代表明確反對。在考量家長的需求後，教育部國教署或是地方政府均未將上學時間延後至上午 9:30，僅要求學校開放自由參加 8:00 以前的早自習並盡量不要懲處遲到學生。由此可見，家長的需求才是政府衡量教育政策時的優先考量。

UNIT *1-11*
公共政策的類型

關於公共政策的類型，在學術上並沒有定論，一般最常使用的就是羅威（T. Lowi）與沙力斯伯瑞（R. Salisbury）歸納的四種類型：

（一）分配性政策（distributive policies）

指政府機關將利益、服務，或是成本、義務分配給各種標的人口享受或承擔的政策。政府機關在制定此類政策時，主要考慮如何滿足各方的需求，使利益或成本的分配更為適當。例如中低收入戶之救濟，即是政府將救濟金依法分配給弱勢者；或是徵兵制度，即是將國防的責任分配給所有男性國民。

（二）管制性政策（regulatory policies）

指政府機關設立特定的規範，以指導政府機關或標的人口從事某些活動，若其不從則會受到懲罰。管制性政策常會使特定一方獲利或遭受損失，故此類型政策易遭致受損失一方的標的人口抗拒。例如出入境管制、外匯管制、環境保護政策等。我國所有重大建設開發案，都必須根據環境影響評估法，提交環境影響評估（Environmental Impact Assessment, EIA）報告，就是一種典型的管制政策。管制性政策可分成兩類：

❶經濟性管制

指政府對產品價格的干預，避免消費者利益受到企業的侵害。例如公平交易委員會對廠商聯合壟斷行為的查處。

❷社會性管制

指政府對民眾健康、安全與環境所做的干預。例如 Covid-19 疫情期間政府對口罩出口的管制。

（三）重分配性政策（redistributive policies）

指政府機關將某一標的人口的利益或成本，轉移給另一標的人口享受或承擔。重分配政策的制定通常是在考慮財富、權力、地位的分配狀況後所採取的。政府在綜合所得稅的徵收上即為最明顯的社會財富重分配，因其代表政府將富者的財富徵收過來後，變成公共服務或公共設施讓大眾使用。全民健保也是由富者出較多的保費，幫助大眾購買醫療服務。

（四）自我管制性政策（self-regulatory policies）

指政府機關對於特定標的人口的活動僅予以原則性的規範，而由該標的人口自行決定活動進行方式的政策。自我管制性政策通常不會犧牲其他標的人口之利益，或雖然對某標的人口給予拘束或限制，但最終目的仍為增加其利益，故通常能得到標的人口的順服與配合。我國《大學法》第1條第2項規定：「大學應受學術自由之保障，並在法律規定範圍內，享有自治權。」即說明我國之大學教育採「教授治校」原則，是為自我管制性政策。

由於先進國家近年均積極推動「解除管制」（deregulation），包括實施民營化、市場化、自由化等措施，許多 OECD 國家也積極推動「管制影響評估」（regulatory impact assessment），仔細思考管制性政策所帶來的成本，因此自我管制政策的數量正逐漸增加當中，只要被管制者有能力自己管理自己，政府就可以授權其自主管理。例如醫師的醫療行為或是律師在訴訟過程的辯護行為，均由其公會訂定規範，就是一種「專業的自我管制」（professional self-regulation）。

公共政策的層次性

就公共政策的層次性而言，由高而低（從抽象到具體）可分為四種：

❶**政治政策**：又稱政黨政策，是政黨向社會民眾所提出的政策，具一般性、原則性及理想性；例如民進黨提出「落實轉型正義」的主張。

❷**政府政策**：又稱國家政策，政黨取得政權後所形成的政策主張，以落實政治政策，通常更具體；例如蔡英文執政後，行政院即設立「不當黨產處理委員會」（簡稱黨產會）審查國民黨的黨產。

❸**首長政策**：又稱執行政策，機關首長在政府政策下，依計畫優先順序與預算而訂的政策；例如黨產會首任主委顧立雄主導對於不當黨產的認定與追討。

❹**行政政策**：是實踐政府政策及首長政策所擬定一系列之行動綱領；例如認定救國團、婦聯會等為政黨隨附組織，而採取追討財產的行為。

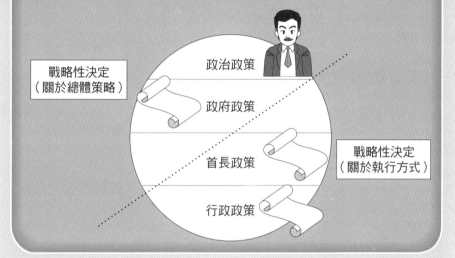

安德森（James Q. Wilson）就政策的利益分布與政策的成本分布為分類的依據，歸納出四種類型的政策：

	成本集中於少數人	成本分散於全民
利益集中於少數人	利益團體政治型態	客戶政治型態
利益分散於全民	企業政治型態	多數決政治型態

❶**客戶型政治型態**：政策執行後，成本由全民負擔，但是利益卻是由少數人獲得，如社會福利政策，其成本從全民稅收中取得，但獲益的是少數標的人口。此種政策通常會受到從少數獲益者的強大壓力，以影響政府的決策。

❷**企業政治型態**：政策執行後，成本由少數人負擔，但利益卻由全民均霑，如環保管制、消費者保護措施、商品標示法等，成本由被管制的廠商負擔，但是全民可因此獲益。此種政策也會面對強大的反對力量，導致政府決策上的困擾。

❸**利益團體政治型態**：政策執行後的成本與利益，都由少數人所承擔或享受，如盲胞按摩師與明眼人按摩師的爭議（見釋字第 649 號解釋「身心障礙者保護法按摩業專由視障者從事之規定違憲」）。

❹**多數決政治型態**：公共政策的成本與利益都是由全民負擔或分享，如兵役政策、教育政策等。

UNIT 1-12
零和賽局與非零和賽局

圖解公共政策

「賽局」（game）就是「競賽」、「賭局」的意思；往往用來指涉兩人以上的競爭情境。用「零和賽局」（zero-sum game）與「非零和賽局」（non-zero-sum game）的觀念來看待公共政策，它可以用來判斷標的人口的順服程度，以及政府在進行政策規劃與執行時，下級機關或民眾參與的程度。

（一）零和賽局的公共政策

所謂的零和賽局，代表是在所有的參與者（競爭者）之間，存在著一種激烈的競爭關係，因為「一方之所得，必來自另一方之所失」。意即甲得「+1」，乙就得「-1」，雙方「相和為零」，故名之曰「零和」。例如交通部管制重型機車禁止進入高速公路，則重型機車騎士的權利受損一分，為「-1」；但汽車駕駛人的權利得以多保障一分，是為「+1」，總體看來，即是「零和」。

此外，零和賽局往往也是一種「勝者全拿」（winner takes all）的競賽，輸的一方損失極為慘重。我們的民主制度中，多數決的選舉制度就是一種零和競賽，例如 2006 年的高雄市長選舉，勝負差距只有一千多票，而獲勝的一方出任市長，取得全部的行政資源與權力；輸的一方儘管得到超過 49.9% 的選票，他得到的行政資源與權力是「零」！這就是零和的特色，競爭的各方為了避免最後「全盤皆輸」的窘境，一定會在競爭的過程中全力以赴，使競爭異常激烈。

在政府制定公共政策時，有時免不了會形成零和賽局的情況；也就是說，有的政策會使一群特定的人從政策中獲得利益，卻會使另一群人遭到損失，像是政府宣布調漲勞基法的基本薪資，使勞工獲利，卻使雇主必須增加人事支出。此外，政府對於標的人口直接進行管制的政策，使標的人口失去某些自由或權利，這也是零和的情況。凡政策的結果形成上述種種零和的情況，我們就稱這種政策屬於「零和型政策」。政府在執行零和型政策時，往往容易遭到標的人口的不順服或抵制，因此需要使用較多的公權力。

在前一單元所介紹的四種政策類型中，「管制性政策」與「重分配性政策」屬於零和賽局的公共政策。

（二）非零和賽局的公共政策

非零和賽局的情形就好多了。非零和的情境代表參與者之間不是處於競爭的狀態，而有可能形成「雙贏」（win-win）或「雙輸」（lose-lose）的局面。雙贏當然是最好的，所有的參與者都能得到好處，雨露均霑，只是獲得的好處可能有程度的差異，像是中央政府每年給予地方政府的補助款，儘管各縣市分得的數額不一，但沒有任何縣市首長會拒絕這項政策。

至於雙輸的情境，固然令人不悅，但因全體都遭受損失，較不會形成「相對剝奪感」，只要政策公平，標的人口多半也不會抵制。因此政府在規劃與執行非零和賽局的公共政策時，可以儘量授權基層機關或讓民眾充分參與。

在前一單元所介紹的四種政策類型中，「分配性政策」與「自我管制性政策」屬於非零和賽局的公共政策。

零和賽局與非零和賽局的公共政策

賽局類型	執行時的公權力需求	政策執行的方向	政策執行的方向
零和賽局	高	由上而下的執行	管制性政策
			重分配性政策
非零和賽局	低	由下而上的執行	分配性政策
			自我管制性政策

以我國國會選舉制度的改革,說明零和賽局與非零和賽局的差異

第七屆立法委員選舉之前,採複數選區制,屬於非零和賽局的情況	複數選區,即一個選區可依其人口數選出一名以上的應當選人;以臺北市為例,分為第一選區(北市北區)與第二選區(北市南區),各可選出十名立委
	由於一個選區可選出十個名額,同黨候選人不但較不會互相競爭,甚至還彼此幫忙「配票」,形成提名者全上的結果。例如在2004年立委選舉中,北市國民黨候選人的配票策略如後:北市北區,1到3月出生者投給蔡正元,4到6月出生者投給章孝嚴,7到9月出生者投給丁守中,10到12月出生者投給費鴻泰。北市南區,1到3月出生者投給賴士葆,4到6月出生者投給潘維剛,7到9月出生者投給周守訓,10到12月出生者投給陳學聖
第七屆立法委員選舉之後,採單一選區制,屬於零和賽局的情況	單一選區,即一個選舉區只有一個應當選名額
	從黨內提名開始,同黨有意參選者之間莫不使出各種手段,包括假民調、抹黑對手、買票、人頭黨員、走路工等等傳聞不斷,同黨之間的競爭無比激烈。理由無他,因為黨內提名已變成「零和」(只有一個名額,不是你死就是我亡)的局面

★相對剝奪感(relative deprivation)

吳定教授指出,在公共政策上,相對剝奪感指某一群標的人口對於自己所處的情境,原本不認為有什麼問題存在,但是在與其他參照團體比較後,覺得自己的情況的確不如別人,於是提出縮短差距要求所形成的情境。例如某一群原住民目前的生活水準較以往提升很多,本來覺得很滿意,但若當他們與生活情況更好的都市居民相比之後,覺得自己情況差很多,因此要求政府應採取政策作為,改善他們的生活條件。換言之,此種相對剝奪感產生後,當事人就會進一步產生「比較性需求」(comparative needs),而要求政府機關設法予以滿足。

UNIT *1-13*
政策分析者

政策分析是一種專業性的知識，因此需要專業的政策分析人員。著名的政策學者卓爾（Y. Dror）於 1967 年率先提出「政策分析者」（policy analysts）一詞，代表這種職業性的角色，他認為美國政府過去只有從事經濟計量分析的「系統分析者」，但這種人過度依賴量化方法，對於公共政策所涉及的人性問題、政治意識、價值衝突等因素缺乏考量，因此需要能夠從政治觀點分析全局的另一種專業人士，此即為政策分析者。換言之，政策分析者必須兼備知識分析能力與政治技巧，才能使政策制定的過程順利完成。

（一）政策分析者的角色

政策分析者是指那些為政府從事政策分析或宣導的專業幕僚，他們分析公共政策的前因後果，也提出解決公共問題的專業建議。他們的角色包括：

❶情報蒐集者

他們為政府蒐集社會問題的資訊，並加以分析。

❷政策宣導者

他們以專業能力和政治溝通的技巧向決策者與社會大眾推薦理想的政策方案。

❸社會工程師

他們的建議一旦被政府採納，便會對標的人口產生深遠影響。

❹參與促成者

他們設計吸納民意的機制，讓民眾的聲音進入決策過程。

（二）政策分析者的類型

政策分析者的身影總是出現在各種專業的政策領域中，他們可能身在政府機關、大學、智庫，或利益團體⋯⋯等，為政策分析貢獻一己之力。梅爾茲納（A. J. Meltsner）依「政治技巧」和「分析技術」兩種能力將政策分析者分為四種理論上的類型：

❶技術型政策分析者

具有高度分析技術，但較缺乏政治溝通技巧，因此他們以「科學家」自居，追求最理性的政策方案，但太過理性的結果，往往在實踐的結果上不甚理想。

❷政客型政策分析者

具有高度的政治溝通技巧，但欠缺分析技術；他們能靠說服與談判技巧而獲得決策者的青睞，但解決問題的能力不夠，易遭社會輿論批評。

❸虛偽型政策分析者

這種人專業技術與溝通能力均不足，只是尸位素餐，追求自我利益，最不足取。

❹企業型政策分析者

能夠以科學方法剖析政策方案、以藝術手腕處理政治問題，這種人是最理想的政策分析者。他們能夠在時間壓力下蒐集資訊、了解問題、詳盡評估各種成本效益、掌握政府介入的時機與程度、說服決策者與標的人口接納方案。

政策分析者的類型

		政治技巧	
		高度	低度
分析能力	高度	企業型政策分析者	技術型政策分析者
	低度	政客型政策分析者	虛偽型政策分析者

不同政策分析者的特徵

在觀察政策分析者的特徵時，通常只觀察技術型、政客型與企業型三類，不務正業的虛偽型則可以忽略。

	技術型政策分析者	政客型政策分析者	企業型政策分析者
中心動機	爭取以政策為取向的研究機會	促成自我擢升與個人影響的機會	追求達成政策偏好的機會
成功標準	強調工作品質以滿足自我及同儕	滿足自己最親密的對象	接受能執行的政策以滿足受益者
主要技巧	講究細節與知識	講究溝通與協調	講究知識、溝通與協調
影響時間的長短	長期效果	短期效果	長期與短期的平衡
對政策分析的態度	客觀的、非政治的，寓分析於目的中	反分析的，分析為個人影響力的手段	兼顧政治能力與分析能力，視「分析」為影響政策的手段

★如何成為優秀的企業型政策分析者？

丘昌泰教授指出，一位企業型政策分析者必須兼具分析技術與政治手腕，所以得要做到下列幾點：

❶ 須能在時間壓力與接近管道有限的情況下進行資料蒐集與溝通的工作，所以必須能夠迅速掌握問題，評估不同方案的成本與效益，並與顧客溝通。

❷ 必須能將社會問題置於正確的系絡觀察，以掌握政府介入問題之時機，並使政府介入時不致發生成本高於利益的現象。

❸ 必須具備統計與經濟的專業能力，例如成本效益分析的技術。

❹ 要能掌握政治與組織行為，也要了解顧客與潛在對手的世界觀，以進行政策辯論。

❺ 心中要有政策倫理架構，以明確說明其與顧客之間的關係。

UNIT *1-14*
政策分析者的心態與倫理

魏達夫斯基（A. Wildavsky）認為，政策分析是「精神」、「倫理」與「道德」三者的結合。故政策分析家在面對權威或主雇時的心態，以及其與主雇發生價值衝突時的行動，就顯得格外重要。

（一）政策分析者的心態

政治經濟學者威瑪（D. L. Weimer）與韋寧（A. R. Vining）認為一個專業的分析者應追求三項重要的價值：「分析的完整性」、「對主雇的責任」以及「忠於個人對美好社會的信念」。進而針對此三項價值在政策分析家個人心中的比重，將其分為三大類：

❶ **客觀的技術者（objective technicians）**

這類分析人員最重視「分析的完整性」，以提出客觀而精確的政策方案建議。他們是標準的政策科學家，不在意首長、民代，甚至自己的政治偏好。

❷ **顧客（主雇）至上者（clients advocates）**

這類分析人員最重視「對於主雇的責任」。所謂主雇，指的就是僱用這些分析者的人；在政府機關，指的就是首長；在議會、政黨或民間的研究機構，指的就是出錢的委託人。這種分析者的角色就像是法庭上的律師，要將實現顧客的理想或利益放在第一位。

❸ **議題倡議者（issue advocates）**

這類分析者最忠於「個人對美好社會的信念」，為實現個人心目中的理想社會而參與政策設計的工作。為了實現心目中理想的社會，他們會慎選志同道合的主雇。

在實務上，這三種人都存在於社會之中，就像有的專家學者謹守科學的方法與中立的立場，提供決策者或大眾客觀詳實的數據。有的專家學者成為「御用學者」，專為執政者的政策背書，也有的專家學者會加入特定團體，追求自己心目中認為公平正義的社會價值。

（二）政策分析者的價值衝突

前述的三項重要價值，有時會出現互相牴觸的情形，此時對於分析人員而言，往往在心中會產生倫理上的衝突——我究竟應該是中立的？還是顧好自己的飯碗？或是全力追求個人理想？威瑪與韋寧認為對政策分析人員而言，最嚴重的價值衝突通常是對顧客的責任牴觸到另兩項價值。所以卓爾認為，要避免這種價值衝突，政策分析人員最好在一開始的時候就慎選志同道合的顧客。萬一日後顧客對政策的價值目標與自己的理想還是發生歧異時，就只有選擇辭職離開一途，畢竟人民才是真正而且最重要的主雇。就像在「迫切的危機」電影中，哈里遜福特所飾演的中情局副局長，在面對總統及其核心幕僚的不法勾當，而向他的老長官請益時所得到的一句箴言：「別忘了，你出任公職時，是向美國的憲法宣示，保障人民的利益，而不是總統！」

政策分析者的心態

価値觀 → 重視分析技術 → 客觀技術者

価値觀 → 重視對主雇的責任 → 顧客至上者

価值觀 → 重視個人信念 → 議題倡導者

立場\n類型	分析的完整性	對顧客（主雇）的責任	忠於個人對美好社會的信念
客觀技術者	重視分析的完整性，並將分析重點置於方案後果的預測	顧客是「必要之惡」，因為顧客給予工作機會；但會與顧客保持距離	重視價值問題的說明，至於價值之間的取捨則由顧客決定
顧客（主雇）至上者	認為政策分析很少出現具體結論，故而利用這種模稜兩可來鼓吹顧客的政策立場	應該忠於顧客，因為顧客提供其參與政治的機會	選擇與自己價值觀念相符合的顧客，並設法影響顧客的價值觀
議題倡議者	認為政策分析很少出現具體結論，故而利用這種模稜兩可來倡導自己的政策理想	應該慎重選擇顧客，並且隨機應變	政策分析是實現個人美好社會價值觀念的工具

政策分析者與主雇相處的倫理模式

一個政策分析人員的倫理衝突通常在於當他與主雇的意見不合時，他該如何取捨的問題；依情況可分為五種模式：

模式	主雇的特性	分析人員的特性	處理倫理衝突的方式
代理模式	本身擁有高度專業能力與權力	僅為主雇代理人	以主雇利益與價值觀為標準
父權模式	強調本身擁有任免分析人員的權力	保護主雇利益就是保護自己利益	以主雇利益與價值觀為標準
契約模式	雙方均依合約行事，屬於法律關係		以契約規定為標準
友情模式	雙方是夥伴關係，相互信任		以雙方情誼為標準
信任模式	依諮詢結果做出決定	提供專業諮詢	以互信、尊重為標準

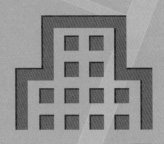

第 **2** 章

政策分析理論

●●●●●●●●●●●●●●●●●●●●●●●●●●●● 章節體系架構 ▼

UNIT 2-1
政策分析的基本概念

政策分析（policy analysis）一詞，是由學者林布隆（C. E. Lindblom）於1958年提出，是以系統性的理論與方法，探索公共問題的癥結，並設法提出解決方案，以提供決策者政策建議的專業分析活動。

（一）政策分析的意義與特性

就學理而言，唐恩（W. Dunn）說，「政策分析是一門應用性學科，運用多元的調查方法與政策論辯模式，以創造與轉換可用於政策場合的相關資訊，以解決政策問題」。然就實務運作而言，威瑪（D. L. Weimer）和韋寧（A. R. Vining）認為應再加上「主雇取向」觀念，指出「政策分析是主雇取向的建議，而與公共決策有關，並考量社會價值」。換言之，從事政策分析的人，無論身在政府、企業、大學或智庫，他們往往以「顧問」或「分析師」的身分，提出專業的看法為雇主效力，以換取報償或實現理想。

基於上述定義，可歸納出政策分析的特性如下：

❶**政策分析是應用科學：** 政策分析之目的在解決社會問題，因此不同於學術研究取向的「基本科學」。

❷**政策分析需要科際整合的知識：** 公共政策常涉及十分專業的問題，例如交通政策涉及道路運輸管理的專業知識、經濟政策涉及財務金融與經濟模型推估的專業知識、教育政策涉及教育心理與智能發展的專業知識。但同時任何一個政策往往又與其他面向環環相扣，例如經濟發展與人民選擇交通工具的型態有關，教育程度又影響經濟發展……所以政策分析需要能整合多種相關知識的人才，身為一位政策分析者，要兼具專才與通才的訓練才能勝任。

❸**政策分析應考量社會價值：** 政策分析之目的乃在解決現實的社會問題，所以分析政策時不能只用科學的態度和方法，還要顧及人民的多元利益與社會普遍的道德規範。

❹**政策分析無可避免是主雇取向的：** 政策分析者一定會把聘請他從事政策分析工作的主雇的期望納入政策設計的考量。不過聰明且有良心的政策分析者應該要知道，無論執政者如何輪換，人民才是最終、最高的主雇。

（二）政策分析的類型

丘昌泰教授將政策分析歸納為兩種類型：

❶**政策分析（實證性政策分析）：** 實證性政策分析（positive policy analysis）關注於事實真相的探究，解釋公共政策的因果關係，或調查某項政策何以被提出、制定或執行，它關心的是「政策是如何形成的？何種政治或社經因素會影響公共政策過程？」例如現在的年金改革方案為什麼被提出來？其內容為何？

❷**政策倡導（規範性政策分析）：** 政策倡導（policy advocacy）又稱為「規範性政策分析」（normative policy analysis），用意在指出政府應該要追求何種政策？反映何種主流價值？以規範決策者去追求被視為「好」的政策。例如我們去探討教育改革政策的價值，到底是要培養菁英、還是照顧弱勢？是要減輕升學壓力、還是要培養競爭力？

總之，政策分析同時兼具科學與藝術兩種面向，政策分析者需要多種專業知識，也需要足夠的政治技巧去了解主雇及人民的需求，將之融入於政策方案的設計，再將最理想的政策方案以優越的溝通技巧推薦給主雇、立法者及人民。

政策分析定義的整理

關於政策分析的定義莫衷一是，有的學者偏向實證科學的分析，有的學者則主張質量並重；以下介紹其他較通用之國內外學者的界定：

學者	定義
哈務與岡恩（Hogwood & Gunn）	❶政策分析是應用科學取向，以解決社會問題為目標 ❷政策分析是強調科際整合的多元學科 ❸政策分析強調政治因素對於政策制定過程的影響，故政策分析者必須具備政治分析的技巧與知識 ❹政策分析是主僱取向的，分析者必須了解主僱的期望，並納入政策方案中
丘昌泰	政策分析是以社會科學方法，系統性地探索社會問題的癥結，提出有效可行的解決方案，俾向政策制定者提供建言的專業分析活動
吳定	政策分析是決策者或政策分析人員為解決某項公共問題，應用科學知識與推理方法，採取分析的理論架構與技術，系統性地設計並評估比較各替選方案，以供決策者判斷及做決定之參考的相關活動
林鍾沂	政策分析是指解釋不同政策原因（cause）與結果（consequence）的活動

政策分析與政策倡導

	政策分析	政策倡導
研究的性質	實然面／實證性政策分析	應然面／規範性政策分析
關心的問題	「為什麼」與「是什麼」	「什麼是成功的政策」與「如何制定良好的政策」
分析的焦點	❶將政策視為依變項，例如退休公教人員團體對年金改革政策的影響為何？ ❷將政策視為自變項，例如年金改革實施後，對退休公教人員造成何種衝擊？	表現某種價值理想；例如菸害防制法所展現的維護國民健康的價值
分析者的條件	頭腦冷靜、實事求是、科學方法的訓練	熱誠的胸襟，熟練的遊說、溝通與行動技巧

政策分析的必備條件

威瑪與韋寧認為欲成就一個良好的政策分析工作，應該具備五個條件：

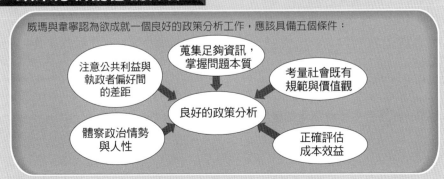

注意公共利益與執政者偏好間的差距

蒐集足夠資訊，掌握問題本質

考量社會既有規範與價值觀

良好的政策分析

體察政治情勢與人性

正確評估成本效益

UNIT **2-2**
政策分析追求的目的

政策分析是應用性學科，與政治學和行政學不同之處在於，政策分析同時具有「問題導向」、「價值導向」，以及「跨學科」的特性。政策研究之父拉斯威爾認為，一位政策分析者，不僅要客觀冷靜，以所學知識貢獻社會，還要與權力擁有者保持一定距離，以免淪為「學術傭兵」。所以，政策分析應追求以下目標：

（一）追求民主深化

民主政府需要專業的政策分析機構，提供政治中立的政策分析建議。此外，愈來愈多的政府部門會將其政策分析結果公布在網站上，讓公眾接觸政府的決策，也刺激了公眾對於政策公開討論的頻率，也有機會促成政策專家與民眾之間的對話管道。

（二）為弱勢發聲

政策分析家必須時時刻刻為「沉默輸家」（silent losers）發聲，沉默輸家通常有三種，一是「無法預期自己可能遭受損失者」，例如都市更新過程中，無法與建商抗衡的住戶；二是「不了解自己已經受傷害者」，例如居住在火力發電廠附近的居民可能不知道自己正受空汙的傷害；三是「尚未出生的下一代」，例如舉債興建不當的公共建設造成債留子孫的問題。

（三）追求永續發展

「永續發展」（Sustainability）最早是由「國際自然和自然資源保護聯盟」、「聯合國環境規劃署」及「世界野生動物基金會」等三個國際保育組織在 1980 年出版的《世界自然保育方案報告》中提出。其概念源自生態學之生態永續性（Ecological Sustainability），強調自然生態與環境開發的平衡，就是人類生產與生活方式要與地球的承載力保持平衡，以保護地球的生命和生物多樣性。1987 年聯合國「世界環境與發展委員會」出版《我們共同的未來》，定義「永續發展」之概念為「能夠滿足當前的需要又不危及下一代滿足其需要之能力的發展」，即提高地球所有人民的生活素質，而不增加使用自然資源。永續發展必須同時考慮三個構面：

❶環境面（生態）

指盡量減少對環境的損害，在環境的可承受原則下，發展經濟並保持其可以支持各世代人類生活所需的自然資源。

❷社會面（生活）

指在環境的可承受下，謀求社會的進步、公平、和諧，因此，應積極地促進公民參與和公民社會的發展，建立永續的社會。

❸經濟面（生產）

經濟發展最基本的目標在提供國民生存所需，因此應對我們所擁有的資源作最有效率的使用；然在此同時，亦須顧及社會的公平以及代際間的公平，社會的公平可以依賴重分配政策予以矯正，代際間的公平則需要對於各項生產要素，包括自然資源、人力資本、資金與固定資產等，善加規劃運用，才能擁有永續發展的經濟。

政策分析的侷限

戴伊（Dye）認為政府訂定任何公共政策去解決社會問題時，都會遭遇以下的侷限：

限制	說明	舉例
人為性的問題界定	每個人對「問題」的定義不相同	當我們以相對條件來定義貧窮時，貧窮問題永遠存在，因為社會上每個人擁有的財富總有多寡之別
人民的需求永遠無法滿足	人民對美好社會的期待總是超過政府補救問題的能力	政府在政策與制度上已經盡力照顧少數民族，但社會仍關注少數民族的地位問題
利益分配的衝突本質	解決一個團體的問題時，往往造成另一個團體的問題	政府提供免費的小學課後輔導，解決了家長的問題，卻造成安親班老師的就業問題
標的人口本身的問題	無論政府如何努力，總有一些人無法從政策中獲益	在毒癮戒治上，總是有人一犯再犯，無論政府給予什麼幫助或懲罰都難以戒除
非預期效果	社會適應公共政策的方式，有時超過政府預期	地方政府實施較多福利政策時，往往使其他地區的弱勢者大量朝該地遷移，造成該地區社會與財政問題
形成問題的變項過多	一個問題往往是由許多不同原因造成的，難以一次同時解決	風災的損失，除了天災以外，還有很多人為因素，如國土規劃、危機管理、經濟問題、水土保持、觀光發展等等
政策困窘（Policy Predicament）	解決問題的政策，其成本有時超過問題本身的代價	政府曾為發展交通而有「一縣一機場」的政策，但現在看來只是浪費公帑
政治性的決策	政策常有政治性考量，而非理性規劃	我國曾推動的入聯公投案背後即有頗多選舉因素的考量

聯合國永續發展目標

聯合國永續發展目標（Sustainable Development Goals, SDGs）包含「經濟成長」、「環境保護」與「社會進步」等三大面項，內含 17 項目標（Goals）及 169 項細項目標（Targets）。

❶確保人人負擔得起、可靠和永續的現代能源。
❷促進持久、包容和永續經濟增長，促進充分的生產性就業和人人獲得適當工作。

加強執行手段，重振永續發展的全球夥伴關係。

❶建設具防災能力的基礎設施，促進具包容性的永續工業化及推動創新。
❷確保永續的消費和生產模式。

消除飢餓，實現糧食安全，改善營養狀況和促進永續農業。

經濟 成長

社會 進步

環境 保護

❶在全世界消除一切形式的貧困。
❷確保健康的生活方式，促進各年齡層的福祉。
❸確保包容和公平的優質教育，讓全民終身享有學習機會。
❹實現性別平等，增強所有婦女和女童的權能。
❺減少國家內部和國家之間的不平等。
❻創建和平與包容的社會以促進永續發展，提供公正司法之可及性，建立各級有效、負責與包容的機構。

❶為所有人提供水資源衛生及進行永續管理。
❷採取緊急行動應對氣候變遷及其衝擊。
❸保護和永續利用海洋和海洋資源，促進永續發展。
❹保育和永續利用陸域生態系統，永續管理森林，防治沙漠化，防止土地劣化，遏止生物多樣性的喪失。

建設包容、安全、具防災能力與永續的城市和人類住區。

UNIT **2-3**
系統觀點的政策分析

「系統」（system）是一個源自生物學的觀點，簡單的說，任何相互依存分子的組合，就是系統；它可以表示任何一種相互有關聯的事物的結合。所以系統是指一個有目的、有組織的許多不同部分的複合體，系統的構成分子或次級系統各有其特定的功能和目標。系統整體之效益，必定超過各部分效益之總和；此種整體觀念，我們稱之為「系統觀念」。例如我們在新聞中常聽到所謂「國安系統」，包括陸海空三軍、情報系統、調查局、警察、海巡等等相互支援的次級系統。

在公共政策分析上引用系統觀點，為 1960 年代伊斯頓提出「政治系統」（political system）的貢獻。他將公共政策視為「政府對社會價值進行的權威性分配活動」，這種權威性分配是一個互動體系，政治系統則是指「經由互動而使社會中的政治事務得以處理的政治表現」。我們生活的場域可以分為許多系統，例如社會系統、經濟系統、生態系統等等；就政治系統而言，其他的系統可以通稱為「環境」（environment）。而整個政治系統運作可以分為四大部分：

（一）投入

人民會向政治系統提出「要求」（demand），或向政府表達「支持」（support），這兩項因素如同工廠中的生產原料一般。日常生活中，人民對政治系統提出各種要求，例如希望政府振興經濟、改革教育、救濟貧困等等；同時也透過納稅、服兵役、接受政府管制等等行為表達對政治系統的支持。要求與支持就是環境對於政治系統的「投入」（input）。

（二）轉換

當人民的要求被政治系統認為具有重要性時，政治系統就會加以討論、處理，設計出政策方案予以解決；而人民的支持進入政治系統後，可以經由結構的安排，強化政治系統的功能；此即為「轉換」（conversion）。惟政治系統究竟如何處理要求和支持，如同工廠將原料變成產品的生產過程，一般人是看不到的，故往往被比喻為「黑箱」（black box）。

（三）產出

政治系統形成政策之後，就會公布政府的決定並採取行動，此即為一般所謂的「公共政策」。

（四）回饋

政府的決定與行動會使人民產生反應，有時讓人拍手叫好，有時讓人氣憤難平，這些反應都會形成新的「投入」，而這個過程就是「回饋」（feedback）。

從上述說明可推知，在一般情況下，扮演政治系統中最關鍵角色的莫過於規劃公共政策的「政府機關」。但政府的政策規劃過程是一般人無從參與的，故稱其為「黑箱」亦不為過。

系統觀點示意圖

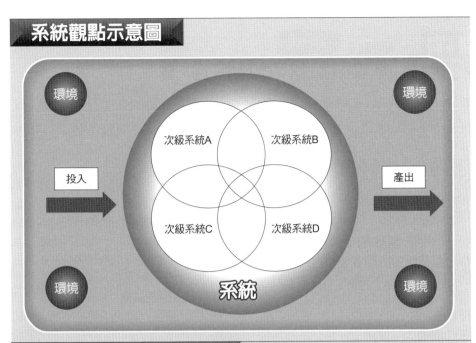

伊斯頓的政治系統觀點

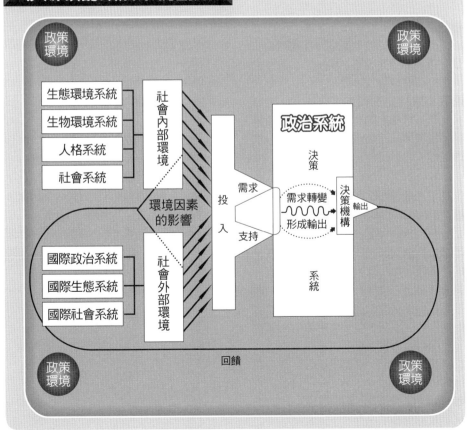

UNIT **2-4**
系統觀點政策分析的評價

用政治系統觀點分析公共政策，在公共政策的研究上長期占有一席之地，但這個概念架構畢竟是 1960 年代的產物，以現在的觀點來看，有一些分析上的限制，故本單元將說明該分析觀點的優點與限制。

（一）系統觀點的優點

❶**著重整體的分析觀點**：政治是群體的事務，而系統觀點著重整體的分析，使公共政策的研究不至於侷限在單一的機關或政策。

❷**注意環境的變化**：提醒分析者應關心環境面向，而不要只把焦點放在政治系統內部的運作。

❸**放諸四海皆準的分析架構**：系統分析是一個彈性的概念架構，不僅可用於觀察現有的公共政策，對於過去的歷史事件也具有相當的解釋力。

❹**有追求穩定的傾向**：政治系統認為系統有追求穩定的特性，會透過回饋機制適應環境的改變，此與社會發展追求穩定的特性相吻合。

（二）系統觀點的限制

❶**生物學隱喻的推論謬誤**：系統觀點是從生物學的角度出發，以「有機體」的觀點推論至許多不同的層面。但單一的有機體，如「個人」的行為或現象，能否推論至「群體」，頗有爭議，因其可能引發嚴重的推論謬誤。例如節儉的個人可以致富，但社會中每個人都節儉，卻會因消費不振而導致經濟衰退，反而使人們變窮；這就是凱因斯著名的「節儉的矛盾」。

❷**只適用於解釋穩定的環境**：政治系統假定系統為求生存，一定會與環境之間尋求「均衡」（balance），雖然符合一般人類社會追求穩定的特質，但也難以解釋革命、建國、戰亂等等特殊的政治事件。

❸**忽略政府的內部投入**：系統觀點刻意忽略政治系統內部的不理性因素，如執政者的意識形態、公務員的自利行為等等「內部的投入」，僅以「黑箱」作為比喻。此舉將政治系統視為被動地接受環境的投入與支持，與事實不符。

❹**偏袒既得利益者**：系統觀點採取「結構功能分析」，認為系統中任何一個組織、制度或生活方式的存在，都有其價值，也就是「功能」。但這種觀點隱含「存在即是合理」的錯誤，有利於既得利益者，而不利於弱勢者或是改革的主張。換言之，結構功能分析有兩個明顯的限制：一是傾向支持溫和漸進的改革，另一是對於既存機關與制度的「反功能」（dysfunction）欠缺討論。

（三）系統觀點的延伸

漢姆（C. Ham）與希爾（M. Hill）在 1984 年提出「總體層次的政策分析」觀點，主張公共政策分析應涵蓋國家、社會、經濟的交互關係，以理解決策機關、政策領域，以及國家角色之間的互動結構；如此方可真正理解政策中誰統治、誰獲利的基本問題。班森（J. Benson）和威瑟（C. Weitzel）亦於 1985 年提出基於總體社會結構來說明資本主義體系下，組織間的政策網絡運作情形的觀點，以完全掌握整體環境系絡對政策的作用。

阿蒙與包威爾的結構功能與理論分析架構

關於伊斯頓的系統觀點，日後出現許多的修正模式，如阿蒙（G. A. Almond）與包威爾（G. B. Powell）於1978年基於政治體系的概念，再強化政治系統的政策功能，訂出一套整合性的結構功能與理論分析架構，來改良系統觀點的缺失。

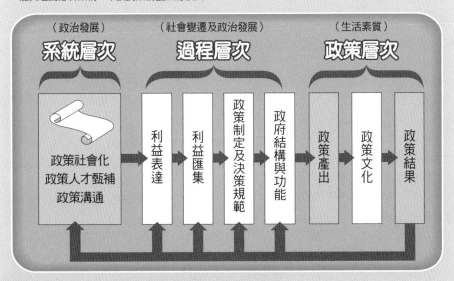

班森分析政策領域的三個層次

班森認為一個政策領域結構中均包含三個層次：其一為「行政結構」，即組織之間的資源依賴網絡；其二為「利益結構」，指團體間利益安排所形成的權力關係；其三為「結構形成的規則」，例如資本主義社會中資本累積的模式。

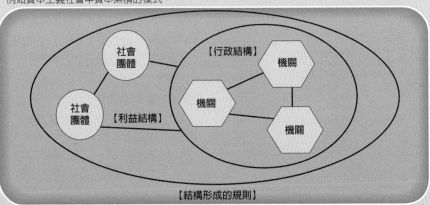

所謂「反功能」（dysfunction）就類似「副作用」的意思，社會學家莫頓（R. Merton）指出，任何結構的存在都會產生「反功能」，例如監獄有矯正罪犯的功能，但也有讓罪犯學到變本加厲的犯罪技巧的反功能。

UNIT 2-5
以問題為中心的政策分析模式

唐恩於 1994 年提出「以問題為中心的政策分析」（problem-centered policy analysis），他認為政策分析過程就是以適當的方法，掌握政策相關資訊的理性分析活動，其中包括五種「政策相關資訊」與五種「政策分析方法」：

（一）政策相關資訊

政策分析人員在進行政策分析時，必須掌握以下與政策相關的資訊：

❶政策問題的資訊

此為政策分析的首要步驟，即政策問題的性質與癥結的資訊，包括問題的背景、成因、利害關係人對問題的看法等等。例如要解決「卡債」問題，就要先了解「卡奴」的成因，這樣才可避免「用對的方法去解決錯誤問題」的窘境，造成資源浪費。

❷政策未來的資訊

此為預期在政策實施後，可能達到的未來狀態，也就是政策方案所宣示的改革方向。例如 2009 年我國發放消費券，預計可帶來 0.6% 的經濟成長率。

❸政策行動的資訊

此為政府為達成預期的未來狀態所採取的政策作為，一般稱為「政策方案」。

❹政策成果的資訊

此為採取政策行動後所觀察到的各種結果。問題通常很少被完全解決，因此分析人員必須評估的是問題得到舒緩的程度，還有實施過程中產生的負作用。例如消費券可以刺激景氣復甦，同時也可能帶來財政赤字。

❺政策績效的資訊

此為政策成果是否達成預期價值之謂。例如我們可以在消費券發放一年後，觀察經濟成長率是否因消費券而多出 0.6%。

（二）政策分析方法

指政策分析人員為了產生政策相關資訊所運用的方法，包括：

❶問題建構的方法

指分析人員透過發掘利害關係人的價值觀、診斷問題的可能成因等方法，產生對於「政策問題」的認知。

❷政策預測的方法

政策預測是政策規劃的先決條件，分析人員透過檢視各種可能未來、預估可能結果、考慮達成目標的限制及政治可行性等方法，獲得各種關於「政策未來」的資訊。

❸政策推薦的方法

指分析人員向決策者或利害關係人提出種種「政策行動」的相關資訊，如政策風險與外溢效果的預估，並敘述政策選擇標準及設定執行的行政責任，以爭取他們的支持。

❹政策監測的方法

指監督政策是否按原訂計畫執行，並觀察各種執行時的狀況，分析人員透過評估政策順服程度、觀察執行的效果與障礙等方法，產生「政策成果」的資訊。

❺政策評估的方法

在此階段，分析人員透過測量問題被解決的程度，價值的澄清、調整與規劃，產生有關期望與實際差距的「政策績效」相關資訊，並以之作為問題重新建構或調整的基礎。

唐恩提出的「政策相關資訊」內容

資訊類型	資訊內涵
政策問題相關資訊	指可經由政策行動來達成的尚未實現的價值與需求；尤須避免「第三類型錯誤」
政策未來相關資訊	指透過實施公共政策而可達成的未來狀態
政策行動相關資訊	指政府所採取的政策方案，尤須針對不同政策方案之正面和負面結果加以預測
政策結果相關資訊	指政策行動後所觀察到的結果
政策績效相關資訊	指政策的結果是否達成預期的價值；是：❶暫時化解？❷重新規劃？還是❸無法解決？

唐恩提出的「政策分析方法」內容

分析方法	分析內容
問題建構法	❶對價值假定的發掘；❷對問題成因的診斷；❸對可能目標的規劃；❹對衝突觀點的假定；❺對新政策的設計
政策預測法	❶檢視各種可能未來；❷預估政策可能結果；❸達成目標的限制；❹考慮政治可行性
政策推薦法	❶預估政策風險；❷認識政策外溢效果；❸敘述政策選擇標準；❹設定執行的行政責任
政策監測法	❶評估政策順服程度；❷發現政策意外效果；❸認清政策執行障礙；❹設定不同單位的責任
政策評估法	❶問題被解決的程度；❷價值的批判與澄清；❸價值的調整與規劃；❹政策問題的重新建構

唐恩「以問題為中心」的政策分析模式

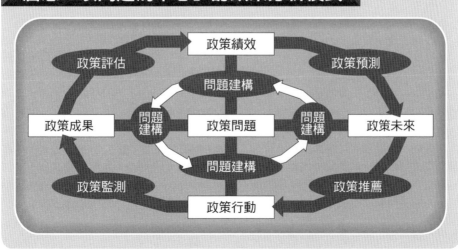

UNIT **2-6**
以問題為中心的政策分析模式的評價

「以問題為中心的政策分析模式」認為問題建構是政策制定過程的第一步驟也是最重要的階段，正確地了解問題比提出解決方案更重要。唐恩先以問題建構法清楚掌握政策問題的性質，之後就進入政策分析的循環過程：以政策預測法推估政策未來，再以政策推薦法建議正確的行動，復以政策監測法觀測政策結果，最後以評估法評斷政策績效；若績效不如預期，則重複上一循環過程。學者認為這個分析模式的優缺點包括：

（一）優點

❶唐恩政策分析的過程涵蓋了「問題認定」（問題建構法）、「政策規劃」（政策預測法）、「政策合法化」（政策推薦法）、「政策執行」（政策監測法）、「政策評估」（政策評估法）等五個完整的步驟，再加上政策循環的觀念，十分符合理性的政策分析過程。換言之，以問題為中心的政策分析模式，就是透過「政策分析方法」產生「政策相關資訊」的過程，可以簡單的理解為：

　①建構問題：以「問題建構法」產生有關「政策問題」的資訊。
　②預測未來：以「政策預測法」產生有關「政策未來」的資訊。
　③推薦行動：以「政策推薦法」產生有關「政策行動」的資訊。
　④監測成果：以「政策監測法」產生有關「政策行動」的資訊。
　⑤評估績效：以「政策評估法」產生有關「政策評估」的資訊。

❷該模式突顯政策問題分析的重要性，提醒分析者，一旦錯判政策問題的成因，不但徒勞無功，反而製造更多的問題。反之，若能一開始就掌握了真正的問題，則政策分析就能事半功倍了。此外，唐恩重視的是「問題建構」，意即政策分析首要之務在建構問題，而解決問題在整個政策分析過程中只占很小的一部分。所謂「問題建構」，強調政策分析人員認定問題時，應以「同理心」去體會真實的問題情境，觀察問題的本質，並以批判精神反省自己的界定方式，而非單純以「科學」或「專業」的角度觀察問題；唯有兼具同理心、洞察力與批判精神，才能掌握解決問題的基本方向。

（二）限制

❶事實上無論分析者與決策者，在看待問題時不太可能完全的「價值中立」，往往有其「意識形態」的考量，尤其是執政者作為政策分析者主雇，通常會使政策分析者為投其所好而必須考量決策者的意識形態偏好而予以遷就。唐恩未就決策上的政治因素、決策風格與政策理念深入探討，實為此種模式不足之處。

❷「問題建構」所採用的哲學基礎是「社會建構主義」（social constructivism），就是將社會問題看成是社會重構的結果，乃是由一群具有各種不同動機與價值信仰的政策利害關係人，透過語言與行為的互動，對於問題不斷界定與辯論的結果。換言之，社會問題是社會人群所做的主觀意思表示，政策分析家進行問題建構時，不過是找出主觀意思表示背後所隱藏的真正意義而已。然而，當利害關係人的價值觀呈現高度衝突的零和賽局時（如我國之統獨議題、死刑存廢等等），問題建構的過程易產生「多元性政策停滯」，即政策分析者根本無法找到共識，甚至共識根本不存在，因而導致政策規劃與執行只能不斷在原地打轉。

政策問題的社會建構

　　「問題，不是客觀實存的，而是人們建構出來的！」從這個角度來看，政策問題乃是對於實際現象的社會建構，亦即政策問題根本不是客觀存在的，而是基於社會的想法而建構出來的，也就沒有所謂「意識形態的中立」（ideologically neutral），而是具有動機與價值信仰的政策利害關係人，透過語言所建構出來的心靈產物。以公教人員年金改革為例，有人認為公務員退休所得替代率相較於勞工而言已過高，是一種社會不公，應該要被改革。但也有人認為公務員退休俸是一種「延遲給付」，以及基於「信賴保護」而不應「溯及既往」。因此作為一位政策分析家，最重要的責任在於營造一個能夠進行問題建構的人性化環境，讓許多參與者能夠加入問題建構的行列，對問題癥結或成因的排列與評比產生共識。

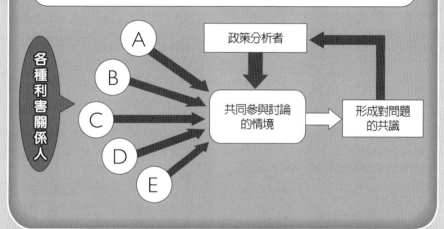

以問題為中心的分析模式與政策五階段論的對應關係

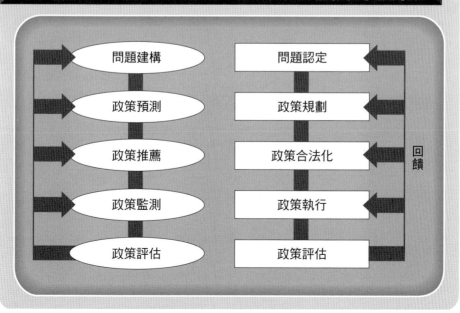

UNIT 2-7
菁英主義觀點的政策分析

菁英主義的觀點，是站在政治現實的角度，對民主政治的一種批判與反思。原則上，菁英主義認為公共政策只是反映「上流社會人士」的利益，一般民眾也難以左右政策的規劃與執行；其意義與類型分述如下：

（一）菁英的意義

抱持菁英主義（elitism）的學者主張，公共政策是由社會上少數占據政治經濟結構的重要人士所制定的，這些人稱之為「菁英」（elite），像是政府高級官員、民意代表、企業家、著名學者等等，他們有優越的社經地位，有共同的利益，對社會大眾具有影響力，並追求自身地位與利益的穩固；因此公共政策的制定過程所反映的只是這些社會菁英的價值與偏好。

（二）菁英主義的類型

❶古典菁英主義

古典菁英主義興起於 19 世紀末葉，代表學者如帕雷托（V. Pareto）、密歇爾（R. Michels）、密爾斯（C. W. Mills）等，他們認為民主政治只是迷思，政治權力是被社會少數菁英所把持，即使是在代議制之下，一群有凝聚力的少數仍能操縱並統治群眾。以帕雷托而言，他認為決策權傾向集中於有組織能力的小團體，而非冷漠的群眾手中；密歇爾也提出所謂「寡頭鐵律」（the iron law of oligarchy），認為任何團體最後都會趨向由少數人統治多數人的狀況；密爾斯則批評美國所謂的多元主義民主是個幻想，事實上只有權力菁英能形塑重要決策。

古典菁英主義論者具有相當強烈的規範性，不僅認為民主政體有名無實、菁英治理無可避免，甚至主張穩定的菁英治理對社會是有益的，過度普及的民主政治反而不利於政治穩定。

❷民主菁英主義

民主菁英主義又稱為「競爭式菁英主義」（competitive elitism），最具代表性的學者是著名政治經濟學家熊彼得（J. Schumpeter），他曾說：「民主政治是政客的統治」（democracy is the rule of the politician），但與古典菁英主義不同的是，菁英彼此之間的利益並不一致，而是競爭對立的，人民雖然無法改變菁英統治的事實，但可以用選票決定由哪一組菁英統治。

民主菁英主義的觀點反映的是一個政治的市場，每一個菁英無不想盡辦法討好選民，就像企業家去討好顧客一般，選民則透過開放的選舉制度決定將決策權交給哪一組菁英。這種觀點頗能解釋為何愈接近選舉，愈多討好選民的社會福利政策就會紛紛出籠。

政策科學之父拉斯威爾也是一位研究菁英主義的學者，他認為菁英主義並沒有規範性，但無論政治是否民主，菁英確實存在，而且扮演決策的重要角色，故可將菁英作為實證研究的觀察對象，進行科學的分析。同時，他也認為菁英主義與民主政治可以並存，在民主社會中理想的菁英觀點是：①菁英在社會中依成就甄拔所產生；②領導階層以科學方法從事政策決定；③民主政治應加強選民的判斷能力，使他們更正確的選擇專家與行政首長。

古典菁英主義模型

民主菁英主義模型

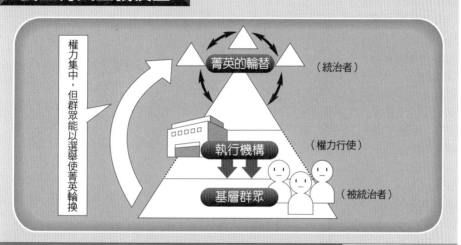

古典菁英主義與民主菁英主義的比較

古典菁英主義	民主菁英主義
偏向規範性的研究	偏向實證性、描述性的研究
菁英統治有利於政治穩定	菁英統治只是一個普遍性的事實現象
民主政治只是一個迷思	民主政治是政治制度的一種，以公開選舉來選擇菁英的方式呈現
菁英的利益總是一致的	菁英的利益是時而競爭，時而一致的
人民完全受菁英控制	人民有權選擇統治菁英
在專制國家較明顯	在民主國家較明顯

UNIT **2-8**
菁英主義觀點政策分析的評價

（一）菁英主義觀點下的政策分析

菁英主義下政策分析的基本命題是認為公共政策乃統治菁英之價值與偏好的表現結果。重要的主張包括：

❶社會可以分成極少數擁有權力的菁英與多數沒有任何權力的群眾，菁英分配社會價值，群眾則無法決定公共政策。

❷少數菁英並非群眾的代表，因為菁英幾乎都來自於極高的社經地位階層。

❸非菁英邁向菁英地位的流動速度甚為緩慢；且非菁英必須經過社會化的過程，接受菁英的意識形態後始能獲准進入統治階層中。

❹公共政策是菁英決策後，由上而下影響民眾，不是因為政府響應民情而制定；所以公共政策並不反映多數群眾的需求，而僅反映菁英的偏好價值。

❺菁英態度保守，傾向維持現狀，不願改變現行政策，即使有改變，也是漸進改變。

❻積極行動的菁英不受無組織的群眾影響，菁英對群眾的影響遠大於群眾對菁英的影響。

❼權力是採向上流動的方式集中於高層菁英，政策結果的方向則是「由上至下」，愈往下層必須承受的政策結果愈多。

（二）菁英主義觀點的評價

菁英主義的觀念可溯至古希臘亞里斯多德與柏拉圖的哲學觀，後經當代學者帕雷托、熊彼得等人的不斷精煉、修正，而能在民主政治理論中占有一席之地，其充分反映了人類運用民主政治能力的侷限性，以及民主制度的虛偽與脆弱。但菁英主義同樣也有受人爭議之處：

❶菁英的概念界定一直不明確，很難明確的說哪些人是菁英，哪些人不是，因此不利於進行實證研究分析。

❷違反民主政治尊重民意的精神，對一般大眾在政治上的潛在能力與影響力似乎不甚重視。

❸菁英主義的觀點可能造成人民對政治的冷漠和缺乏興趣，甚至產生疏離感。

總之，菁英主義的觀點與我們一般心目中理想的民主政治是不同的，但民主政治的態樣本來也就沒有一定的看法。熊彼德就認為，民主政治的實際過程，就是「一種為達成決策的制度安排；其中每個人可以藉著競爭選民選票的方式來決定由誰取得權力」。拉斯威爾為了調和民主政治與菁英的問題，提出了「課責性」（accountability）的觀念，他指出一個透過少數人領導的社會仍可能是民主的，關鍵在於菁英對大眾的責任性必須透過制度加以確立，因此民主政治的遊戲規則應是「大眾能影響菁英，菁英向大眾負責」。

古希臘哲學的菁英觀點

將人分成階級觀察，可溯自柏拉圖（Plato），他認為人的行事作為受到慾望、感情、理智三種秉賦的支配，一般人據此可分成理（愛智慧）、氣（尚勇氣）、慾（重慾望）三種類型，重欲望者為「銅鐵階級」，也就是一般普通人；尚勇氣者可為「銀階級」，是保衛國家的戰士；愛智慧者是「金階級」是統治國家者。

	地位	追求目標	職責內容
金階級	統治菁英	智慧、思想、理性	治理國家、調和其他階級
銀階級	護國衛士	爭取戰場上的勝利	定內亂、禦外侮
銅鐵階級	一般平民	浮躁、貪婪、追求個人利益與享受	農、工、商等生產工作

現代菁英的類型

現代菁英的類型
帕雷托觀點

治理菁英
指制度化的國家機構中，擁有政治上決策權力的人，像是總統、內閣成員、國會議員、主要政黨領袖、高級文官等

非治理菁英
指那些從事非政治行業，並無政治影響力的秀異分子

不過社會學家密爾斯則提出權力菁英（power elites）的觀念，認為上述的非治理菁英中，某些人也具有政治影響力，像是大企業家、軍方將領等等。

權力菁英
（具有政治影響力）
社會學家密爾斯觀點

治理菁英
包括：官僚、政黨議員等等政治人物

非治理菁英
包括：企業家、軍人、學者、專家、醫生等等非政治人物，但為社會中擁有優異地位者

菁英維持地位的方式

莫斯卡（G. Mosca）提出五種菁英常用來維持自己地位的方式：

方式	功能
生活方式密切一致	維持菁英團結及一般民眾的認同
政治公式的使用	利用符號、意識形態等，使民眾接受菁英統治的正當性
模仿性	菁英會藉由社會系統的模式維持功能，使一般人壓抑自己的慾望，而有利於維護既得利益
菁英的流通	菁英會從一般人中吸收優秀分子，以維持菁英的優勢並減少一般人的不滿
軍隊的支持	以武力為後盾，維護菁英的統治權

UNIT **2-9**
多元主義觀點的政策分析

「多元主義」（pluralism）是指在自由民主國家中，權力應是廣泛且均等的分布；而國家對公共問題的立場是中立的，並且容易受到各種不同利益團體的影響。國家的角色是「社會的僕人」，並非建立在任何利益團體的偏好上，亦不存在有別於社會利益的自身利益，故國家機器必然嚴守中立原則，依循公共服務與政治責任而運作。

多元主義的運作有兩個前提：一是「自願結社」，另一是「成員重疊」。多元主義認為社會中存在各種不同的團體，每個團體均按照自由結社的方式組建，個別成員可依其自由意願加入數個不同的團體，因而產生成員之間的高度重疊性。例如一個中學老師，他為了爭取工作權益而加入「教師工會」；但他同時又是一個父親，因此也參加了「家長協會」。在這種高度的成員重疊性情況下，社會中的眾多團體可以維持良好的互動；長期而言，團體間的利益競爭關係理論上也會傾向於動態均衡，而使政治趨於穩定。

利益團體（interest group）無疑是多元主義觀點的主角，故公共政策學者常稱其觀點為「團體理論」。所謂利益團體是指一群具有共同信念、態度、利益者所組成，而他們所追求的利益，可以是私人利益，如工商團體，也可以是他們所宣稱的公共利益，如慈善團體、環保團體。無論如何，利益團體為了實現他們的主張或促進自己的利益，往往會向政府施壓以影響公共政策，故利益團體又可稱為「壓力團體」（pressure group）。

多元主義認為公共政策的制定是各種利益團體討價還價、折衝協調的結果，而政府平時只是維持一個公平的競爭環境，在利益團體之間發生衝突時，政府介入協調，以取得各方平衡。通常公共政策的均衡取決於利益團體的相對影響力，公共政策總是會傾向於較強勢的利益團體。例如當政府釋放出調整基本工資的訊息時，代表勞方的利益團體（勞工工會）與代表資方的利益團體（產業公會），就會各自提出自認合理的漲幅方案，待雙方協調出共識以後，政府只是依照利益團體間折衝妥協的最後結果去設計政策。

多元主義觀點鼓勵政治制度中的協商談判，學者常以美國作為此一理論的代表，因為這種團體理論要符合民主價值的前提是社會中每個人都有一個足以代表其個人利益的利益團體，而美國的工會組織發達，社會中存在龐大且多元的利益團體。至於團體影響力的大小，則取決於該團體成員人數、財富多寡、組織能力強弱、領導能力高低、內部凝聚力強弱、與政治決策者親疏遠近等因素。

總之，在多元主義的政策分析觀點下，政府經常遭遇利益團體的壓力，必須扮演折衝角色以達成各方利益的平衡，並據以執行政策，所以公共政策是團體相互折衝後所導致的均衡。

利益團體的種類

利益團體的種類

依利益團體成立之目的

特殊利益團體（special interest group）
為了團體的特殊利益而成立的。例如各種職業工會，是為了謀求會員的利益而成立的。

公共利益團體（public interest group）
不是為了個人或團體的特殊利益，而是為了公共的利益而成立的。如：消費者文教基金會、董氏基金會等等。

多元主義的運作模型

利益團體A　　利益團體B　　利益團體C

政府立場

利益團體F　　利益團體E　　利益團體D

政府在一開始時就保持中立，由不同的利益團體競逐政府的支持

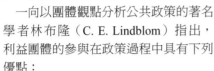

UNIT **2-10**
多元主義觀點政策分析的評價

（一）多元主義觀點的優點

一向以團體觀點分析公共政策的著名學者林布隆（C. E. Lindblom）指出，利益團體的參與在政策過程中具有下列優點：

❶釐清及表達公民需求

利益團體可在一般公民與學者專家之間形成資訊交換，進而向政府提出不同的意見與資訊。

❷塑造可行的議題

利益團體可以匯集相同利益人民的想法，整合成讓政府易於接受的方案，透過制度化的方式提出。

❸對執政者進行監督

許多公益性質的利益團體、勞工團體或弱勢團體會向政府提出改善社會的法案，或是監督政府落實。

❹藉由互動方式解決問題

在利益團體和行政體系互動的過程中，利益團體可以協助政府處理某些議題，如某些自我管制政策就是由公會在政府的原則規範下自訂規則，可以舒緩政治系統的工作負荷。

❺結盟

利益團體可以作為不同政黨之間的黏著劑，促成政黨合作以推動法案。

（二）多元主義觀點的限制

❶維護既得利益者，忽略弱勢族群

多元主義容易忽略缺乏利益團體所代表的利益，像是家庭主婦、罕見疾病患者等弱勢族群。而且強勢團體的利益常被過度表達，並不符合公平正義。

❷以狹隘的眼光看待政治，忽略人性的利他性格

多元主義認為政治的過程只是私利的競逐，因為每個個人都被視為是基於私利而加入利益團體，利益團體也多是為了照顧成員的利益而運作。如此一來，道德、公平、社群價值、公民意識等倫理與道德的規範就容易被忽略了。

❸將國家權威與利益團體共享，容易形成國家的過度負荷

政府將政策過程的控制權委託給利益團體，會形成不負責任和沒有代表性的決策形式；且由於利益團體的需求又多又分歧，使政府無法在同一時間內整合，形成過度負荷。

❹不符合大多數國家的政治現實

除了美國，大多數國家的政府在政策制定中所扮演的角色，仍遠較利益團體重要。

由於上述限制，晚近的多元主義學者已經能夠以較具批判性的觀點來看待國家政府的角色，例如林布隆認為企業團體的影響力就比其他類型的團體更大。此外，由政治菁英組成的國家團體，確實有可能追求自身的利益，使官僚體系本身變成另一個利益團體。上述修正的觀點，有學者稱其為「新多元主義」（neo-pluralism）的觀點。

團體理論在公共政策上的運作實例——Uber在臺灣引起的爭議

2016年6月，數個計程車隊與臺灣各縣市「駕駛員職業工會」三度包圍行政院與立法院，要求禁止Uber租賃車上路。

2017年2月，Uber號召300名租賃司機駕車繞行交通部，主張「共享經濟」，要求政府給予其合法生存空間。

政府在雙方壓力下，雖修改「公路法」禁絕Uber，但又提出有「臺版Uber」之稱的「多元化計程車方案」，以回應租賃車司機的期待。

知識補充站 ★新多元主義

多元主義的代表學者達爾（Robert Dahl）並不因美國實施多元主義的缺點而否定多元民主的價值，仍把它當作最好的國家制度。他認為克服多元民主缺陷的根本途徑就在於更加完善多元主義民主，包括完善多元社會的制衡機制，加強社會組織的相對自主性，實現權力在各種利益集團之間的廣泛分配等等。1985年達爾又轉向了新多元主義的民主理論，新多元主義意識到現代民主制度受商業利益與私人利益制約，經濟利益集團在政治過程中較之其他的社會團體具有更突出的地位，絕不是各利益集團平等地分享政治權力。新多元主義認識到經濟上的不平等是對政治平等與政治民主的威脅，特別關切大型企業的權力現象。

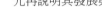

UNIT *2-11*
統合主義觀點的政策分析

分析公共政策的統合主義觀點盛行於歐陸國家如德國、荷蘭等,雖同樣討論利益團體的角色,但相當重視國家政府所扮演的角色,頗有和美式多元主義觀點分庭抗禮的意味;本單元先敘述統合主義的意義與政策分析的特徵,下個單元再說明其發展與限制。

(一)統合主義的意義

所謂統合主義(corporatism),是一種「利益代表的體系」,它和多元主義的觀點一樣,重視利益團體在公共政策中的地位,不過差別在於利益團體在表達利益時會被組合為數量有限的,且強制的、單一的、功能性的領域;在各領域內的大型利益團體會被國家賦予代表性的獨占權,以換取他們對政治領袖的支持。早期歐陸民主國家所盛行的統合主義形式稱為「社會統合主義」(societal corporatism),主要是為避免美式多元主義的弊病而發展,要求國家直接介入市場資本累積的過程;晚近在荷蘭等國則有「新統合主義」(neo-corporatism)的興起,強調一群具有內部一致性且組織良好的利益團體,其代表性受到國家的認可,並擁有接近國家決策管道的特權。

(二)統合主義政策分析的特徵

從公共政策的觀點而言,統合主義的運作主要是政府為有效的治理,於是透過國家高階的權力菁英和少數有權勢的企業組織代表彼此互動,以達成協議的一種制度安排。林鍾沂教授指出統合主義理論的政策分析具有下列特徵:

❶重視政府與大型利益團體間的關係

統合主義與多元主義最大的差別,在於統合主義下,不同利益團體雖可經由互動達成共識,但此種互動並非如多元主義般,可以做到充分、自由而公開的交流;統合主義除了強調政府與利益團體共同合作外,更重視政府與大型利益團體的關係。

❷排除國會和法院的地位

在統合主義觀點下討論公共政策,焦點放在行政部門和大型利益團體之間的利益調和;換言之,立法權和司法權對公共政策的影響並非統合主義觀察的重點。

❸以國家本身的行動來分析國家對環境的影響

統合主義認為政府的主要職責,不僅要重視國家資本的累積,更應使國家資本累積的過程得以正當而合理的進行。換言之,當政府致力於國家生產的社會投資的同時,亦應從事社會福利、勞工保險等工作,以解決國家的生產性與正當性危機之間的矛盾。因此相較於多元主義強調政府決策會受到利益團體互動等外在因素的限制,統合主義在政策分析中較重視政府在政策作為上對環境的影響。

統合主義的模型

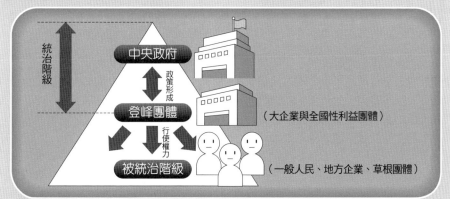

 ★為什麼歐陸的民主國家選擇統合主義？

彭懷恩教授認為，統合主義的國家必然採行議會內閣制，如此行政與立法部門合一，行政部門才可能將國家的權力及資源整合在一個高度連貫的施政目標下，進而引導利益團體建立共識，或借助特殊參與地位的分配來直接影響利益中介組織出現的形式。

呂亞力教授則以瑞典為例，說明國家採行統合主義的理由：

❶在美式資本主義下，勞工無法與資方分庭抗禮，故統合主義是使勞資雙方在利益政治程序中，獲得平等地位的一種措施。

❷採行統合主義，可避免因對立團體談判不成，發生嚴重衝突所造成的社會成本。

多元主義與統合主義的比較

政治現象	統合主義的解讀	多元主義的解讀
壟斷性利益表達	代表功能性利益之利益團體壟斷了利益表達	反映國家干預日增之下，利益需要更有效地加以整合；惟在某一特定領域中通常仍有多元性，在不同領域間亦有相互競爭的多元性
某些利益團體被賦予影響政府決策的特權管道	此種大型利益團體稱為「登峰團體」（peak groups），與政府共享決策權	此為權力之反映，其他組織仍可透過不同的權力管道來表達利益
成員加入團體的自由程度	擁有特權之團體，成員之加入不再是自願性，且團體之特權地位會剝奪成員其他可替代之有效管道	為獲得被服務與利益，而被迫加入利益團體，雖減少成員的自願性，卻有助於增加制度化之參與及社會整合
利益團體的規範功能	利益團體除扮演代表性功能外，也扮演代表國家機關規範成員的角色	利益團體必須能在成員間取得協議，使團體取得自我規範功能
官僚化的程度	利益團體與國家機關趨於官僚化，傾向以層級結構來規範社會中各部門	奠基於正式權威的官僚結構仍有談判的需要，以致分散了權力關係
利益團體參與決策的程度	功能性利益團體與國家機構透過談判制定政策	利益團體參與政策談判，同時接受某些行為規範

UNIT *2-12*
統合主義觀點政策分析的評價

統合主義觀點主要是基於多元主義國家因政府過度負荷而導致「不可治理」的現象，試圖將過多的外部利益團體的影響予以內部化，使國家在良好的整合基礎上運作，並兼顧國家資本累積與社會公平正義的實現。以下介紹統合主義政策分析的發展及限制：

（一）統合主義政策分析的發展

林鍾沂教授認為統合主義的公共政策運作有政策網絡、策略退守、契約取向等三個發展方向值得重視：

❶政策網絡的運作型態

當代國家面臨的政策問題十分複雜，需要政府專家與利害關係人共同解決，於是在問題認定上呈現「問題取向的政策網絡」，即所謂「議題網絡」（issue network）。在網絡中，參與者以三種途徑來形成共識：①整合不同利益；②設定政策優先順序；③專業的聚合。為達成此三種途徑，勢必擴大政策網絡的空間與自主性，以吸納各種不同的聲音，提高政策的合法性。

❷策略退守的政策設計

由於過多的民主參與可能降低政策的品質與效率，故統合主義認為在政策設計的過程中，最好能使若干民眾或團體保持某種程度的冷漠。同時，若民眾的期望太高，爾後卻發現政策無法達成目標，將徒增人民失望，所以政策目標的擬定要注意可行性。為避免民眾對政策失敗後所出現的政府「做得更好，感覺更糟」的心理反應，公共政策研究便轉趨注意「問題的可處理性」，也就是將政策問題侷限在可以處理的領域，如此方可避免不可治理現象。

❸契約取向的政策設計

統合主義往往呈現國家與企業聯合共治的現象，重視效率的企業並不希望公共政策的設計與執行全由官僚體制包辦，而期待由半官方性質的組織來處理，如我國的海基會、中華經濟研究院等。相對地，政府為減輕本身的負荷，也會以愈來愈多的契約關係，將公共財貨或服務的提供轉由民間企業承擔。

（二）統合主義政策分析的限制

❶不符民主政治的精神

統合主義的制度安排主要是政府、企業團體、勞工聯盟三者間，依政策類別而形成封閉性的網絡關係，容易形成菁英宰制的現象，阻撓基層利益的表達，使權力的運作更形扭曲。

❷不能反映人民真正的需求

統合主義為避免不可治理的窘境，採取「策略退守的政策設計」，不但給予政府的被動消極一個合理化的藉口，更可能使民怨長期累積，終至一發不可收拾。

❸有違學術道德

統合主義的政策分析為因應治理的要求，政策分析家往往將自己定位在解決問題的工具性角色，而不思站在反省和批判的角度檢視制度的問題；長期而言必然形成學術的腐化。

統合主義的優缺點比較

項目	優點	侷限
適用性	確實反映歐洲國家的政治實情	不適用於美國、加拿大等許多非統合主義的國家
政策制定	充分反映歐洲國家公共政策的制定模型	並未進一步說明何以某項政策是以統合主義的模型加以採納與執行
決策者	承認政策由社會菁英內定的事實	不符民主政治的精神，易形成菁英宰制
權力來源	將決策功能交付全國性大型企業與利益團體，避免執政者獨裁或國家過度干預	忽視代議制度下，決策應交付民意代表的政治正當性
利益團體的角色	強調企業與勞工所代表的利益團體	涵蓋性似嫌不足，因為社會中仍有許多不同團體及缺乏利益團體代表的個人
利益團體的地位	強調利益團體對公共政策的影響力	對於利益團體的相對重要性未明確分析，是否所有利益團體都同等重要？還是有些團體比較重要？其決定標準為何？
國家的角色	正視國家（中央政府）的地位	未說明國家的性質與利益究竟為何？何以會認定某些利益團體的地位優於其他的團體？
政策分析的角色	運用科學的政策分析設計政策	政策分析家淪為工具性的角色

★統合主義與威權政治

呂亞力教授指出，統合主義的本意與法西斯主義和威權政治有關，墨索里尼時期的義大利曾經發動勞工運動，將全國所有代表資方與勞工的協會組合成一個公司，以取代政黨的地位，政府機關操縱了利益團體的結合程序，利益團體喪失了自主權，所以他所實施的統合主義是獨裁者強加於人民的統合制度，學者稱之為「國家統合主義」（state corporatism），以有別於民主國家的自由統合主義。

然而，儘管當代民主國家的社會統合主義或新統合主義已改為重視利益團體的政策主導權，但主要的利益團體內部仍是中央集權的組織，層級分明的程度，與國家行政組織無異。例如瑞典的工會於中央總工會統一指揮，對下級的工會有財務及領導上的拘束力。同時，也會立法規定每一行業的員工都必須加入工會。所以，相較於多元主義，統合主義還是較具有威權色彩的運作模式。

UNIT *2-13*
公共選擇觀點的政策分析

公共選擇理論（public choice theory）是當代政治經濟學十分重要的發展，其藉由經濟學著重於個人理性行為的分析，突顯政府過度干預社會與市場機制所造成的無效率。其理論要點包括：

（一）人性假定

公共選擇理論採「經濟人」的假定，認為人類是追求自我利益極大化的個人，所以「自利是原則，利他是例外」。同時，個人原則上都有能力決定自己的偏好，只要有足夠的資訊，就有能力依個人偏好選擇最適當的財貨；故市場機制的自由選擇、價格競爭等機制，比政府的獨占與管制更能滿足個人利益。

（二）公共政策的設計

政治舞臺就像是個供給和需求的交易市場，政治產品（公共利益）的需求者是廣大的選民（納稅人），供給者則是政治人物、官僚和政黨。民主制度下的公共政策被視為由「自利個人」所做的集體決定；選民總是基於個人利益的考量去投票，政客與官僚也是基於自利動機以決策或提供服務，並從中取得權力、資源與地位。

至於大政府造成的無效率，解決之道唯有引進市場機制，或形塑官僚體系的競爭壓力；故諸如民營化、簽約外包、績效獎金、精簡員額等都是常見的手段。

（三）官僚的自利行為

❶官僚機構的運作

公共選擇論者杜洛克（G. Tullock）曾言：「一個人不會因為穿上政府的制服，就從追求私利變成追求公益」。現實中，官僚常表現出自利傾向，因此官僚機構往往呈現出下列運作法則：

①漸增的保守主義：若無大幅的變革，機關成立愈久就愈保守。

②層級節制法則：缺乏市場競爭的大型組織，愈趨向層級節制式的控制。

③逐漸弱化的控制法則：愈是大型的組織，上級的實際控制能力愈低。

④帝國主義式的擴張法則：行政機關通常以擴大規模的方式進行革新工作。

⑤自我服務的忠誠法則：官僚通常只向掌控自己職務與升遷的機關效忠。

❷官僚的競租行為

所謂「租」（rent）就是經濟利益；杜洛克所提出的競租行為（rent-seeking）是指自利的官僚或政治人物利用掌握政治結構的機會，與私人或利益團體從事利益交換的活動。例如本土企業希望政府制定關稅或進口配額等管制措施以保護自己，而給執政者在競選時予以支持的承諾；執政者為了獲得選舉支持，也樂於制定各種犧牲消費者利益的保護政策，於是政府與企業均投入相當精力進行彼此間的利益交換，這就形成了「競租」。

（四）選民的自利行為

黨斯認為一個理性自利的選民，往往會基於機會成本（opportunity cost）與「搭便車」（free-ride）的考量，而刻意在政治議題上保持冷漠的狀態。「機會成本」是指為了獲得某項結果，而必須放棄的最大價值，就是「有得必有失」。在政治議題上，理性的選民知道個人對政治的影響微乎其微，故寧可放棄了解政治的機會而專心從事其他活動。至於「搭便車」行為則是指一個人享受利益卻不願負擔成本，例如個人可以不用投入政治改革的活動，一樣可以得到政治改革帶來的好處。基此，一個理性自利的個人，對於政治活動常顯得意興闌珊，這就叫做「理性的無知」（rational ignorance）。

公共選擇理論下的政治運作模型

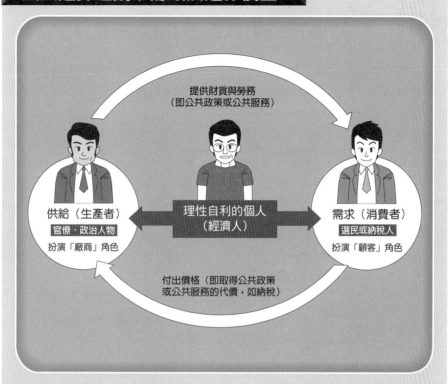

提供財貨與勞務
（即公共政策或公共服務）

供給（生產者）
官僚、政治人物
扮演「廠商」角色

理性自利的個人
（經濟人）

需求（消費者）
選民或納稅人
扮演「顧客」角色

付出價格（即取得公共政策
或公共服務的代價，如納稅）

官僚的人格假定

黨斯（A. Downs）假定官僚的工作動機分成兩個向度：一是追求自己的權力、財富、榮耀、便利、安全等「自利動機」，二是基於個人忠誠、工作績效的自傲、滿足公共利益、對於特定計畫的承諾等「混合動機」；進而將官僚分成五大類：

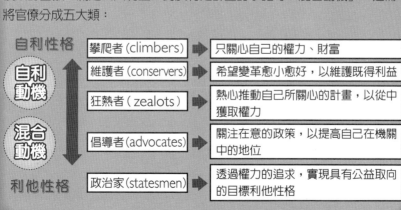

自利性格

自利動機

攀爬者（climbers）➡ 只關心自己的權力、財富

維護者（conservers）➡ 希望變革愈小愈好，以維護既得利益

狂熱者（zealots）➡ 熱心推動自己所關心的計畫，以從中獲取權力

混合動機

倡導者（advocates）➡ 關注在意的政策，以提高自己在機關中的地位

利他性格

政治家（statesmen）➡ 透過權力的追求，實現具有公益取向的目標利他性格

UNIT *2-14*
公共選擇觀點政策分析的評價

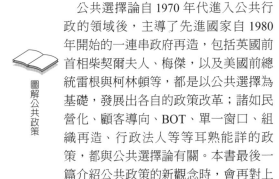

公共選擇論自 1970 年代進入公共行政的領域後，主導了先進國家自 1980 年開始的一連串政府再造，包括英國前首相柴契爾夫人、梅傑，以及美國前總統雷根與柯林頓等，都是以公共選擇為基礎，發展出各自的政策改革；諸如民營化、顧客導向、BOT、單一窗口、組織再造、行政法人等等耳熟能詳的政策，都與公共選擇論有關。本書最後一篇介紹公共政策的新觀念時，會再對上述政策內容進行比較深入的介紹。

這股公共選擇的改革風潮，隨著全球化傳遍世界，包括我國在內，都深受影響。基於公共選擇觀點而設計出的政策，強調重視標的人口的需求、引入民間的力量設計並遞送公共服務、運用市場競爭與企業管理的策略提升施政績效等等，凡此皆使公共政策呈現出不同於過去的風貌，在提高公共服務品質的同時，又能大量節省政府的支出。然而，公共選擇的觀點也受到許多挑戰：

（一）關於人性自利假定的爭議

❶將人性視為追求自利的個體，忽略了社群的精神；事實上，「利他」在人性中是否不如「利己」具有影響力，仍有可議之處。

❷人類的理性能力恐怕不能為決策的依據；首先，人類的決策常常依賴直覺；其次，社會、文化、制度、歷史等因素，都會影響決策，因此理性恐非個人決策的唯一標準。

（二）將人民視為消費者的爭議

❶在市場中，消費者追求的是個人利益，但在公共領域中，施政者當以追求公共利益為主。當私人利益和公共利益出現衝突時，政府應堅守公共利益立場，甚至鼓勵個人以公益為先，成為「公民」。

❷消費者是否真能了解自己偏好，頗有可議。因為我們在市場中對商品的印象，往往是從廣告中得知，所以消費者的商品偏好往往是被廠商塑造出來的。同理，人民對政治議題的偏好通常也都是被媒體、政治人物等透過「政治社會化」的過程塑造出來的，而非真正符合自己的利益。

（三）關於政府角色與政治行為的爭議

❶公共選擇認為政治活動或公共政策一定是理性選擇的結果，但從權力的觀點而言，有許多活動或儀式是象徵性的，而非產生實質利益，因此不一定滿足理性的效用極大化。所以公共選擇的分析觀點不能解釋所有的政治活動。

❷公共選擇論忽略「制度」對人類選擇能力的長期性影響，因而受到「新制度論」的抨擊。此外，公共選擇論過度推崇消費者的選擇自由，往往忽略倫理道德、公平正義等社會規範價值，易造成偏袒既得利益者的現象。史坦克勒（D. Stuckler）與巴蘇（S. Basu）撰有《失控的撙節》一書，描述歐洲部分國家因為過度推動公共選擇論所推崇的個人責任、撙節成本與縮小政府規模，而對社會弱勢者造成健康的傷害。

❸將官僚視為自利的個人，一方面透過企業化的績效薪俸制度獎勵創新的行為，另一方面又期望有限的獎金就能使自利的官僚將公家的資源謹慎地當作自己的資源來珍惜，實為一個矛盾的地方。

公共選擇理論對90年代政府改革所造成的影響

公共選擇觀點的主張　　90年代政府改革的主張

公共選擇觀點的主張	90年代政府改革的主張
以經濟學的市場理論為基礎，主張小而美的國家	顧客導向的行政與政策
行政功能的分權化	摒除官僚體系的集權設計
簡化行政程序	以任務為導向，而非以法規限制為導向
將公共行政經濟化，減少開支	焦點置於投資而非擴張
對於公部門的擴張、行政裁量的運用，以及公共組織的目的，給予嚴格限制	鼓勵競爭而非壟斷

公共選擇觀點用於公共政策的優點與限制

優點

❶縮減政府規模，引入企業與社會的力量共同治理
❷引進市場競爭機制，導入民間活力，並對公部門產生競爭壓力
❸重視分權授能，使執行機關具有自主性及活力
❹重視實際的績效成果，要求機關首長為績效負責
❺重視資源的有效運用，利用BOT、委託外包等方式，由民間與政府簽約提供公共服務

限制

❶忽略了權力與制度的重要性，過度簡化問題
❷缺乏足夠的理論基礎來解釋政治制度的多樣性
❸人性自利的觀點頗有可議之處
❹高估人類理性能力，忽略人類很少有足夠資訊及明確目標之事實
❺忽略社會與歷史因素，漠視社會制度對個人形成的制約力量

公共選擇理論的代表人物──亞羅與布坎南

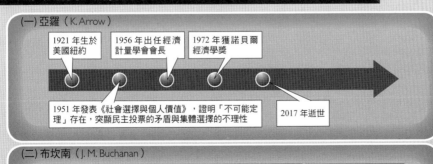

(一) 亞羅（K. Arrow）

1921 年生於美國紐約
1956 年出任經濟計量學會會長
1972 年獲諾貝爾經濟學獎
1951 年發表《社會選擇與個人價值》，證明「不可能定理」存在，突顯民主投票的矛盾與集體選擇的不理性
2017 年逝世

(二) 布坎南（J. M. Buchanan）

1919 年生於美國田納西州
1962 年與杜洛克合撰《同意的計算》，探討投票制度的問題，該書被視為公共選擇論的里程碑
1979 年著《自由的限度》，探討社會秩序與憲政
1948 年獲芝加哥大學經濟學博士
1969 年在維吉亞理工學院創建「公共選擇研究中心」
1986 年獲諾貝爾經濟學獎
2013 年逝世

UNIT 2-15 政策網絡分析

政策網絡分析（policy network analysis）是1980年代後逐漸受到重視的公共政策分析方法，由於小而能政府觀念興起，政府必須和企業與非營利組織合作以共同治理國家；「網絡」的概念正可用來指涉在共同治理的情況下，各個組織之間的資源依賴與競爭，所形成的短暫但穩定的關係結構。這種概念運用到公共政策分析上，就是探討政策過程中各個參與者之間的互動關係。

（一）早期的政策網絡概念

政策網絡的出現主要是針對多元主義與統合主義的缺失而興起；較早的政策網絡概念中，最具代表性者屬1970年代末期美國的政治學者羅威（T. Lowi）的鐵三角理論（theory of iron triangle），他指出在特定議題上，利益團體、國會中的特定委員會和中央政府機關會形成封閉且牢不可破的互動關係，而政府機關最終將成為利益團體與國會的俘虜。

（二）當代的政策網絡概念

英國學者羅迪斯（Rhodes）於1990年代融合社會學、心理學、人類學、政治學等諸多學科中的網絡概念，證諸英國政府的政策經驗，提出政策網絡的五種類型如下：

❶政策社群

這是指特定政策領域中，中央到地方機關形成一種垂直互賴關係。例如在教育政策中，從教育部到縣市政府教育局，再到各學校與教職員間，就形成一個垂直封閉的政策網絡。

❷專業網絡

這種網絡具有高度的穩定性與封閉性，主要在滿足某種專業社群的利益。例如醫師、醫院、醫學會與衛福部之間的連結，就形成這種網絡。

❸府際網絡

此為地方政府之間所組成的合作網絡，主要在擴張水平的影響力，例如2011年7月時，臺北市政府與新北市政府為加強協調整合淡水河流域之治理與管理及河川區域之水汙染防治事宜，於中央成立淡水河流域專責管理機關前籌設「淡水河流域管理委員會」。

❹製造者網絡

這是指基於經濟利益所形成的網絡關係，像是產業的上、下游廠商之間的關係。

❺議題網絡

這是針對某個特定議題，所形成的網絡關係，結構相當不穩定，參與者也經常變動。如2006年臺北因反執政者貪腐而形成的「紅衫軍」群眾運動，2014年「反黑箱服貿」的太陽花學運，都在短時間內集結許多民眾的參與，但又在議題結束後散去，這就是議題網絡明顯的特性。

總之，政策網絡分析可以反映政府機關與各種不同的政策社群之間，針對特定議題所形成的互動關係。在自由通信發達的年代，採取網絡的觀點，可以對政策議題的形成與處理有更深入且細膩的了解。

早期的政策網絡概念 —— 偏重政治參與者之間的暗盤交易

理論名稱	代表學者	理論要點
地下政府理論 （subgovernment theory）	李普來 （Liply） 富蘭克林 （Franklin）	❶在任何政策領域中，基於共同利益所組合的個人，會利用例行性決策的機會，影響公共政策 ❷政策參與者包括：國會議員與幕僚、政府官員、特定政策領域中的團體代表 ❸行動者間相互依賴，彼此奧援，進而得以控制政府機關
鐵三角理論 （theory of iron triangle）	羅威 （Lowi）	❶公共政策過程中，利益團體勢力龐大，進而可以透過國會議員掌控政府機關 ❷鐵三角本身是一個具排他性的封閉體系 ❸行政機關會受制於利益團體及國會議員
議題網絡理論 （theory of issue network）	赫克羅 （Heclo）	❶多數公共議題的三角網絡是開放性而非封閉性，參與者來去自如 ❷與多元主義的立場較接近
三位一體理論 （theory of triadic power）	麥克法蘭 （McFarland）	❶政府機關本身是獨立的，並不受制於利益團體的壓力 ❷必然存在反對團體，以制衡經濟性團體的濫權；就像有香菸廠商的經濟利益團體，也有反菸團體 ❸政府機關、製造者或專業利益團體、反對性的團體等基於同一議題關切所組成的網絡關係 ❹網絡關係本身是開放性的，不具排他性，經濟團體也不具有俘虜政府機關的能力

羅威的鐵三角理論

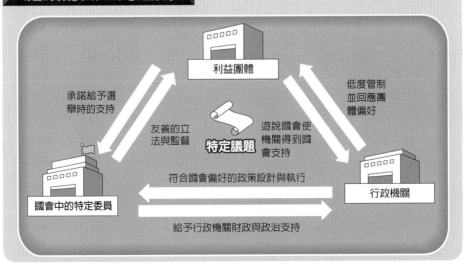

承諾給予選舉時的支持

低度管制並回應團體偏好

友善的立法與監督

利益團體

特定議題

遊說國會使機關得到國會支持

國會中的特定委員

符合國會偏好的政策設計與執行

行政機關

給予行政機關財政與政治支持

UNIT **2-16**
政策網絡分析的評價

政策網絡分析有別於傳統官僚體制下，政府壟斷一切政策的決定與執行，論者謂之「治理」（governance）。而政策網絡的分析途徑恰可呈現這種治理現況下的公共政策過程，以至於得到青睞。

（一）政策網絡分析的優點

❶政策網絡作為分析政策過程的工具，恰當地彌補了由上而下途徑過度重視高層決策所形成的集權論調，以及多元論忽略決策中心，假定政策是參與者行動總和的缺陷。政策網絡認為中央政府可以不必親自採取行動，立法與行政人員是重要行動者，但他們不再壟斷政策制定與執行。

❷政策網絡分析奠基在資源交換、簽約外包的政策制定與執行，透過網絡掌舵的政府，假如能與公、私行動者聯盟，則能為社會掌握住方向。在聯盟架構中，可以經由網絡管理，凝聚問題的定義與解決方案的共識。政府的角色在協調並激勵行動者協同一致完成目標。

❸政策網絡理論重視利害關係人的參與，相較於傳統「由上而下」的菁英理論與過度依賴利益團體的多元理論，不僅提醒政府必須重視民意，更在過去只重視效率、專業與理性的決策過程之外，另開一扇溝通協商的窗口，以取得社會多元參與者的共識。

總括說來，政策網絡的分析視角是更具有彈性的、更包容的、更重視利益的整合而非競爭的分析方法。但其運用上仍有一些限制存在。

（二）政策網絡分析的限制

❶政策網絡分析的焦點在行動者之間對問題解決的共識，但這些共識尚須透過立法才能確認，而立法的過程不同於網絡，有更多政治因素的干預。

❷實際的政策網絡常常是偏向封閉的，現實社會也常缺乏真正的公民以及未受扭曲的政治參與行為。

❸政策網絡的決策常使錯誤的政策欠缺課責機制，也會增加政策協調的成本，造成政策的效率偏低。

❹政策網絡在分析上著重於某個特定領域的政策甚至是特定議題，無法顧及參與者個人差異性的探討，也無法反映國家整體政策的全貌。事實上，制度、權力與國家機關都會對政策形成影響。例如很多時候政府機關會以「片面強制」的權力進行決策，而未徵得參與者的同意。

❺通常網絡行動者之間愈團結，就愈容易形成共識，但這也代表特定團體愈可能被排除於決策網絡之外。因為網絡的內聚力愈強，其對網絡以外人員的敵視也愈強；若網絡內成員受到質疑，將被驅逐以形成更為緊密的社群，這種排拒與分化的現象幾乎成為政策網絡的常態現象。

政策網絡對多元主義與統合主義的修正

多元主義

利益團體在政策形成過程中扮演主要角色，國家只是消極的仲裁者

缺失 重視利益團體，輕視國家機關

統合主義

國家機關與大型利益團體之間的利益協調與協議服從

缺失 忽視其他多元行動者的力量

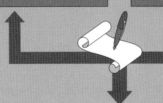

政策網絡觀點的修正

❶政策形成過程的參與者十分多元，包括各級政府機關、非營利組織、企業團體、勞工團體等，彼此基於各自的利益而形成複雜的相互依賴關係

❷這種關係可能是正式的或非正式的，且任何參與者都無法具有絕對優勢，必須透過資源互賴、互助合作以完成政策

知識補充站 ★政策社群（policy community）與政策網絡

大多數的時候，政策網絡與政策社群兩個辭彙是可以互相混用的；不過亦有學者對它們做出較嚴格的區分，認為政策社群是指一群來自於政策網絡中，具有相同專業，彼此分享共同政策焦點，而產生強烈凝聚力的行動者所形成的團體。至於政策網絡，則可能包含數個凝聚力極強的政策社群以及凝聚力較弱的議題網絡（issue network），且網絡的形成是以利益為基礎。

緊密連結
鬆散連結

政策社群A
政策社群B
議題網路
政策網絡

UNIT **2-17**
制度主義觀點的政策分析

圖解公共政策

制度主義（institutionalism）的研究是社會或政治的研究中最古老的核心，19世紀社會學家涂爾幹（E. Durkheim）曾說，社會學是專門研究制度的起源與功能的科學。對於公共政策來說，無論將之定義為「社會價值的權威性分配」或是「政府作為或不作為的行為」，均認為公共政策是由具有權威性價值分配的政府機關負責訂定與執行，所以公共政策是政府制度的產物。

（一）制度主義的政策分析

早期的制度主義重視政府機構的法制面與正式組織，例如組織型態、功能角色、作業程序等，同時認為只有政府才具有合法的權威地位，可以施行政策於社會每一個成員，政府的結構對政策結果必然具有相當的影響力。例如我們去研究在聯邦制度的國家（傾向地方分權，如美國）與單一制度的國家（傾向中央集權，如法國）公共政策的制定與執行有什麼差異。此外，行政學之父威爾遜（W. Wilson）也曾致力於研究在總統制國家中，「分立政府」（divided government）現象對公共政策的影響，這也是一種從制度層面討論公共政策的例子。

制度主義的政策分析具有下列特徵：
❶**規範性**：關切「好的政府」為何？
❷**結構主義**：認為政治結構決定決策行為。
❸**歷史主義**：強調歷史的重要影響力。
❹**法律主義**：認為法律扮演統治中的重要角色。
❺**整體論**：關切整個政府體系的比較與描述。

（二）制度主義政策分析的挑戰與再起

制度主義的研究曾經是政治領域研究的主軸，但在 1930 年代後逐漸受到行為主義學者的挑戰，他們致力於跳脫政治研究中的形式主義，包括制度、憲政迷思與法律規制，而將研究焦點置於政策運作過程中個體行為的實證科學描述。其次，行為主義發展到 1960 年代後，逐漸興起理性選擇（rational choice）的觀點，著重以經濟學的方法來取代先前心理學與社會學的研究，而視公共政策為追求自利的行動者個人理性選擇結果的加總，即公共選擇觀點的政策分析。

總之，行為主義興起後，對制度主義的批評在於制度主義關切政府制度，卻只聚焦於正式的法規、組織，以及政府的正式結構，而忽略非正式的慣例、習俗，以及制度所產生的限制等更為廣泛的層面。

在受到行為主義與理性選擇途徑的衝擊後，制度主義於 1980 年代出現了新的研究取向，不但擴張「制度」所指涉的範疇，也吸取了行為主義與理性選擇的實證觀點和經濟學的分析方法，此即為「新制度主義」（neo-institutionalism）。

★制度的意義

制度（institution）是一個社會的遊戲規則，是為決定人們的相互關係而人為設定的一些制約，即約束追求主體福利或效用最大化利益的個人或集團行為。制度可以分為三個層次：制度安排、制度結構和制度環境。

❶制度安排
指的是某項具體的、正式或非正式的規則和程式；例如我國的中央行政機關組織架構所形成的行政制度。

❷制度結構
由各項制度安排依一定的關係所形成的一個動態集合或稱系統；例如我國除了行政制度之外，還有立法、司法、考試與監察制度所構成的環環相扣的五權憲政體制。

❸制度環境
在把制度看作因變數時，所有對制度變遷有影響的參數（自變數）所組成的背景狀態；例如探討我國從李登輝、陳水扁時代的「一邊一國」到與大陸簽訂ECFA的政治背景轉變。

★分立政府（divided government）

以行政首長與立法部門多數席次所屬之政黨來觀察府會結構型態，可區分為一致政府（unified government）與分立政府。一致政府意指在政府體制中，行政部門與立法部門皆由同一政黨所掌控。相對於一致政府的概念，分立政府則意指行政部門與立法部門分屬不同政黨所掌握。分立政府原指涉的是美國聯邦政府的政治體制，其憲政體制為總統制，該政黨制度為兩黨制。因此，在美國政治體制之下，分立政府的現象言簡意賅，就是總統所屬的執政黨無法同時掌握國會多數席次。另半總統制的國家，如法國或我國，也會出現分立政府的現象，在法國即為「左右共治」；但在我國，由於缺乏共治的憲政慣例，就容易形成憲政僵局，導致公共政策經常出現停滯的現象，2001年到2008年，立法院由國民黨占多數，行政權卻完全由民進黨控制，就使許多政策爭議不斷，行政與立法兩院彼此推諉責任，核四停建又復建即為一例。

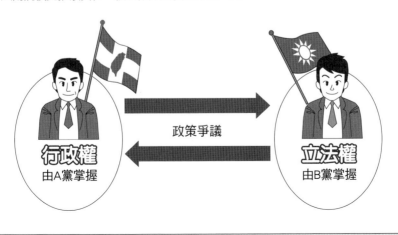

政策爭議

行政權
由A黨掌握

立法權
由B黨掌握

UNIT *2-18*
制度主義觀點政策分析的評價

早期的制度論強調政府的結構與法制，是一種靜態面的研究，忽略行為面與環境面，故易流於「形式主義」，因而產生「新制度主義」。本單元繼續介紹新制度主義的特徵與爭議。

（一）新制度主義的特徵

新制度主義是對於傳統制度主義的修正，故可從其修正的路徑觀察其特徵：

❶關注焦點從組織移至規則

新制度主義認為制度並不等同於機關組織，制度是導引或限制個體行為的「規則組合」；例如傳統制度主義十分重視組織與制度設計，但新制度主義比較在意制度內的決策、預算或採購程序。所以組織的角色被視為是一種集體行為者互動的場域，而制度在該場域中被發展、表達。

❷由正式制度概念移至非正式的制度概念

新制度主義同時關注正式的規則及非正式的慣例（非正式規則）；因為非正式規則對於個人行為的形塑與正式規則同等重要。而非正式規則也會強化正式規則，或凌駕於正式規則之上。例如在臺灣很多地方，習俗的影響力大於法規。

❸由靜態的制度概念移至動態的制度概念

新制度主義認為制度不是「實存的客體」，而是「過程」；所有制度性的安排只有在為行動者的利益服務時，才能被存續，而制度的穩定性，亦有賴於行動者在變遷環境中，建立共識或聯盟。

❹由信奉價值移至批判價值的立場

傳統制度主義的觀點較偏向規範性，亦即有個「好」的政府存在，隱約去信奉特定價值。反之，新制度主義反過來去理解制度使社會價值更為具體化的各種方式，亦即探討制度是如何被設計並用以培育社會上大多數人所欲的價值。

❺由整體論式的制度概念移至個體式的制度概念

傳統制度主義傾向於描述「整個」政府體系，但新制度論者認為當行動者設法去理解新的或模稜兩可的情境，或試圖改變制度以增加自我利益時，制度會以無法預料的方式演化；因此新、舊制度可能並存，並控制政治系統內不同的部分或層級。

❻由獨立性移至鑲嵌性

制度並非獨立的存在，而是被鑲嵌在特定的脈絡之中，亦即制度的被發展與被選擇都有其特定的環境因素。公共政策的制定與執行也是如此，且由於受到地方特性的影響，往往是由下而上的。

（二）新制度主義的限制

❶新制度主義試圖將非正式的規則納入制度的討論範圍，使制度的概念涵義無所不包，增加界定的困難。
❷新制度主義關注個人與制度之間的互動，卻缺乏解釋制度的起源與轉變的能力。

傳統制度主義與新制度主義的比較

	傳統制度主義	新制度主義
追求知識的目的	掌握與澄清制度性議題，使制度能承擔指導群體生活的使命	關心制度對群體生活的指導，更重視人類政治生活的動機與目的
研究方法	屬於法律與規範取向，從制度論制度	不排除法律與規範取向，同時從歷史社會學、國家理論比較政治、文化人類學以及政治經濟學等方面汲取知識
研究層次與範圍	以國家為單位，集中於國家層次	仍研究國家議題，但也選擇特定的政策制度議題研究，甚至超越國家

新制度主義的研究範疇

學者一般將新制度主義分為三大範疇，分別是理性選擇制度主義（rational choice institutionalism）、社會學制度主義（sociological institutionalism）以及歷史制度主義（historical institutionalism），其比較如下：

	理性選擇制度主義	社會學制度主義	歷史制度主義
基本假定	脫胎於公共選擇論，假定人是理性且自利的，故能選擇對自己最有利的行動，行為乃是偏好極大化的工具	衍生自組織社會學，認為制度並非遊戲規則，而是個人與社會長期互動下學習策略不斷變遷的結果	制度為鑲嵌於結構中的正式或非正式程序與規範。人有計算自身利益的能力，但卻是「有限理性」，計算結果為不同團體、利益、理念及制度結構互動後的產物
理論依據	自然權力理論和新古典經濟學，著重於微觀層面，利用演繹的方法，其目的在於預測	源於現象學、認知心理學及後結構主義，兼具微觀及鉅觀層面，以歸納法來理解事件發生	根源於馬克思和韋伯的政治經濟學，著重於中層關係，以歸納的方法將焦點放在對事件的解釋上
制度定義	制度是理性行動者的利益極大化；制度是理性的，其架構包含正式、非正式的規則、準則、程序	強調制度的鑲嵌本質與文化詮釋；制度是文化性的架構，包括正式及非正式的規則、信仰、符碼、典範和不同形式的規範	制度常承襲先前的架構，包括正式及非正式的規則、強制─順從的程序以及不成文的規範、意識形態的制度結構
運作機制	透過規則所建構而成的選擇權	透過程序、慣例來建構選擇及計算利益的能力	由規則、結構、規範及理念共同建構對於利益選擇及計算能力
利益	策略性因素考量使理性行動者選擇次佳的均衡（例如囚徒困境）	行動者無法了解自身利益、時間以及資訊的不完整使其只能依賴既存法規	行動者自我利益的表達由集體組織所形塑，制度於歷史軌跡中有脈絡可循
政治過程	如果缺乏規則的安排就無法達成公共利益	視組織內部及外部過程互動所形成的結果	政治過程是由憲法、政治制度、國家機關的結構、國家機關與利益團體間的關係，以及政策網路所共同建構
行動者	全然理性	有限的認知能力	具有自我反思能力
權力	強調單方面的行動能力	視位於組織結構的位置而定	由國家機關、決策制定的管道、政治代表建構所共同認知的結果決定

UNIT *2-19*
公共政策的循證分析

圖解公共政策

　　循證分析（evidence-based analysis）就是「以證據為本位的分析」，可溯源至「循證醫學」的發展，並以1993年「Cochrane合作組織」（Cochrane Collaboration）的成立為里程碑。該組織以提倡證據本位醫療的英國流行病學家A. Cochrane（1909-1988）為名，成立的目的在推展醫療照護的實證系統性文獻研究。

　　而「循證基礎的公共政策分析」（evidence-based public policy）興起於美國史丹佛大學管理學教授J. Pfeffer和R. Sutton以「循證醫學」發展的經驗撰寫《管理的真相：事實、傳言與胡扯》一書，推廣「循證管理」（evidence-based management）的思維，希望透過清楚的事實與證據來採取行動，以省去許多不必要的錯誤，並且不被以訛傳訛的訊息所制約，使問題的解決更有效能及效率。這種講求以具體證據為決策依據的觀念如今也推廣到公共政策的領域，例如聯合國經濟合作暨發展組織（OECD）長期鼓吹政策制定應以證據為本位，且透過國際學生學力評量（Program for International Student Assessment, PISA）的辦理，提供跨國性的比較證據，影響到許多國家教育政策的走向。

　　循證分析強調兩個核心，一是運用現有的相關學科的文獻與研究證據；二是在缺乏證據或是證據不足、不確定之處，建立可信的證據。此外，為避免因個人主觀取捨而造成偏誤，倡議循證分析的學者也積極推動系統性評閱（systematic review）策略，即透過嚴謹的文獻蒐集過程，並藉由後設分析（meta-analysis）萃取出整合性、長期性的研究證據，以作為決策者判斷的基礎。

　　此外，循證分析亦強調「外推效度」的重要性，藉由清楚說明的母體、抽樣方式與時空背景，了解並解釋其因果關係，以增強其研究結果通則化的能力。

　　公共政策的循證分析係指「將研究所得到的最佳合宜的證據，置於政策發展與實施的核心」。換言之，正確的政策也代表是一種植基於證據（evidence）的政策論述。從證據立論的政策分析，至少有三種必要性：

❶公共政策的影響層面廣泛且時間久遠，必須十分謹慎為之。

❷透過經驗研究基礎賦予改革正當性，因為民主時代的公共政策在論述的過程中，倡議者必須提出相關證據作為論述的基礎，是公共政策重要的正當性來源。

❸證據可提供政策成敗的課責基礎，能賦予政策方案更大的說服力，故政策制定者應該重視研究的價值，並應了解實驗研究的發現且予以善用。

　　近年來，由於巨量資料（big data）分析技術的發展，對於政策研究的描述與預測能力大幅提升，此有助於取得政策分析的大量資料，促進政策創新。不過，當政策預測與分析的能力大幅提升之際，政策分析者對於政治中立的堅守也愈發重要，才能做到「向權力說真理」。

公共政策循證分析的應用

運用大規模調查蒐集證據

《寇樂門報告書》（Coleman Report, 1966）率先將大規模的社會科學引進至公共政策，以提供數據為基礎的科學證據作為教育政策制定的依據。其出自社會學家寇樂門（J. S. Coleman）及其同僚調查了 64 萬 5,000 名公立學校兒童的成就測驗分數資料，分析各級公立教育機構的學生在種族、膚色、宗教或國籍之教育機會的均等情形。

其研究指出，學校的設備投資、老師的待遇、課程的品質似乎對於學生學習和成就並無太大的關聯；相反地，學生的家庭背景和同學、朋友們的相處，才與學生們的學業成就、學習態度有著密切的相關。這種著重科學證據的調查分析，發現家庭因素與同儕團體和學業成就之間的因果關係，便是循證式政策分析之主要精神。

《寇樂門報告書》提供了當時教育決策者具體的教育指標，以作為管理、監督、規劃教育工作的參考，也成為美國民權委員會（Civil Rights Commission）做成學校校車政策（school busing policies）的重要依據。

運用小規模實驗蒐集證據

一項新的政策在大規模實施之前，應先有小規模的實驗，再依循實驗結果修改政策方案，以提升其可行性及公眾的可接受性。例如我國內政部在推動長期照護 2.0 之前，曾經在新北市的三峽、鶯歌以及嘉義市兩個社區實施三年的先導計畫，這就是透過一種小規模實驗，以期獲取第一線的執行證據的案例。

UNIT **2-20**
公共政策循證分析的評價

OECD 對於循證分析的重視，代表強調分析技術的「邏輯實證途徑」對過於強調價值取向的「後邏輯實證途徑」的反思。其發展固然無可限量，然其亦有難以避免的侷限。

（一）公共政策循證分析的發展

當代資通科技的發展，為循證分析提供了良好的發展機會，尤其是巨量資料（big data）與數位沙盒（digital sandbox）的應用。

❶巨量資料

巨量資料為複雜、龐大、多元、長期性以及分散性的資料集，資料係透過各式儀器、感應器、網路交易、電郵、影音、點擊流，以及各種用以產生數位資料的設備而產生。行政部門欲運用巨量資料，必須具備技術能力、跨業務協調能力、規劃與分析能力及相關法規掌握能力。因此，除了基本的科技基本設備與技術能力必須先行具備外，更須思考相關資料蒐集的手段是否牴觸現行法律的規定而侵害了人民的基本權利。

❷數位沙盒

資訊業中的「沙盒」代表一個仿真的實驗與思考環境，讓新創的想法進行初步可用性測試與系統排誤的功能。由於公部門「依法行政」的要求，如果沒有適度鬆綁法令，則公務員難以在法規中尋求創新。因此，必須用獨立框出行政體系的例外立法方式，進行創新啟動的作為。故而政府將資訊界測試新創概念並蒐集資訊的「沙盒」概念當作突破現狀的工具。包括我國在內的許多國家以「監理沙盒」（Regulatory Sandbox）作為政府與金融業者協力的實驗場域，在主管機關的監理之下，讓業者測試其創新性的產品、服務或商業模式，並享有暫時性的法規豁免權，以解決金融數位轉型過程中，政府與金融業者共同面臨的法制彈性不足問題。我國的《金融科技發展與創新實驗條例》便是將此種新創實驗的沙盒機制予以正式立法規範的產物。

（二）公共政策循證分析的侷限

政策制定的過程是一個複雜的過程，其中影響的因素甚多，除了研究所產出的證據之外，舉凡意識形態、政治的考量、公眾民意的壓力、利益團體的遊說，以及政策制定者個人的信念、經驗與利益等，都會影響到政策的走向與制定，因此要求以研究證據為政策制定的唯一依據，不僅不切實際，反而會阻礙循證分析的發展。

所以，公共政策循證分析的倡議，並不是要求政策的制定應完全以研究所產出的證據為依據，而是應基於證據本位的精神，依證據審視各種可能選項的優劣，於全面考量、合理權衡各類證據之後制定政策。循證分析對於政策的啟示應是透過研究證據提供政策制定者公開、合理且可供檢證的原則與方針，以面對政策制定過程中的諸多影響因素。此外，研究證據與政治考量也不必然就是相互對立，政策制定者不宜因政治考量而忽略研究證據，紮實且具效益的研究證據也可超越政治考量，獲得社會大眾對於改革措施的信任與支持。因此，兩者互相結合更能落實政策循證分析的理念。

各國近年沙盒實驗機制之著名案例

根據行政院國家發展委員會在 2021 年公布的《公共服務數位沙盒實驗機制之預評估》研究報告，世界各國與我國沙盒實驗機制之著名案例如下：

國家	負責機關	實驗計畫
英國	資訊專員辦公室（Information Commissioner's Office, ICO）	ICO 於 2019 年 7 月協助希斯洛機場的沙盒參與計畫。希斯洛機場利用在沙盒實驗中提供的引導與建議，與航空公司、技術供應商合作，設計出符合「歐盟個人資料保護規則」要求的流程，成功使機場旅客旅程自動化。
日本	內閣官房	於 2018 年 6 月實施《生產力提升特別措施法案》，建立「專案型監理沙盒」制度，用於「新興技術」測試，包括物聯網、區塊鏈、人工智慧等。藉由讓業者暫時不受法規限制以進行新興技術實證，加快技術發展，並蒐集法規改革所需之資料。
韓國	國務總理室	引入三套監理創新計畫： ❶快速調節檢查：若政府在 30 天內沒有回覆企業對新技術相關的法規查詢，則視為沒有法規，可以上市。 ❷臨時許可：經過安全性和創新性驗證的新產品和服務，若由於法規含糊而難以推向市場時，可以在通過「監管特別協商委員會」的審議後，在沒有附帶條件下進入市場，最多 4 年。 ❸特例論證：如果法律含糊不清，則有必要在一定條件下測試新技術。通過「監管特別協商委員會」的審議和決議，最多可允許 4 年。
德國	聯邦經濟暨能源部	真實實驗室戰略：營造前瞻、靈活、可支持創新想法自由發揮的法規環境，同時也藉由在真實實驗室所得之經驗資料，了解創新的機會和風險，進而找到正確的監理答案，為了解未來趨勢，如無人機或船舶、遠端醫療等解決方案。
新加坡	能源市場管理局	利用與創新方法為主軸之智慧及能源永續發展，作為能源政策分針，以快速發展能源。
美國	交通運輸部	自動駕駛試驗基地：業者只要向美國交通運輸部進行申請，即可進行審查階段，通過後會按照申請之領域及條件進行實驗與測試。
芬蘭	交通與通訊部	透過沙盒以制定法規，使相關機構在 My Data 平臺運作下，徵得資料擁有人的同意，使政府機構所持有的個人資料合法轉讓並進行二次使用。
中華民國	金融監督管理委員會	於 2018 年實施《金融科技發展與創新實驗條例》，以發展金融科技創新，協助創新實驗之申請，並以專業方式審查及評估創新實驗之可行性及成效。

第 3 章

政策問題認定

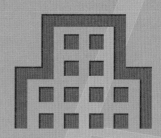

UNIT **3-1**
公共問題的意義

圖解公共政策

（一）問題的層次

凡是現實與期望的差距，都叫做「問題」；以失業率而言，沒有一個國家的失業率為零，故我們不能說有人失業就是「問題」；而是當我們「期望」失業率在 4% 以下，但現實的失業率卻高達 5%，多出的 1% 即是「問題」。在我們的社會中存在大大小小的各種問題，但私人問題原則上不屬於政府處理的範圍，除非該問題擴大成公共問題。而公共問題亦非全部都由政府加以處理，只有引起較大爭議的公共問題，我們稱為「論題」（issue），會被政府接納處理。至於被政府接納的論題，也不見得都會得到政府施政加以解決，政府願意規劃政策加以解決的論題，我們稱為「政策問題」（policy problem）。

（二）公共問題的發生

柯伯（R. W. Cobb）與艾爾德（C. D. Elder）認為，公共問題的發生是由於「問題發起者」和「問題觸動樞紐」交互作用的結果，它們分別是：

❶問題發起者

①再調適者（readjustors）：指本身感到處於競爭的不利地位，而向政府提出問題的個人或團體。例如勞工團體覺得基本工資偏低，而向政府提出調漲基本工資的需求。

②發掘者（exploitors）：指為個人私利而提出問題者，例如競選期間許多候選人刻意挖掘公共問題，如「興票案」、「文大宿舍案」等以提高自己的知名度。

③環境反應者（environmental reactors）：指對某一不可預知的環境影響事件而提出問題者，例如發生南亞海嘯後，就有論者關注我國的海嘯預警機制問題。

④行善者（do-gooders）：指為了公共利益而提出問題者，像是我國的消費者文教基金會就常常提出各種商品檢驗報告，以維護消費者權益。

❷問題觸動樞紐

問題觸動樞紐是指導致公共問題的各種偶發事件，包括：

①國內的公共問題觸動樞紐：包括自然災禍的發生、人為造成的意外、科技進步引發的社會問題、資源分配不均造成的問題，以及各種生態環境變遷的影響等。

②國外的公共問題觸動樞紐：包括國際之間的戰爭、衝突、科技發展以及政治情勢變遷所造成的影響等。

（三）公共問題的提出管道

通常社會上常見的公共問題提出管道包括：民意代表、候選人、政黨、各種利益團體、大眾傳播媒體、意見領袖、當事人的代表、公務人員，以及抗議示威者等等。如果提出者社會地位愈高，就愈能引起社會共鳴，促使政府介入的機會就愈高。

（四）公共問題的發生與解決

古典經濟學相信，能透過自由市場的價格機制解決所有問題；但事實上，由於市場中存在資訊不對稱、自然獨占、缺乏提供公共財的意願等等因素，往往無法解決所有問題，於是產生所謂「市場失靈」的現象，需要政府介入來彌補，這個部分將在下一單元介紹。

「問題」的界定

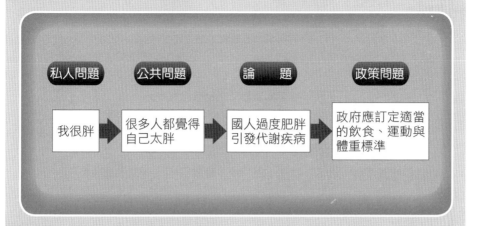

私人問題	公共問題	論　題	政策問題
我很胖	很多人都覺得自己太胖	國人過度肥胖引發代謝疾病	政府應訂定適當的飲食、運動與體重標準

政策問題的形成過程

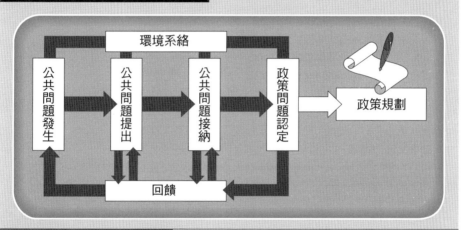

環境系絡

公共問題發生 → 公共問題提出 → 公共問題接納 → 政策問題認定 → 政策規劃

回饋

公共問題的發生

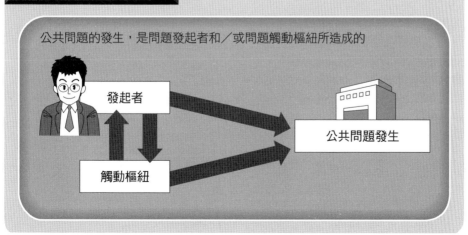

公共問題的發生，是問題發起者和／或問題觸動樞紐所造成的

發起者

觸動樞紐

公共問題發生

UNIT **3-2** 市場失靈

就經濟學的角度而言，市場失靈（market failure）是政府公共政策的起因，可見市場失靈這個概念的重要性。要談市場失靈，就要先從自由市場說起。

（一）完全競爭的自由市場

人類社會常用兩種方式去處理供給與需求的資源分配問題，一是政治上的層級命令，另一則是透過交易所形成的自由競爭。就後者而言，古典經濟學者假定，在理想的狀態下，生產者和消費者之間的自願性供需關係，將會形成一個完全的自由競爭市場。在這個市場中，「價格」像一隻「看不見的手」，主導市場內的供需調節，以達成均衡。

雖然自由市場的觀念對人類政治和經濟的發展都有巨大的影響，但真正的自由市場只存在於經濟學的課本；因為在真實世界中，受到許多因素的影響，完全競爭的自由市場並不存在。換句話說，許多人類生活中供需失序的問題，無法單靠價格機制來解決，這種現象即稱為「市場失靈」。

（二）市場失靈的原因

威瑪（Weimer）與韋寧（Vining）將市場失靈視為政府必須以公共政策介入社會價值分配的主要原因，那麼市場為什麼會失靈呢？兩位學者將原因歸納如下：

❶**公共財（public goods）**：指的是人類的集體生活中，有一些財貨是私人企業不願意生產的，像是國防、治安、公園、道路等等，因為這些財貨具有「消費上的非競爭性」或「使用上的非排他性」，所以不能確定財產權，一般人不願購買，私人企業也就不願意生產。

公共財的非競爭性與非排他性易造成「搭便車者」（free-rider）的出現，就像社會上有些人故意逃稅，但仍和我們一起使用公共設施。公共財在使用上也極易出現「擁擠性」，就是在特定時間會出現大量的使用者，導致該財貨的品質下降，例如道路在上班時間出現尖峰車潮，使全體用路人的效率降低。

❷**外部性（externalities）**：是指在自願交易的過程中，其活動會影響到並未參與交易的第三者，而其影響結果可能是正面的，也可是負面的。正面的外部性稱為「外部經濟」，像是鄰居辛勤種植花圃，使整個社區飄著花香；負面的外部性稱為「外部不經濟」，像是工廠生產時汙染了河川，整個流域的居民都會受害。

❸**自然獨占（natural monopolies）**：儘管自由市場的本質是公平競爭，但大企業因享有規模經濟的優勢，自然而然會將小本經營的企業淘汰出局，使市場上只剩下少數大企業，過去街頭的雜貨店被大財團經營的便利商店取代，就是這種現象。

❹**資訊不對稱（information asymmetries）**：在交易過程中，生產者擁有的資訊通常遠多於消費者，使消費者缺乏足夠資訊以理性判斷產品的好壞，進而無法選擇適當產品。像食品或藥品廠商的廣告往往誇張其營養或療效，隱藏產品的副作用，使消費者在無知的情況下購買。

除了上述四個原因，經濟學家寇斯（Coase）認為買賣雙方為了順利進行交易，必須支付「交易成本」，包括了起草、談判、簽約，以及確保雙方履行契約所必須付出的成本。而這些成本並不在「生產成本」中，若不能正確的估算，就不能反映真實的價格，也會形成市場失靈。

外部性與政府介入

	外部經濟	外部不經濟
意　義	生產或消費會對第三者形成利益	生產或消費會對第三者造成損失
舉　例	私人辦學，可為社會造就人才，因此除了學校與學生（交易雙方），社會整體（第三者）也獲益	廠商汙染，損害附近居民（第三者）的健康，但廠商與消費者都不願負擔汙染造成的損失賠償
結　果	好的	不好的
政府態度	鼓勵	抑制（處罰）

交易成本的類型

簽約前的成本
・搜尋與訊息成本
・例如購屋時找房子、看房子的花費

簽約時的成本
・談判與決策成本
・例如購屋時買賣雙方談判的成本

簽約後的成本
・監督與執行契約的成本
・例如購屋後監督對方交屋的成本

設立並營運處理交易爭議機關的成本，如法院

 ★公共財的特性

❶「消費上的非競爭性」指任何人不因與他人共同消費該財貨，而使該財貨的品質降低；例如國防，不會因多了一個新生兒而使其他人所得到的保護變少，路燈也不會因為多了一個人在燈下而影響其他人得到的照明。

❷「使用上的非排他性」指某人在使用該財貨時，不能禁止別人共同使用，例如道路和公園，不論先來後到，我們都不能禁止別人共同使用。

❸「擁擠性」出現後，會使公共財的品質迅速下降；經濟學上常說一個寓言故事，就是一塊無主的草地（公共財），任由牧童牽著牛羊上去吃草，但若不能管制使用者的數量，草地很快就會被吃完，這就是「共有地的悲劇」（common tragedy，或譯為「大眾悲劇」或「共同悲劇」）。

❹「搭便車者」指的是那些享受財貨，卻不願意付出任何代價的人。例如在雙北市，家庭垃圾費是隨袋徵收，所以必須購買專用垃圾袋，但卻有人將家庭垃圾丟到行人垃圾箱，這些人不用付任何垃圾清運費用，就是「搭便車者」。唐斯（Downs）認為，理性自利的個人經常會出現這種行為。

❺「不可分割性」（indivisibility）是指公共財在生產與消費上往往以集體的方式呈現，無法分割給個人使用。例如國防是公共財，但我們不能要求一支軍隊到我家門前來保護自己的安全，它一定是以集體的方式運作。

因為公共財具有這些特性，所以一般企業根本不願意提供，導致市場失靈，也給予政府介入市場活動的正當理由。

UNIT **3-3** 政府失靈（一）

政府失靈的概念在政策科學中相當重要，因此我們用兩個單元的篇幅來加以介紹。

（一）政府失靈的意義

在市場失靈的單元說到，古典經濟學者眼中，人類社會的資源分配問題應可透過自由市場與價格機制得到有效率的解決；但事實並非如此，由於廠商不願生產公共財、負面的外部性、市場的自然獨占性質，以及買賣雙方的資源不對稱，使價格競爭機制失靈，自由市場也就無由產生，因此需要政府的介入。

然而在民主政治中，政府介入主導製造與分配財貨以導正市場失靈的結果，卻常常花費高昂的成本又沒有效果，這種現象就稱為「政府失靈」（government failure）。

（二）政府失靈的原因

威瑪與韋寧將民主政治中，政府失靈的原因歸納為四類，分別是「直接民主」、「代議政府」、「官僚供給」與「分權政府」，本單元先介紹第一項直接民主的問題。

❶直接民主的問題

直接民主指的就是以投票的方式選出當選人或公共政策（類似公民投票），表面上看起來是實踐民主政治的理想價值，事實上沒有任何投票方式是公平合理，又能正確表達人民真正的偏好。

①投票的矛盾（paradox of voting）

社會上每個人都理性的投票，未必產生理性的結果，亦即理性的個人選擇的加總不必然等於理性的集體選擇。這個道理在1785年時就由法國哲學家兼數學家康多瑟（Marquis de Condorcet）所提出，並在1951年由諾貝爾經濟學獎大師亞羅（Kenneth Arrow）提出著名的「不可能定理」（impossibility theorem）所證實。此外，我們也常看到類似「棄保效應」的策略性投票，顯示某些競爭情況下，人民寧可選擇「次佳」而不願選擇「最佳」的方案，以免「最差」的狀況發生。這些都是投票制度先天性的弱點。

②偏好強度與多數決的問題

投票只能單純地表達「支持」或「反對」，而不能區別「不太支持」與「誓死抗爭到底」之間程度的差異，亦即無法反映不同立場之間的偏好強度。這種缺點使多數決容易形成多數專制，對於社會上的少數族群明顯不公平。

③多重選擇的問題

投票前，候選人所提的政見，雖然包裹著許多政策問題與方案，但總是有所疏漏，甚至大部分的政策問題是等到選舉結束後才陸續出現，故以選舉的方式來形成政策制定便有很大的漏洞，除非再以公民投票來補足，或是靠大眾傳播媒體表達意見。此外，在候選人的眾多政見中，選民不一定完全贊成或完全反對某候選人所有的政策方案。而選民只有一張選票，這一張選票不能割裂分開投。因此，他只能以自己比較堅持的政策方案，來決定投給那個候選人，而犧牲對其他問題表示政策主張的機會，如此將不能精確地反映社會資源的最佳配置方式。

★康多瑟的投票循環

1785年的法國，正陷入民權與皇權的爭鬥，此時康多瑟就發現，投票的方式無法產生最有效率的集體選擇，茲以下例表示：若甲、乙、丙三人對A、B、C三種方案的偏好順序如下：

甲的偏好順序：A＞B＞C；乙的偏好順序：B＞C＞A；丙的偏好順序：C＞A＞B。

此時以投票的方式進行捉對抉擇，順序如下：

❶先比較B與C，認為B＞C者有兩人（甲、乙），故B案保留，C案淘汰。
❷再比較A與B，認為A＞B者有兩人（甲、丙），故A案保留，B案淘汰。
❸最後結果最後由A案勝出。

但A案真的是最好的選擇嗎？若投票方式改成下列：

❶先比較A與B，認為A＞B者有兩人（甲、丙），故A案保留，B案淘汰。
❷再比較A與C，認為C＞A者有兩人（乙、丙），故C案保留，A案淘汰。
❸最後結果最後由C案勝出。

由此可見，首先，投票的結果不見得反映集體選擇的理性結果；其次，就是「議程安排」的重要性，有權力者一定會積極爭取設定議程的方式，以取得最有利的表決方式。

★棄保效應的實例──民國87年臺北市長選舉

棄保效應是選舉投票不能產生集體選擇最理性結果的另一例證。民國87年的臺北市長選舉，共有王建煊、馬英九、陳水扁三人競爭；但在投票前，王建煊竟公然呼籲他的支持者將票給馬英九，這就代表他的支持者為了不讓最差的情況發生（陳水扁當選），而寧願選擇「次佳」的方案（馬英九當選），後來馬英九雖順利當選臺北市長，但事實上並不表示有這麼多的人覺得他是最理想的市長，可見投票並不能產生「理性」（個人偏好極大化）的選擇。

★民主的權力制衡機制──公民投票

公民投票（plebiscite）指「由一般國民做出決定」，就是一個國家或地區的公民對於憲法、一般法案或政府重大決策，具有提議表達意願，或投票決定是否同意的權利。它包括公民的創制（initiative）及複決（referendum）；前者指由公民提案，送交立法機關通過而成為法律或由政府制定為政策；後者指公民對法案或政策有投票決定是否接受或同意的權利。但若將二者加以比較，很明顯地公投常用於複決而非創制，這也是因為大眾往往無法對集體的偏好做出理性判斷而設計出最佳解決方案的緣故。

上一個單元介紹了政府失靈的「直接民主」，本單元繼續介紹「代議政府」、「官僚供給」與「分權政府」。

❷代議政府的問題

當代的民主國家多為代議政府的形式，由選民所選出的代議士（民意代表）監督政府，但這也形成若干問題：

①競租（rent-seeking）行為

民代會運用他們參與公共政策的機會與特權，爭取個人利益，形成政府機關被民代「俘虜」的現象。

②議員的區域代表性

由於選舉制度的關係，由地方選出的議員往往最重視自己選區的利益，而非整體社會的利益，因而產生滾木立法（logrolling legislation）與肉桶立法（pork barrel legislation）的現象。

③選舉循環的問題

由於民代大都希望連任，因此選前易出現討好地區選民的利多政策，而不顧財政收支平衡與社會長遠的發展。例如目前臺灣有許多公共建設淪為「蚊子館」，究其原因，多數竟是候選人競選時開出的政見支票，為了兌現這些支票而胡亂向政府爭取經費，規劃了許多日後用不到的各種「園區」，最終就變成了蚊子館。

④裝腔作勢以吸引注意

民代為博取媒體的關注，往往只注重那些聳動時髦的議題，而冷門卻重要的議題總是乏人問津。

❸官僚供給的問題

由於私人企業不願意生產公共財，因此社會上的公共財多由政府提供。但政府本身由於缺乏競爭壓力、公務員人事制度的僵化，復以公共服務的績效不像企業經營一般可用獲利率來衡量，因而容易造成政府在生產公共財時既不重視品質，亦不在乎效率的現象。

❹分權政府的問題

分權政府是指實施地方分權的國家，中央政府與地方政府各自擁有其權限，形成權力分化的現象。這會造成兩大問題：一是政策執行上，中央與地方可能意見不一致，必須花費許多時間與心力進行溝通協調，但在政黨對立的情形下，往往徒勞無功，這就是我國常見地方槓上中央的政治戲碼，像是2014年高雄氣爆的責任歸屬、臺中火力發電廠的使用頻率、COVID-19防疫的手段等等，中央與地方的立場經常僵持不下。二是民眾會競相前往福利較多的地方居住，形成用腳投票（voting with feet）的現象，容易造成地區發展不均。

前面說明種種政府失靈的現象，旨在強調一個事實——公共政策並非萬靈丹！在公共政策這個專業的學科裡，我們會把上述政府失靈的現象稱為「政策失靈」（policy failure）或「政策困窘」（policy predicament），以強調公共政策常無法解決原本的問題，或衍生出新的問題，使解決問題所付出的代價比問題本身更嚴重。像是我國的教改，為打開升學的窄門，而新設了許多高中、大學，但因為教育資源因此而分散，多年下來教育的品質未見提升；反因少子化現象嚴重，造成學校與教師過剩，形成教學資源嚴重浪費。

★競租行為

「租」（rent）係指提供自然資源所獲得的報酬，可引申為「經濟利益」的意思。在公共政策領域裡，競租（或譯為「尋租」)指的是有人運用各種策略以影響政策過程，企圖從中牟利。這些人可能是民意代表、掌握政府結構的民選或任命官員，或是執政的政黨，他們跟大型企業或利益團體之間進行利益的交換，制定許多沒有必要的政策來保護特定企業或利益團體的利益，以換取選舉時的支持。而這些民間的私利追求者為了獲得這種政策上的保護，也勢必消耗許多時間、精力與金錢在競租的行為當中，形成「權力」與「金錢」的交換。因此競租行為常使少數人得利，成本卻由納稅人負擔，此即「大眾悲劇」的現象。

★滾木立法與肉桶立法

❶「滾木」（logroling）一詞源自美國早期的伐木工人們在砍完樹幹後，會在樹幹上刻上自己的名字，然後大家合力將樹幹扛至溪流上游使其順流而下，再到下游各自領回自己的。故滾木立法象徵一種「互惠的支持」，是指各區域的民代以換票的方式輪流支持對各自選區有利的法案，而不問其是否符合全民利益。

❷「肉桶立法」或稱「肉桶分肥」，指民代藉著法案或預算的研擬，於其中夾帶對自己選區有利的條件。它往往是一個對特定地方建設的補助撥款，而依附著相當重要的大型計畫之中。但實際上這些計畫通常是不需要的，只是地方選出的民意代表為了討好選區的選民，而以「包裹」的方式將其隱藏於大型方案中一起通過（例如捷運或高鐵在地方議員的要求下被迫在沒有盈利價值的地點設站，所造成的虧損就必須由其他消費者甚至全民分擔），因此政府的預算在這種民代眼中就像一大桶豬肉一樣，可以肆意瓜分。

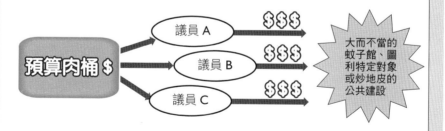

★分權政府問題的實例——
南投縣拒絕中央政府的一例一休政策

2017年中央政府依當時修訂的勞基法推動「一例一休」政策，時任南投縣長林明溱認為中央未充分考量地方觀光產業特性便貿然實施一例一休，因而在地方產業界的支持下，宣布將以勞基法一例一休的「精神」另訂相關自治條例。但此舉立刻遭勞動部反對，表示將不會核備該自治條例；於是南投縣政府改採「輔導但不開罰」的方式消極抵制中央的一例一休政策。而此舉也迫使行政院在2017年第二度修改勞基法，送立法院通過後於2018年元月實施，才逐漸平息爭議。

UNIT 3-5
政府機關對公共問題的態度

當社會民眾提出公共問題之後，政府一定會設法解決嗎？事實上並不一定是這樣，政府對不同的公共問題也會抱持著不同的偏見（bias），而有不同的應對態度。一般來說，學理上將政府對公共問題的態度區分成四種，從最積極到最消極的態度分別是：促其發生、鼓勵發生、任其發生與扼阻發生。

（一）促其發生

所謂「促其發生」（make it happen），係指政府在問題界定與目標設定上，扮演積極主動的角色。亦即政府有系統地檢討特定事件對社會的影響後，主動地將某些問題納入政策議程中，並設法予以解決。

政府許多政策措施都是走在民眾的需求發生之前，像是環境保護、犯罪防治、交通建設等等。我國早期著名的十大建設，就是明顯的例子，在蔣經國先生推動十大建設時，曾留下「今天不做，明天就會後悔」的名句，說明政府憑藉專業施政，往往能比民眾更早一步發現問題。

（二）鼓勵發生

所謂「鼓勵發生」（encourage it to happen），係指政府站在協助當事人的立場，鼓勵當事人將問題具體化並提出問題。和促其發生的差別在於，政府只是協調或協助，並不承擔界定與提出問題的主要角色。

例如英國的揭弊保護制度，來自於公益人士於1993年組成非營利之「職場公共問題關懷組織」（Public Concern at Work）鼓勵職場揭弊開始，得到英國首相布萊爾（A. Blair）的支持，從而促使國會於1998年通過《公益揭發法》（Public Interest Disclosure Act of 1998, PIDA），為公、私部門一體適用之揭弊保護專法。

（三）任其發生

所謂「任其發生」（let it happen），係指政府對於已經發生的公共問題，採取消極被動的態度，甚至漠視當事人的權益，放任問題自生自滅。通常這是比較不負責任的做法，這種態度對弱勢團體顯然不公平，政府機關應盡量避免，然而，我們仍常看到政府機關互踢皮球、放任問題惡化的現象。例如軍中人權的問題，過去常受到漠視，1995年國防部長蔣仲苓在立法院回答立委質詢軍中不正常死亡案件偏高時，甚至以一句「哪個地方不死人？」搪塞，正是一種放任問題的態度；長久下來，終於引爆2013年的「洪仲丘事件」，徹底衝擊軍方管理制度。

（四）扼阻發生

扼阻發生（suppress it to happen）又稱為「非決策制定」（nondecision-making）或「扼阻性決策」；學者巴克拉克（P. Bachrach）與巴拉茲（M. S. Baratz）從權力運作的角度，稱其為「權力的第二面向」。係指政府認為某項已發生的公共問題，不利於政府本身之價值觀或利益，因此當問題發生時，就設法動員社會上支持政府的力量，將問題壓抑下去，使其無法進入政策議程。

如果民間的需求聲音太大，以至於政府壓抑不住問題，政府還可以在政策規劃階段，讓解決方案胎死腹中；就算政策最後還是付諸實行，政府也可以使政策方案故意執行失敗。

政府機關對公共問題的態度

扼阻發生　任其發生　鼓勵發生　促其發生

最消極 ←→ 最積極

權力的三個面向

權力的面向	代表	涵義
權力的第一面向：決策制定	道爾的觀點	權力（power）就是「A命令B去做某事」，是一種控制行為，且是可觀察的積極行動。表現在公共政策上，則指政府的決策制定，通常是管制性政策
權力的第二面向：非決策制定	巴克拉克與巴拉茲的非決策制定	巴克拉克認為權力的第一面向是「控制行為」；第二面向即源自謝史耐德的偏差動員理論，就是將某些團體所關心的議題排除於政策議程之外，以圖利自己、犧牲他人。此種設法抑制社會中某些利益的偏差動員，往往造成偏袒統治者的現象
權力的第三面向	克里森的觀點	權力的第一面向是「控制行為」，第二面向是「抑制行為」，第三面向則是「命令不行動」的行為，就是當權者未刻意去控制或壓抑，只是要求不採取任何行動，讓問題繼續存在
	陸克斯的觀點	權力的第一面向是「控制行為」，第二面向是「非決策制定」，第三面向是當權者利用意識形態的霸權，透過政治社會化的過程，形塑民眾的價值觀，使民眾接受當權者統治的正當性，以建構有利於統治者的社會

★謝史耐德的偏差動員理論

謝史耐德（Schattschneider）認為民主社會其實是價值、利益與信仰相互衝突的政治賽局，而偏差動員即是衝突賽局中權力關係的重新安排與遊戲規則的建立，其目的在於犧牲他人利益，為自己爭取最大政治利益。例如參與政治賽局的眾多利益團體中，力量較大的團體往往有能力影響政策方向，而排除力量較小的其他團體，成為永遠的既得利益者。

★權力第二面向的實例—祖父條款（grandfather clause）

「祖父條款」一詞是法律的專有名詞，意指「法律不溯及既往」的觀念。其源於1890年至1910年的美國南部，目的是為了在防止黑人擁有投票權，保障大部分白人的投票權。其規定美國黑人在擁有選舉權之前必須通過「公民語文能力測驗」，唯一的例外是那些在南北戰爭前已經擁有選民資格的人及其後代。由於這些受惠於新特例的選民與戰前的一輩相差了大概兩代，故名為「祖父條款」。
就公共政策的角度觀之，此即為南方各州所採用的「非決策制定」手段；其在南北戰爭前，不願意正視黑人民權，在南北戰爭後，即便戰敗仍不願賦予黑人投票權，故制定相當嚴格的門檻，使大部分在當時欠缺受教育機會的黑人仍無法投票，這就是權力的第二面向。

UNIT **3-6** 政策議程設定

一個公共問題能否變成政策問題，除了政府的態度之外，還有一些其他的因素牽涉其中，這些就是「議程設定」（agenda setting）的問題。

（一）政策議程的意義

所謂「議程」（agenda），是指一個政府機關回應特定問題時，所需要考量的一系列事項之總稱。設法將公共問題排入政府機關的議程，乃是政策運作過程的第一步，我們稱為「議程設定」。

至於「政策議程」（policy agenda），則泛指一個公共問題成為論題（issue），並被政府相關單位列入處理議程的整個過程，其中包括「系統議程」（systemic agenda）與「制度議程」（institutional agenda）兩個部分。系統議程是指社會大眾所關注，而認為政府應當加以處理，卻尚未被政府機關接納與處理的議題；制度議程則指系統議程中的議題，經過政府機關篩選後，進入政府機關討論而準備加以處理的公共政策論題；或是由政府主動提出，並進行規劃的政策方案。

（二）政策議程的發展模式

美國公共政策學者史塔林（G. Starling）將政府的政策議程發展過程歸納成一個模型，我們可以利用這個模型說明政策議程的發展：❶**系統議程的偏差**：在一般社會中，對於公共問題的重視程度往往受到提出問題者的社會地位與聲望的影響；像是在教育改革的議題中，一個小學老師的意見，遠不如李遠哲先生的意見能引起社會的迴響，其差別並不在於意見的內容，而在提出者的社會地位。此外，文化因素也是一個很重要的偏差，不同的社會文化會重視（或壓抑）不同的問題，比如在英國、澳洲等地，兩性平權的議題比較容易進入系統議程，但在亞洲，尤其是回教國家，兩性平權議題就容易受到忽略；❷**制度議程的偏差**：這種偏差往往來自決策者選擇性的關切某些議題，例如民進黨執政下的政府，對於二二八事件的關注遠超過其他歷史事件；或是對於追討國民黨黨產所表現出的高度興趣，都可以顯示出執政者的偏好。此外，有力人士（像是大企業家、地方意見領袖、政黨要角、學界碩彥等等）接近決策者的管道較為通暢，也比一般人民容易影響制度議程的設定。

一個公共問題如果通過系統議程的偏差，就會成為大家持續關注的議題；如果再通過制度議程偏差的篩選，就會成為政府議程，亦即政府接受該問題為政策論題，會規劃政策方案設法加以解決。因此，我們可以從對這兩種偏差的了解，來體會政策過程中的過濾機制，以察覺為什麼有的問題會被政府接納，有的則否。至於那些未被納入議程的問題，有的處於「潛伏」的階段，例如民進黨執政時期，兩岸學歷採證就被「制度議程的偏差」排除在外，等待政治氣氛轉變後再議。有的則從此「消失」，不再被討論。

📖 小博士解說

偏差（bias），一般常譯為「偏見」，指的是既存於人們心中的價值，或是既存制度中一些固有的規範、慣例、法則或程序。這類偏差不一定是不道德的，但往往使得某些特定的意見（尤其是弱勢者）無法在社會中得到公平合理的對待。

史塔林的政策議程發展模型

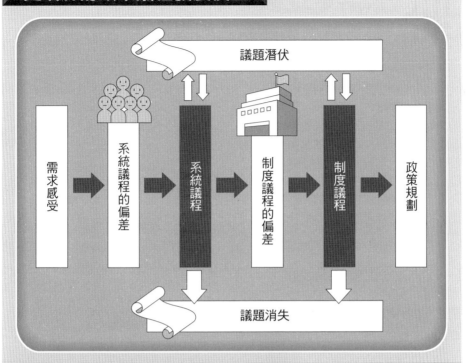

迪瑞與羅傑斯的議程設定模型

迪瑞（Dearing）與羅傑斯（Rogers）特別重視大眾傳播媒體對議程設定的影響力，認為大眾傳播媒體報導的焦點，與民眾認為重要的題材間，有密切的關係。因此其基本假設是媒體議程影響公共議程，使特定議題成為民眾關注與思考的焦點，也就是形成民意的第一個步驟，故媒體是影響民眾關心議題與形成共同意見的重要社會公器。

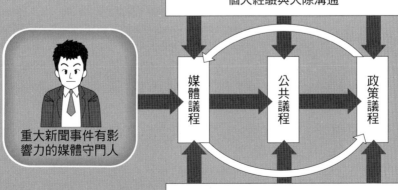

UNIT **3-7**
影響政策議程設定的因素

　　從議程設定的觀念可以讓我們知道，一個公共問題想要得到政府處理，受到許多因素的影響。一般來說，使問題能夠排入制度議程的因素，大致包括：問題本身的重要性、當事人的人數及組織的團結性、大眾傳播媒體的報導、問題提出者的門路（access）、有力人士的介入、政府機關本身的態度，以及社會環境的變化等等。以下列舉兩位著名學者的看法：

（一）金頓（J. W. Kingdon）

　　金頓認為一個公共問題能否進入政府議程，主要受到三項因素的影響：

❶問題本身

　　即問題是否能被相關的政府官員察覺，而且被認為具有解決的急迫性。政府常會以一些指標來衡量社會情況來察覺可能的問題；例如從出生率看出少子化的現象，就要注意少子化所呈現的人口結構改變，以及可能衍生的種種內政與經濟問題。

❷政治因素

　　即問題發生時國內的政治氣氛如何？選舉結果如何？是否產生政黨輪替等情況；例如臺灣的「同婚合法化」議題在蔡英文政府執政下獲得推動實施的機會。

❸高曝光率的參與者

　　該問題是否受到媒體或公眾人物的關注，並且願意提供協助？例如我國在2021 年 5 月 COVID-19 疫情大爆發之前，政府並未將 COVID-19 疫苗的採購與施打列為最優先的防疫政策選項；但

疫情爆發後，媒體對政府的疫苗政策不斷提出質疑，再加上郭台銘主動提出捐贈疫苗，促使政府將國際認證疫苗的採購與獲取列為最優先的防疫政策。

（二）鍾斯（C. Jones）

　　鍾斯認為影響公共問題進入議程的要素包括：

❶事件本身的情況

　　包括範圍（影響人數）、察覺（察覺者的身分及察覺到的後果）、界定（被察覺的後果被定義為問題的程度），以及強度（被影響者受到影響的程度）。

❷標的團體的組織情況

　　包括廣度（標的團體的成員人數）、組織（團體內部的關係與專業程度），以及領導（團體領袖的產生方式、權力大小與企圖心）。

❸接近門路的情況

　　包括代表（標的人口在決策中具有的代表權力）、設身處地（決策者能具有設身處地的心理），以及支持（問題當事人團結的程度）。

❹政策過程的情況

　　包括結構（政策參與者與問題當事人之間的關係）、回應（政策參與者對當事人的回應情況），以及領導（領袖的產生方式、權力大小與企圖心）。

國內學者的看法

吳定教授整合前述金頓與鍾斯的看法，而提出了整合性的觀點，認為公共問題列入政策議程的因素共有九項：

公共問題列入政策議程的因素	
❶	問題本身的特性如何？問題嚴重性如何？問題受注意的程度如何？
❷	受問題影響者的組織情況如何？是否團結有力？還是一盤散沙？
❸	團體領導者如何產生？有否權力？領導者是否具有代表性？
❹	問題由何類人員代表提出？提出者是否為高曝光率的政治人物？
❺	問題提出者有否門路接近決策單位或決策者？ 與決策單位或決策者的關係良好與否？
❻	行政人員對該問題有否設身處地之心？是否願接納它並加以處理？
❼	受問題影響者有否解決問題的旺盛企圖心？
❽	行政機關及行政人員對該問題所持的態度是消極抵制或積極接納？
❾	政治、經濟、社會、文化等各種環境因素的配合情況如何？

丘昌泰教授引介柯寧格（Koenig）的觀點，認為影響政策議程的因素包括：

因素	舉例
公共問題吸引大眾關切，且被認為屬於政府部門的工作範圍	單一物價上漲時，人民不會有太大感受，但當物價普遍且大幅上漲時，人民就會開始關切，並認為政府應當進行調查或管制
政治領導者的政策主張	蔡英文總統在選舉前關於「同婚合法化」的政策主張，在她當選後自然就進入政策議程
利益團體的影響力	我國勞工團體在許多勞工人權與福利的政策上往往都扮演催生的角色
危機或特殊意外事件的發生	2011年日本發生311地震，引發核能危機，促使我國重新討論核能存廢問題
大規模的社會運動事件	因反對《兩岸服務業貿易協定》的草率立法而爆發的「太陽花學運」，不僅擋下該協定的通過，甚至影響了接下來兩岸關係的走向
傳播媒體的大量報導	發生於2017年的「林奕含自殺案」，在媒體大量報導下，引發社會對「狼師」問題的關注，教育部因而對學校與補教業的「不適任教師」採取更嚴格的管控
國際組織與外國勢力的影響	新冠疫情爆發後，世界衛生組織（WHO）、歐盟、英國、美國等國際組織與先進國家訂定的各項防疫標準與公告的疫情發展，自然影響我國國內的防疫工作

UNIT **3-8**
政策議程設定的過程

學者常以模型來說明政策議程設定的過程，著名的模式包括：

（一）外在催生模式（outside initiative model）

此模式由柯伯與艾爾德（Cobb & Elder）提出，用以描述「多元主義」的民主國家，議題經常由利益團體發動。社會的各種團體是這個模式的關鍵力量，關心該議題的人愈多，議題愈可能進入政府議程。

（二）動員模式（mobilization model）

此模式由大衛（Davies）提出，他認為「議題性質」是能否進入政府議程的關鍵要素；然而議題大多數是由政府官員所動員的，來自於社會大眾討論的議題很難進入政府內部成為政府議程。「動員模式」常出現在獨裁專制國家，政治領導者將政府內部所發動的問題向社會宣傳，並透過傳播媒體得到社會大眾對於該議題的支持，然後議題再回到政府議程；是由「政府議程」流向「系統議程」，然後再回到「政府議程」的反方向發展。

（三）內在催生模式（inside initiative model）

此模式由柯伯等人提出，通常發生於「統合主義」的國家，議題的催生、形成與發展到政府議程完全都在政府內部或親近決策者的團體，社會大眾並未參與。這是因為國家決策制定採取統合主義的型態；同時由於政策議題太過複雜與專業，必須由政府機關與大型利益團體協商決定。

（四）多元流程模式（multiple streams model）

金頓認為議程設定過程中呈現「鬆散的觀念組合」，其中包括三種不相關的流程：

❶問題流程（problem stream）

指吸引決策者注意的問題組合，其機制包括：①指標（例如從「出生率」發現少子化的嚴重性）；②重大災難事件（例如臺鐵火車意外事故）；③來自於計畫的回饋（例如政策評估結果）。

❷政策流程（policy stream）

指對於某項政策領域具有共同興趣與利益的官員、議員或學者開始提出各種想法；抉擇標準端賴於技術可行性與價值的可接受性，任何一項建議方案都必須符合決策者的價值，否則很難為決策者所接納。

❸政治流程（political stream）

這個階段包括三種活動：①全國思考心境：某時期內相當多人對某件事有相同的思考模式，民意調查就是探索民眾思考心境的方式；②利益團體的遊說活動：議員經常透過利益團體的力量作為衡量政治勢力的共識或衝突程度的指標；③立法與行政部門人員的更替率：國會議員結構的變化會使議題的重要性受影響。

金頓認為當這三個流程在關鍵時刻連接在一起時，議題就很容易進入政策議程，這種關鍵時刻稱為「政策窗」（policy windows），是稍縱即逝的機會，經常被政治流程內的重大事件所揭開。

外在催生模式

系統議程 政府議程

利益團體 利益團體 政府機關

動員模式

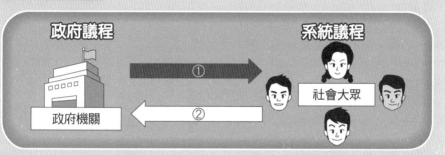

政府議程 系統議程

① ②

政府機關 社會大眾

內在催生模式

中央政府

大型利益團體

草根團體、民眾

多元流程模式

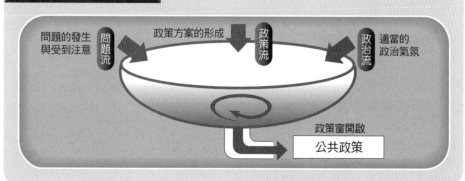

問題的發生 與受到注意 問題流 政策方案的形成 政策流 政治流 適當的政治氣氛

政策窗開啟 公共政策

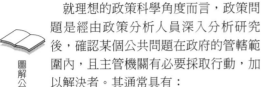

UNIT **3-9**
政策問題的意義

（一）政策問題的性質

就理想的政策科學角度而言，政策問題是經由政策分析人員深入分析研究後，確認某個公共問題在政府的管轄範圍內，且主管機關有必要採取行動，加以解決者。其通常具有：

❶相依性（interdependence）

問題與問題之間具有環環相扣的性質，像是人口老化現象與教育政策、社福政策、財政政策、產業發展政策等等都有高度相關性。

❷主觀性（subjective）

政策問題會經由政策分析人員加以詮釋、界定與評估，因此問題的性質與程度都是人類主觀的判斷。像是卡奴的現象，有人認為是失業率的問題、有人認為是銀行重利的問題、也有人認為是消費習慣的問題，各有各的主觀認定。

❸人為性（artificiality）

政策問題是人類的產物，只有當人類希望改變某種問題情境時，才會產生政策問題，因此分析政策問題時，不能忽略試圖界定該問題的個人或團體。

❹動態性（dynamics）

政策問題的內容及解決方法，會隨時空的變化而有所不同。像 SARS 流行時期的防疫工作，必須每分每秒緊盯疫情的發展而加以調整。

（二）政策問題的類型

基於分析方便，我們常用兩種方式來對政策問題進行分類：

❶以問題的結構性程度加以分類

問題的結構性指涉問題的複雜程度，可以分成「結構良好的問題」、「結構中度的問題」與「結構不良的問題」：
①結構良好的問題：問題單純、複雜性低，需要考量的方案不多，參與者之間容易形成共識；通常只需計算成本效益的非零和性政策，像是機車汰舊換新的獎勵金政策等等屬之；②結構中度的問題：問題的複雜性較高，政策執行的結果不確定，機率亦無法估計，像是每年過年前警政署都會執行春安計畫等維持治安的政策即為一例；③結構不良的問題：問題的複雜性高，有許多決策者介入，且各自的目標是衝突的，因此再做出理性的決策。海峽兩岸之間的問題，除了國內意識形態紛爭，更有國際力量介入，故常呈現這種現象。

❷以問題的層次性加以分類

問題的層次性指涉決策的層級，由高到低分別稱為「主要問題」、「次要問題」、「功能性問題」與「輕微問題」，通常愈高層級的政策問題，也愈複雜。

①主要問題：政府最高層次的問題，涉及全國整體性、長期性的發展，可作為其他政策的方向。

②次要問題：在特定政策領域所面對的問題，通常是政府內部單位的計畫或任務。

③功能性問題：是某個行政機關為了執行特定任務或方案時，關於資源配置的運作問題。

④輕微問題：指比較細節性的問題，最低階，範圍也最窄，通常是一些具體的行動措施或工作規則等。

政策問題的類型：以問題的結構性程度加以分類

	結構良好的問題	結構中度的問題	結構不良的問題
決策者	一個或少數	一個或少數	許多
方案	有限	有限	無限
價值	共識	共識	衝突
結果	確定或風險性	不確定性	未知
或然率	可計算	不可計算	不可計算
處理途徑	理性廣博	混合掃描、滿意途徑	政治性、漸進性、垃圾桶

政策問題的類型：以問題的層次性加以分類

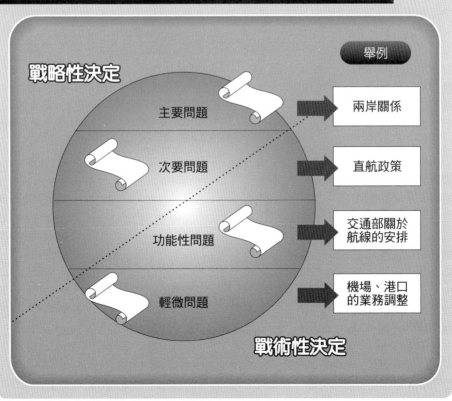

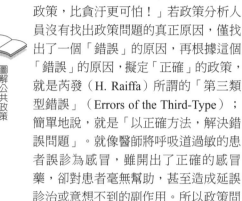

UNIT 3-10
政策問題診斷的誤差

在公共政策領域有句名言：「錯誤的政策，比貪汙更可怕！」若政策分析人員沒有找出政策問題的真正原因，僅找出了一個「錯誤」的原因，再根據這個「錯誤」的原因，擬定「正確」的政策，就是芮發（H. Raiffa）所謂的「第三類型錯誤」（Errors of the Third-Type）；簡單地說，就是「以正確方法，解決錯誤問題」。就像醫師將呼吸道過敏的患者誤診為感冒，雖開出了正確的感冒藥，卻對患者毫無幫助，甚至造成延誤診治或意想不到的副作用。所以政策問題診斷的錯誤，往往比規劃或執行上的錯誤所必須付出的代價更高。

導致政策問題診斷誤差的原因，在學理上可歸納為九項：

❶**組織結構**：受到官僚體系的層級節制、專業分工、集權管理等影響，造成資訊的扭曲與錯漏；且因本位主義造成資訊無法分享，難以有效認定問題。

❷**意識形態**：意識形態如同資訊的過濾機制，政策分析人員會因自己在意識形態上的信仰，例如過度信仰科學而輕忽民意，造成認知的偏差，妨礙真正的訊息傳遞。

❸**無知**：政策分析人員缺乏對某種問題的專業知識而不自知，因而做出錯誤的認知。像是某些新聞記者缺乏報導題材的專業知識，還硬是寫下一篇專題報導，其中自然錯誤百出。

❹**超載**：分析人員或決策者因一時處理的資訊過多，反而遺漏某項真正重要的資訊。

❺**干擾**：干擾即指在訊息傳送的過程中所出現的其他噪音，在問題認定時若受其他事件介入，或和其他訊息混合，容易造成分析人員的混淆。

❻**時間落差**：當分析人員接受到相關訊息時，問題的狀況可能已經改變。例如 2021 年 COVID-19 疫情期間，衛福部無法即時掌握染疫者的人數，因而有「校正回歸」的現象。通常時間愈長，落差愈大，問題就愈嚴重。

❼**迴避**：決策者或政策分析人員往往不願意面對結構性的爭議，像是憲政體制、統獨爭議等問題，以免引發政治或社會更嚴重的衝突，因此只就技術面來認定問題。

❽**隱藏性問題**（masking problem）：某些問題雖被良好界定並廣泛認知，但只看到表面問題並設法解決，卻忽略背後真正的問題；例如 2018 年備受爭議的臺大校長遴選爭議，教育部認為校長當選人管中閔教授有資格瑕疵而不予聘任，但臺大校長遴選委員會也不願屈從教育部命令，因此造成臺大校長難產的尷尬情形。表面上，教育部強調的是依法行政的管轄權，臺大遴選委員會則站在維護「大學自主」的精神。但實際上，背後卻是學術界的派系爭鬥及政治勢力的不當糾葛。

❾**假性（虛擬）問題**（pseudo-problem）：此種問題是不會造成真正損害的問題，解決假性（虛擬）問題雖不見得造成傷害，但卻因沒有解決真正的問題，而徒然浪費國家資源。例如某些人質疑引進外籍勞工會排擠本國勞工的工作機會，因而反對；但事實上，外勞從事的工作多為本國人不願意做的工作，且外勞帶來的經濟貢獻很大，只要善加管理，並不會造成問題。

第三類型錯誤的例子

以我國近年重大的政策來看，中油浮動油價機制的問題，剛好可以作為一個例子：2008年時由於國際油價飆漲，國內油價也隨之調整，造成物價上漲的壓力。陳水扁總統因而要求檢討甚至廢除浮動油價機制。但油價的上漲真的是物價上漲壓力的主要來源嗎？中研院的經濟學者認為，國內油價隨國際油價上漲而調整，雖造成整體物價上漲壓力，但國內消費者物價上漲率和國際以及臺灣過去的紀錄比較並未偏高。因而大眾對於目前物價上漲的壓力感受主要是來自「家庭所得未如過去隨物價提高」。至於家庭所得沒提高的原因則在於目前經濟成長率大幅下降、貿易條件惡化、政府赤字增加，以及近年來所得分配不均的結果。換言之，要化解民眾對物價上漲壓力的恐懼，政府的首要任務應為提振經濟成長，改善所得分配以及平衡政府支出。反之，若僅以取消或者改變浮動油價機制的計算公式，無異是問題認定的錯誤，不但背離市場機能，也沒有辦法徹底解決物價上漲的壓力。分析的過程可見下圖所示：

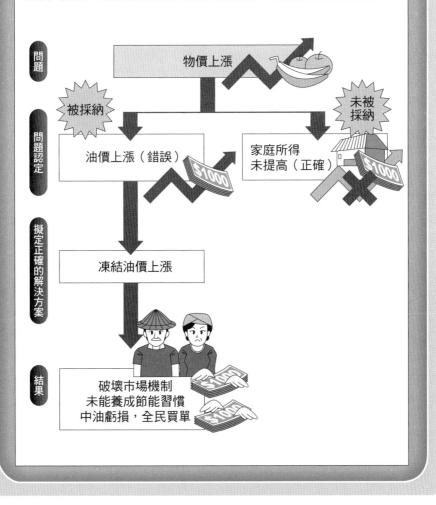

UNIT **3-11**
政策問題認定方法（一）

圖解公共政策

政策問題的認定方法有許多種，在企業界與行政機關常用的也不盡相同。本書簡介國家考試中最常出現的方法包括：文件分析法、調查研究法、腦力激盪法、政策德菲法、對立性德菲法、層級分析法、類比法、魚骨圖，以及假定分析法。

（一）文件分析法
（literature review）

文件分析（或稱文獻探討）是政策分析研究人員常用的方法，亦即從既有的文字資料中尋找相關資訊，進行分析研判。這種看似基本的方法，要做得好卻不容易，因為資料可能散落於各處，除了圖書館與研究機構的相關書籍、期刊、論文外，還有網路、國內外報紙、研究報告，甚至個人收藏，都可能是重要的文獻。

（二）調查研究法
（survey research）

由於政策涉及的利害關係人數量龐大，通常無法一一了解他們對問題的看法，因此運用統計學中的抽樣方法，從利害關係人中抽出一定數量的樣本，再對樣本進行親自訪問、電話訪問或郵寄問卷，以了解其對問題的看法，作為政策分析人員認定問題的依據。當然，政府有時也進行全面性調查，像人口普查、工商普查等，以作為各項社會與經濟政策發展的依據。

（三）腦力激盪法
（brainstorming）

此法著重於創造力的激發，以解決結構不良的問題。通常先由該政策領域的數名專家以利害關係人的角度組成「腦力激盪小組」，然後讓這個小組在自由的氣氛從針對政策問題盡情自由的發言，不必考慮政策可行性的問題，惟不可批評他人意見，以免拖延團體討論。當所有專家不再發言，代表創意的產生告一段落，再針對前面的創意進行評估與辯論。最後以討論投票的方式，列出各項意見的優先順序，並整合成一完整的提案。運用腦力激盪法時有幾個原則必須注意：

❶避免人身攻擊與刻薄語言的刺激。
❷必須鼓勵自由發言，盡量提出創意，不必考慮可行性問題。
❸即使要抄襲，也要加以蛻變。
❹歡迎對他人的創意提出補充或改善建議。

（四）政策德菲法
（policy Delphi）

此法與腦力激盪法有關，就是當政府面臨結構不良的問題時，在邀請專家組成討論團體之前，先向立場不同的專家郵寄問卷，待回收後即由政策分析人員整理歸納各方看法，再設計並寄發第二份問卷。如此重複數次，各方意見逐漸接近的時候，就可召開團體會議，讓專家們面對面的辯論，以找出問題的癥結。我國政府於 2006 年召開的全國經濟發展會議，就是運用這種方法的例子。

各種調查研究法的優缺點

	親自訪問	郵寄問卷	電話訪問
成本	高	低	中
回收率	高	低	高
控制訪問的情境	高	低	中
調查的地理範圍	中	高	中
資料詳細的程度	高	中	中
獲取資料的速度	慢	慢	快

腦力激盪法的步驟

步驟	工作內容
❶	訂立具體的主題
❷	成員圍坐成冂字狀，備妥白報紙或A3紙張。為了確保每位成員能夠彼此眼神交會，最好讓成員圍坐成冂字狀。接著在白板上貼好白報紙，或在桌上放置A3尺寸的紙張，並於紙張最上方寫上主題及想到的點子，再加以編號
❸	熟於帶動討論的主席。在腦力激盪會議之前，主席最好先仔細思考主題可能發想的領域，以在會議現場協助成員從不同角度思考
❹	匯聚各領域專家。腦力激盪的理想人數約為5～8人，並集合各領域人才，能擴大發想內容
❺	自由發言，並仔細記錄所有發言內容。應該「逐字」寫下，因為仔細記錄才能在日後找到解決問題的蛛絲馬跡
❻	稍事休息。進行到一段落後，讓成員稍事休息。理想的休息時間為60分鐘，讓所有人可以從客觀的角度，沉澱並思考大家提出的點子
❼	進行評估。以「獨立性」與「實現性」為主，評估所有點子的可行性，也可結合不同想法，提升點子的可行性

政策德菲法的步驟

步驟	工作內容
❶	論題明確化：主持人應決定何種問題將付諸討論，最好能先發展出一份問題一覽表，以供參與者增刪
❷	遴選參與者：即採取適當選樣方法，遴選能代表立於衝突立場的參與者組成德菲小組
❸	設計問卷：主持人先設計第一回合的問卷，然後根據第一回合問卷回答情況，再設計第二回合的問卷，以後亦同
❹	分析第一回合結果：在問卷收回後，就參與者之回答做總體的衡量，將答案的分布範圍及程度表明出來
❺	發展後續問卷：前一回合的結果作為下一回合問卷的基礎，如此反覆進行三至五回合
❻	組成團體會議：將參與者集合在一起，面對面討論各自立場，同時接受回饋資料
❼	準備最後報告：最後報告應羅列各種論題及可行方案，並說明不同立場及其論證。參與者最後不一定能取得共識，但對問題、目標、選項及其後果的意見，可能得到具創意的總結

UNIT **3-12**
政策問題認定方法（二）

圖解公共政策

（五）對立性德菲法（adversary Delphi）

對立性德菲法乃由海爾摩（Helmer）於 1994 年提出，也是一種德菲法的改良技術。他認為在民主社會中，經常產生衝突性與對立性的政策議題，造成正反雙方各執一詞，相互對立，在我國如基本工資的調幅、房價的漲跌、遊民的收容或驅趕、核能的停建或運轉、國光石化是否興建等都是兩造雙方爭議的實例。他以工資的勞資爭議為例，將德菲法分為四個階段進行：

❶意見矛盾的兩造面對面討論彼此對於工資的要求。

❷組織談判代表進行工資的商議。

❸談判代表形成協議方案。

❹所有參與成員投票決定是否接受該方案。

由政策德菲法和對立性德菲法觀之，德菲法用於公共政策的討論時，並不排斥面對面討論，也不堅持只有專家才能參與，更不應忽視衝突的呈現。

（六）層級分析法（hierarchy analysis）

指界定政策問題各種可能原因的方法，列出一個政策問題的可能原因、合理原因和可行原因：

❶可能原因

是指所有可能導致某項政策問題的原因。

❷合理原因

是指基於科學研究或直接經驗的理解，被認為對該項政策問題較有影響的原因。

❸可行原因

是指從合理原因中再論證出解釋政策問題的行動原因，根據這些原因，政策分析人員可以研擬方案、採取行動。

（七）類比法（synectics）

係指從類似問題和所欲探討政策問題間的相似性，來確定政策問題的可能原因。其理論基礎為人類社會中所發生的新問題往往和早已出現的問題相似，而老問題的解決方案應可作為新問題可能原因和方案的參考。方法包括：

❶個人比擬（personal analogies）

即分析人員將自己想像為其他政策利害關係人一樣，以想像影響其對政策問題感受的情境，當可理解某些可能的原因。

❷直接比擬（direct analogies）

即分析人員直接比較二個或更多的問題情境，試著尋找出它們之間的相似關係。

❸符號（象徵）比擬（symbolic analogies）

即分析人員試圖找出一個既定的問題情境與一些符號之間的相似關係。

❹奇想比擬（fantasy analogies）

即分析人員可以完全不受限制地探討問題情境與某些事務想像狀態之間的關係。這種幻想的類比，大都是問題情境本身無法直接控制或實驗的情形。

傳統德菲法、政策德菲法與對立性德菲法

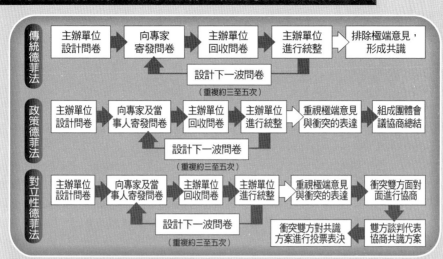

層級分析法的應用

例如我們討論臺灣為什麼無法培養「林書豪」這樣的選手，可以依據下面的層級分析方式討論：

可能原因
- 運動發展政策不健全
- 社會過度重視文憑
- 欠缺職業運動市場
- 沒有吃美國牛肉

合理原因
- 運動發展政策不健全
- 社會過度重視文憑
- 欠缺職業運動市場

可行原因
- 運動發展政策不健全
- 社會過度重視文憑

有沒有「美國牛肉」和能否成為運動健將應是沒有關係的，否則全世界有很多國家都出不了運動明星，所以在「合理原因」中被刪除。而「職業運動市場」的建立屬於市場機制，政府不宜過度干預，所以在「可行原因」中被刪除。

類比法的應用

方法	舉例
個人比擬	農漁業政策都需要政務官與政策分析人員「Long Stay」，深入標的人口的生活，將心比心，設想當事人的處境。
直接比擬	在研擬新型流感的防疫政策時，可以從非典型肺炎（SARS）的防疫政策來加以類比。
符號比擬	例如伊斯頓（Easton）以生物系統的投入、產出、轉換等概念，來比擬政治過程的運作。
奇想比擬	電影「明天過後」即是以奇想的方式來比擬全球暖化失控的現象，因為我們並不知道暖化現象最終的危害結果。

UNIT **3-13**
政策問題認定方法（三）

（八）魚骨圖
（fish bone chart）

魚骨圖又稱為「特性要因圖」或「因果圖」，由日籍學者石川馨博士於1953年所發表。用魚骨圖分析問題的因果關係，能指出可能引致問題出現的原因，並將這些原因分類。通常，會用4M—人（man）、方法（method）、材料（materials）、機械（machines）等四大資源來將問題分類，也可依狀況的不同加以調整。其實施程序通常為：第一，邀集專家界定問題成因的類別；第二，組成腦力激盪小組，對各項類別的成因進行討論；第三，將討論結果繪製成魚骨圖，愈細節性的問題應載於各枝節的末端；第四，以投票或問卷調查決定各問題成因的嚴重程度。

（九）假定分析法
（assumptional analysis）

所謂「假定」（assumption），是指當事人心中對某一事實現象具有的「不證自明」的信念，例如古典經濟學家相信人都是理性自利的個人，就是對人性的一種假定。假定分析法就是一種運用利害關係人的認定、假定的呈現、假定的挑戰、假定的集中及假定的匯合等程序，進行創造性的綜合，以認定原因和解決方案的一種方法。理論基礎在確認相衝突假定和相贊同假定都有其正反功能。在認定問題過程中，相衝突假定可提出對立政策觀點，以挑戰既有的政策觀點，而相贊同假定則可強化既有的政策觀點。假定分析的程序如下：

❶認定政策利害關係人

認定與問題有關的利害關係人，然後依照其影響力大小，加以排列優先順序。例如兒福政策的利害關係人有政府社福相關單位及兒童，但其中第一優先的為受虐兒童。

❷假定的呈現

必須從政策問題與政策建議之間的因果關係著手，仔細檢視兩者之間具有何種明顯或隱含的假定，如有則一一列出。例如兒福政策的實施，可以說是社會正義的展現，也可能被認為是選舉的工具。

❸假定的挑戰

將所蒐集到的假定予以比較與評估，特別是兩個相互對立的假定更可以彼此比較或挑戰，以決定究竟何者才是可以接受的假定。例如上述兩個假定，一則為公利，一則為私利。

❹假定集中

將最重要的假定予以集中；也將已確定的假定中所衍生的政策建議予以集中，以期能使所有政策利害關係人得到認同。

❺假定的匯合

根據前面的階段，政策分析人員試圖匯合出可以令所有利害關係人或團體接受的共同假定，然後設計解決政策問題的綜合方案。

魚骨圖分析

若首長想要診斷「公文辦理時效何以如此緩慢？」，則魚骨圖的問題分析過程是：首先根據專家意見，訂出造成公文辦理時效緩慢的原因有：設備、制度、人員與業務四方面；再請腦力激盪小組共同針對每一類的問題成因進行分析討論；接著將辯論結果繪如下圖；最後投票或辯論決定問題癥結的嚴重性程度。

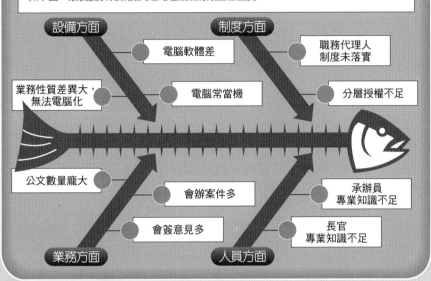

設備方面　　　　　制度方面

電腦軟體差　　　　　職務代理人制度未落實

業務性質差異大，無法電腦化　　電腦常當機　　　分層授權不足

公文數量龐大　　會辦案件多　　　承辦員專業知識不足

會簽意見多　　　長官專業知識不足

業務方面　　　　　人員方面

假定分析法

由於參與決策的各方對問題必然已有初步了解，故假定分析法從問題可能的解決方案（最初方案）開始，再從參與者的互動中發掘各種不同的假定（假定的呈現），並從中歸納出對立的假定（假定的挑戰）與依據對立的假定所提出的截然對立的方案（相對方案）；接著再進行相對方案的比較歸納（方案匯集），而呈現出相對假定中的共同性（假定的集中），從中得出大家都能接受的假定（假定的匯合），最後從這個假定發展出創新的方案（最佳方案）。而在這整個過程中，政策分析人員主要的工作是消弭同一個問題情境（共同資料）上的基本假定爭議，故從頭到尾都以該問題情境為基礎。

最初方案	➡	共同資料	➡	假定的呈現
相對方案	⬅		⬅	假定的挑戰
方案匯集	➡		➡	假定的集中
最佳方案	⬅		⬅	假定的匯合

第**4**章

政策規劃

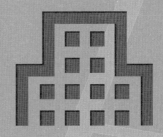

UNIT **4-1**
公共政策的制定

公共政策的決定權，究竟是掌握在誰的手上呢？學者根據決策時參與人數的多寡與性質，將參與者分成三種：菁英、團體，與一般公民，分別可用政策制定的「菁英理論」、「團體理論」與「公民參與理論」作為代表。

（一）菁英理論（elite theory）

菁英理論主張公共政策是由社會上少數占據政治經濟結構的重要人士所制定的，像是政府高級官員、民意代表、企業家、著名學者等等，他們有良好的社經地位，有共同的利益，對社會大眾具有影響力，並追求自身地位與利益的穩固；因此公共政策的制定過程所反映的只是這些社會菁英的價值與偏好。

菁英理論也引來許多批判，像是究竟誰可以被界定為「菁英」的問題，以及菁英之間是否真的具有一致的偏好與共識等問題。然而菁英理論充分反映了民主政治的某些弱點，例如一般民眾對公共事務缺乏專業與熱忱，政治權力實際從未被平等的分配等等，也是不爭的事實。

（二）團體理論
　　　（group theory）

團體理論即多元主義（pluralism）的觀點，認為公共政策是各種利益團體討價還價、折衝協調的結果，政府只是扮演最後的仲裁者，平時維持一個公平的競爭環境，而在利益團體之間發生衝突時，政府介入協調，以取得各方平衡。例如當政府釋放出調整基本工資的訊息時，代表勞方的利益團體（勞工工會）與代表資方的利益團體（產業公會），就會各自提出自認合理的漲幅方案，通常勞方所提出的漲幅一定會高於資方的漲幅，政府此時就會扮演最終的折衝與決定的角色。

團體理論鼓勵政治制度中的協商談判，學者常以美國作為此一理論的代表，因為這種團體理論要符合民主價值的前提是社會中每個人都有一個足以代表其個人利益的利益團體，而美國的工會組織發達，社會中存在龐大且多元的利益團體。但這種理論也容易忽略缺乏利益團體所代表的利益，像是家庭主婦等弱勢族群。而且強勢團體的利益常被過度表達，並不符合公平正義。再者，在大多數國家，政府在政策制定中所扮演的角色，仍遠較利益團體重要。

（三）公民參與理論（citizen participation）

公民參與理論認為公共政策的制定是在人民具有充分資訊的前提下，經由公聽會、民意調查、公民會議等等理性而民主的方式，向立法機關或行政機關表達對政策方案的看法，以作為決策者的依據。

這種看法對公民的品質及參政的意願相當樂觀，儘管符合民主政治的理想，卻忽略了現實中，人民缺乏政策專業與興趣、重視私利甚於公益、不願意挑戰政府機關，以及資訊及理性能力不足等等限制。

雖然公共政策的制定理論可依參與者的多寡與性質做以上的理論區分，但實際上，大部分的公共政策通常是菁英、團體與一般公民互動所產生的，只是在決策過程中參與的時機與重要性會依個別政策而異。

菁英理論模型

菁英

官員與行政人員

大眾

團體理論模型

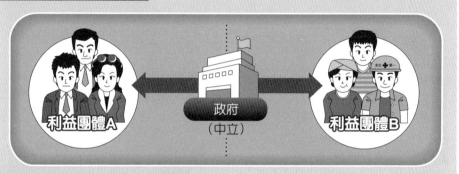

利益團體A

政府
（中立）

利益團體B

公民參與理論模型

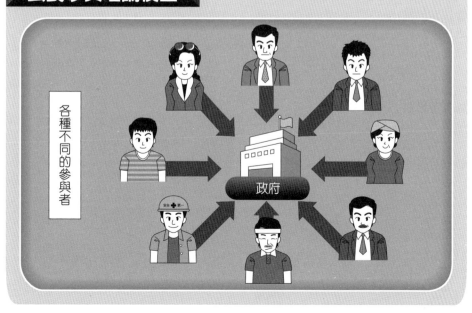

各種不同的參與者

政府

UNIT **4-2**
政策規劃的概念

當政策問題的底蘊已經被政府了解後，政府機關內的政策規劃人員就可以開始進行政策規劃工作。本單元先介紹政策規劃的意義與程序，後續再分別探討其他分析方法。

（一）政策規劃的意義

政策規劃（policy formulation）就是政策制定，就是政策規劃者去分析被政府接納的政策問題，並設計解決該問題的各種備選方案之過程。梅爾（R. Mayer）將政策規劃定義為：「選擇與設計集體行動的理性途徑，以達成未來事務狀態的過程。」也就是說，公共政策的規劃是以達到某種未來的狀態為目標，再經由分工合作的集體行動，審慎而詳盡地設計出可行的政策備選方案。

（二）政策規劃的程序

梅爾指出，理性的政策規劃可依循下列步驟進行：

❶**決定目標**：政策的目標（goal）是對未來理想狀況的價值表示，在設定上必須符合法律的規定，或是基於行政首長的宣示，且需注意不與其他的政策目標產生矛盾。

❷**評量需求**：政策規劃人員必須了解政策標的人口遭遇的問題，亦即他們所希望的情境與實際情境的差距。

❸**說明目的**：評量需求與說明目的是同時進行的，一般在公共政策中所謂的「目的」（objectives）是「目標」的具體說明，通常可用以說明政策具體目的之方式包括：可衡量的需求、人口範圍、數量、時間幅度等。例如，當新上任的內政部長以「改善治安」為目標時，可將目的設定在「一年之內（時間幅度），臺灣地區（人口範圍）的重大刑案發生率（可衡量的需求）至少降低 10%（數量）」。

❹**設計替選方案**：替選方案（alternatives）是指為達政策目標而採行的各種可能方案。替選方案往往有數種，但決策者只能採行其一。規劃者可依據資源、技藝、價值、可行性、時效性、達成目的之充分性、解決問題的程度（整體性）、為眾人了解的程度（普遍性），以及政策連貫性等標準，將替選方案篩選至三到六個。

❺**評量替選方案後果**：政策規劃人員在評量替選方案時，可考慮各方案之成本、利益、社會公正，以及政治可行性等因素，來考量方案實施後可能造成的後果。

❻**選擇替選方案**：此時決策者需在政策規劃人員推薦的數個替選方案中，選擇一個交付執行。

❼**設計執行辦法**：在決策者選定方案後，規劃人員必須設法將方案內容轉換成具體行動；此時應設法說明執行該方案的具體作業程序，以及管制工作進行的程序。

❽**設計評估辦法**：規劃人員必須提出政策執行成功或終止的標準、評估的方法、使用的資訊來源，以及評估的時機與責任歸屬等。

❾**回饋**：規劃人員應在政策方案中設計適當的管道，使未來的政策評估資訊能夠回饋給規劃人員，以決定政策應持續、修正或終止。

政策規劃定義的整理

學者	定義
鍾斯 （Jones）	發展出一套計畫、方法和對策，以滿足某種需求，解決某項問題。
卓爾 （Doror）	為達成目標，藉期望的手段，對未來所要採取的行動，先做準備的過程。
林水波 張世賢	針對未來，為能付諸行動以解決公共問題，發展中肯且可接受的方案之動態過程。
朱志宏	發展出一個計畫、方法和處方（prescription），伸緩和某種需求，解決某項問題。
吳　定	決策者或政策分析人員為解決政策問題，採取科學方法，廣泛蒐集資訊，設計一套以目標取向、變革取向、選擇取向、理性取向、集體取向之未來行動替選方案的動態過程。

政策規劃的程序

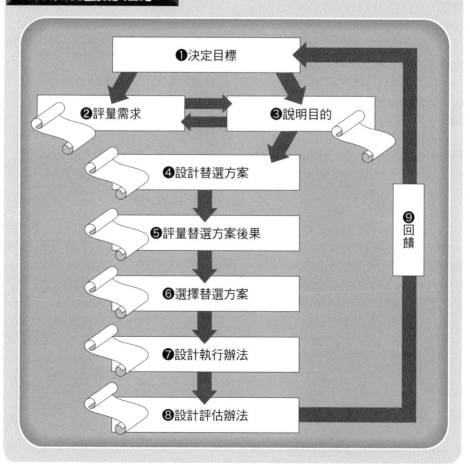

❶決定目標

❷評量需求　❸說明目的

❹設計替選方案

❺評量替選方案後果

❻選擇替選方案

❼設計執行辦法

❽設計評估辦法

❾回饋

UNIT **4-3**
政策規劃的原則

卡普蘭（A. Kaplan）於 1973 年提出七項政策規劃原則，至今仍堪稱經典之作：

❶ **公正無偏原則**（principle of impartiality）：政策規劃應以無私的態度，對社會大眾予以通盤慎重的考量，不可先入為主對某些人有利而對某些人不利；否則固然解決某些人的問題，卻造成另一部分人的問題，則問題層出不窮，長期而言，政策必然失敗。例如殖民政府的政策常偏袒統治階層，這種情況終會遭到人民排斥。

❷ **個人受益原則**（principle of individuality）：政策規劃最終的受益者都必須是人民，因此太過抽象、大而無當的口號，都不是良好的政策規劃應有的作為。例如國家經濟發展，一定要使每個國民的經濟生活都得到提升，而不是只展現在國庫或少數資本家得利，形成貧富差距的 M 型社會。

❸ **弱勢族群（劣勢者）利益最大化原則**（maximin principle）：政策規劃應考慮使社會上居於劣勢的弱勢團體及個人，能夠得到最大的照顧，享受最大的利益。例如全民健保或國民教育政策，一定要優先注意社會弱勢者的利益。

❹ **分配普遍原則**（distributive principle）：政策規劃應儘量使利益與成本普及於每個人，而非僅侷限於少數人。此原則是一種數量的觀點，在民主社會中，政策規劃要儘量廣布於一般人，以免社會產生相對剝奪感。例如租稅的課徵或兵役的認定，絕不能有差別待遇。

❺ **持續進行原則**（principle of continuity）：政策規劃應考慮事務的延續性，從時間系絡考量方案的可行性，以免不切實際。因此任何革命性的政策，若與社會習慣差距太大，一時也難成功。此外，也需考量政策方案的長遠可行性，尤其是社會福利政策，因為社會救濟一旦開始發放，往往不容易停止。

❻ **人民自主原則**（principle of autonomy）：政策規劃人員在設計方案時，應考慮該問題是否可交由民間自行處理。凡是民間有能力以及有意願辦理的情況下，應儘量交給民間辦理。1980 年代後新公共管理思潮的興起，先進國家紛紛以民營化、委託外包等政策縮減政府規模，將公共服務的提供移交民間執行，可謂人民自主原則的實踐。

❼ **緊急處理原則**（principle of urgency）：從事政策規劃時，應考慮各項公共問題的輕重緩急，對於較緊急的問題，即刻處理解決，以免日後形成更嚴重的危機。因此政府在預算的分配，以及提交立法院審議的法案優先順序上，都應考量政策問題的嚴重性。

以上各原則在實際的運用上，可能會因政策的性質與政治情況的考量而有所不同，例如為獎勵企業家投資，某些租稅政策難免必須鼓勵投資者以形成誘因，而在「分配普遍原則」上有所不足。不過決策者仍應將七項原則謹記心頭，方能在權變應用的過程中避免過於偏頗的政策規劃。

弱勢族群利益最大化原則與公正無偏原則的弔詭

　　表面看來，照顧弱勢者的利益容易和「公正無偏」出現弔詭的爭議，但卡普蘭依舊認為弱勢族群利益最大化原則十分重要；此點可從哲學家羅爾斯（J. Rawls）的名著《正義論》中看到答案。

　　羅爾斯常以「正義寓於公平」（justice as fairness）來概括其理論；他的正義論中首先假設一個「原初狀態」（original position），社會上的每個人皆處於一個無知之幕（veil of ignorance）之下，而以理性的選擇方式建立起社會契約。並且，這個契約保證每個人均能公平、合理地分享社會的利益。正義以兩個原則表現：

第一原則 （平等自由原則）	每個人有同等的權利，即與他人相當的最大限度基本自由。換言之，規定每個人都應平等地擁有最廣泛的基本自由，包括投票權利、言論自由、結社自由、契約自由、私有產權、公平審訊權等重要權利。	
第二原則 （差異原則）	羅爾斯認為我們應當「讓相同的人得到相同對待，不同的人得到不同的對待」；亦即公平不是所有的人都被「一視同仁」的對待，而是應該對地位較差的當事人給予更多的優待，使其弱勢地位獲得合理的補償。例如所得稅依個人所得級距採「差別稅率」即是常見的例子。	差異原則可分為兩個子原則： ❶機會平等原則：在機會平等條件下，職務與地位開放給所有人。例如美國政府設置「平等就業機會委員會」，以防止任何公私部門在求才上的歧視。 ❷弱勢者利益極大化原則：給予最不幸的人最大的好處，不斷改善社會中最不幸的一群人，以糾正不平等。例如我國特別設置公務員身心障礙特考，以增進身心障礙者的利益。

　　上述原則中，「平等自由原則」是最高指導原則，即第一原則優先於第二原則；也就是即使追求合理的差別對待，也不能侵犯任何人的平等自由權。而在第二原則中，「機會平等」優先於「弱勢者利益極大化」，以升學考試為例，原住民保障名額應在一般考試名額之外以「增額」的方式錄取，而非排擠一般考生。

　　由此觀之，公共政策中弱勢族群利益最大化原則與公正無偏原則之間其實不存在弔詭的現象，因為使弱勢族群利益最大化的目的，就在於追求公正無偏原則。

平等自由原則（如人人皆有相同且不可侵犯的受教權）

機會平等（如公平的考試、入學與分班機制）

弱勢者利益極大化
（如低收入戶學費減免）

UNIT **4-4**
政策規劃的參與者

政策方案的規劃通常不是單一個人所能完成的，而是涉及許多專家共同努力的結果，再加上民主政治觀念的日漸成熟，民間參與政策規劃的現象日趨普及，故政策規劃可說是一項集體互動的動態過程。通常參與政策規劃的人員可分為行政人員、民意代表、政黨、民間參與者等四大類：

（一）行政人員

行政人員包括政務官與事務官，他們是政策方案的主要發動者。但在政策規劃的過程中，行政機關也常常需要來自議會、利益團體、私人研究機構等等來自機關以外的支援或意見。

（二）民意代表

民意代表參與政策規劃，主要是透過對公共問題的反應，要求行政機關將公共問題列入政策議程，並對行政機關所規劃的政策方案表示意見或提出方案。

（三）政黨

通常較為重要的政策方案或計畫，都是透過政黨系統先行發動，再由行政機關進行實質的規劃活動。在我國，政黨參與各層級政府之政策規劃的方式通常是透過執政的黨員（如縣市長）貫徹政黨的意志；而在野黨則是扮演提出問題、研擬替選方案、協商方案內容的角色。

（四）民間參與者

❶利益團體

臺灣各種公益性及私益性團體在解嚴之後如雨後春筍般出現，且在問題的提出方面扮演積極而重要的角色，例如環保團體對生態保育、生活品質、節能減碳等問題的注意，以及消費者保護團體在食品、藥品、家電安全等議題上的重視，都會影響到政策方案的規劃。

❷智庫

智庫（think tank）指政府以外，成立於學術機構、企業集團、政黨的內部，或是獨立存在，以公共政策議題為主要研究對象，其成果提供政府或企業作為決策參考的學術性研究機構。智庫可以提供政府與企業界相關的諮詢服務，監督或評估政府的施政內容，培育公共政策的專業人才，提高民眾對公共事務的認知水準，進而還可促進相關的知識學術進展，故先進國家無不鼓勵民間成立各種智庫。學者認為智庫對公共政策的影響主要呈現在下列幾點：

①提供相關建議以影響政府決策。

②推動特定政治訴求以影響政府決策。

③發展研究成果以支持或反對某項政府的政策。

④對政府施政進行批判性的評估與建議，以促使政府進行必要的改變。

⑤提出學術理論以建構各方辯論政策的基礎。

	名稱	簡介
美國	布魯金斯研究所 （The Brookings Institution）	該機構成立於1916年，在1927年以其創立者布魯金斯（Robert S. Brookings）為正式名稱，該所自1960年代起在國防、社福、租稅等政策上非常具有影響力，所內學者常被政府延攬擔任要職 其官方網站為：http://www.brookings.edu/
	美國企業研究所 （The American Enterprise Institute）	該機構成立於1943年，目標在挑戰布魯金斯研究所的地位。成立初期該機構以經濟政策為研究對象，後來逐漸擴張至外交、國防、社福等領域。在雷根總統任內，曾延攬三十餘位該所的專家入閣，可見其影響力 其官方網站為：http://www.aei.org/
	蘭德公司 （The RAND Corporation）	該機構成立於1948年，由政府協助經營，著眼於國家安全政策領域，雷根總統的「星戰計畫」及布希總統的「沙漠風暴」行動，皆由該機構參與。蘭德近年更將研究領域擴大至其他國內政策問題，並與加州大學合作成立公共政策研究所 其官方網站為：http://www.rand.org/
	傳統基金會 （The Heritage Foundation）	該機構成立於1974年，政策立場傾向於保守，深深影響雷根政府時期的政策，尤其在社會福利方面 其官方網站為：http://www.heritage.org/
我國	政大國際關係研究中心	政大國際關係研究中心前身為「國際關係研究會」，於1953年創立，1975年改制為「國際關係研究中心」，隸屬國立政治大學，繼續推動對中國大陸以及國際事務之研究，以獨立超然的學術立場向政府提供政策分析的資訊 其官方網站為：http://iir.nccu.edu.tw/
	台灣經濟研究院 （台經院）	該院前身為台灣經濟研究基金會下設立之台灣經濟研究所，於1976年由辜振甫先生創辦，是我國最早由民間設立之獨立學術研究機構。該院宗旨在積極從事國內外經濟與產業方面的研究，並將研究成果提供政府、企業及學術界參考 其官方網站為：http://www.tier.org.tw/
	中華經濟研究院	該院於1981年正式成立，是由總統明令以組織條例設置的經濟學術研究機構。依據「中華經濟研究院設置條例」規定，本院創立基金為新臺幣10億元，除由中央政府及中美經濟社會發展基金分年共捐助9億元外，其餘1億元由工商界捐助之。該院以深厚的知識為基礎，對於國家的重大政策進行研究，提出建議，協助政府引導國家的發展 其官方網站為：http://www.cier.edu.tw/
	台灣綜合研究院 （台綜院）	台綜院創辦於1994年，是企業界人士集資捐助、學術界菁英籌劃運作，經教育部核准成立的非營利財團法人，致力於臺灣發展戰略規劃、政策分析研究，該院名譽董事長為前總統李登輝先生 其官方網站為：http://www.tri.org.tw/

UNIT **4-5**
政策方案的政治性決策途徑

政策規劃的「理性」（rationality），是指規劃者在考量方案的過程中，依照「成本—效益」的高低來選擇執行方案的程度；若參與規劃者愈重視方案的本益比，代表決策的理性程度愈高。國內學者通常將政策方案的決策途徑分為六種，由理性程度最低的「政治性決策途徑」開始，接著依序分別是「漸進決策途徑」、「垃圾桶決策途徑」、「混合掃描決策途徑」、「滿意決策途徑」，以及理性程度最高的「廣博理性決策途徑」。本單元先介紹「政治性決策途徑」，其餘途徑將依序再為讀者說明。

政治性決策途徑（political decision-making approach）認為大多數的政策是由社會上居於優勢地位的菁英分子互動之後所制定出來的；由於他們擁有學術上、經濟上、社會上或政治上的影響力，像是政治人物、著名學者專家、大企業家等等，因此往往往來主導政策方向。以至於公共政策只是反映菁英的價值與利益，而非民眾的價值與利益，且菁英對民眾的影響力遠大於民眾對菁英的影響力。在獨裁或專制國家，這種現象固然相當明顯；而即使在民主國家，恐怕也是如此。因為民主國家雖有選舉的形式，但公共政策的制定者仍是那些經由各黨派所推出的菁英，彼此爭取統治位置後的結果，人民只是決定「我們要讓哪個菁英統治」而已；這就是熊彼得（Schumpeter）著名的「民主菁英理論」。

政治性決策途徑就是認為這些菁英在做決策時，甚少採用理性的、科學的方法，大都是依據自身的利益，在交易協商的互動運作下完成決策的工作，也就是說，公共政策是菁英們彼此「喬」出來的結果。在某些情況下，此種決策途徑也是強勢政黨經常採行的途徑，因為他們幾乎完全依據政治目的及政治力量的狀況而運作。政治性決策途徑的主要假設如下：

❶決策的考量係以個人目的為主，而非組織目的為主。

❷個人目的決定後，以組織的手段來達成個人目的。

❸政治權力是形成決策的主力，甚至當運用滿意或適應策略也以個人層面為主。

總的來說，學者對政治性決策途徑一般有如下的評論：

❶政治決策模式是個人追求自身利益，跳脫理性決策之創造最大利益，將焦點移向各方角力與傾軋的過程。

❷政治決策模式可能不是各方共識，係強者以政治角力主導全場。

❸政治決策的結果可能不是最佳的，甚至是最差的，但卻是當時情勢下必要的妥協。

六種決策途徑的理性程度

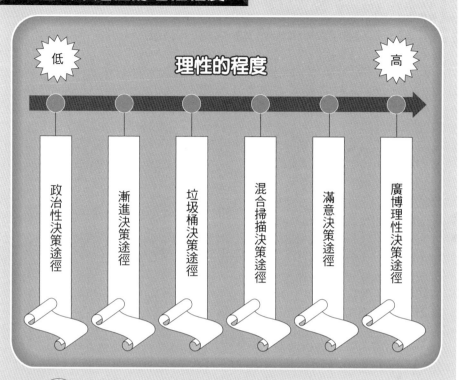

理性的程度

低   高

| 政治性決策途徑 | 漸進決策途徑 | 垃圾桶決策途徑 | 混合掃描決策途徑 | 滿意決策途徑 | 廣博理性決策途徑 |

知識補充站 ★政治性決策途徑的實例

政治性決策途徑雖然毫無科學理性可言，卻似乎無處不在。2008年立委選舉合併公投舉行，兩大政黨為了選舉過程究竟應採「一階段領投票」（立委票與公投票一併領投票）還是「二階段領投票」（立委票與公投票分開領投票）而爭論不休；執政黨（民進黨）之所以堅持一階段領投票，很明顯地就是想要衝高公投的投票率；而在野黨（國民黨）之所以想要兩階段領投票，事實上也是很明顯地想要讓公投的投票率降低。最後在選舉前兩週，雙方同意以偏向一階段的折衷方案進行投票，終於平息爭論。但在將近三個月的爭論中，未見各方針對投票方式以理性辯論來教育選民、爭取認同，反而盡是各種威脅、恫嚇與漫罵，甚至又歸為意識形態之爭。儘管最終和平達成共識，讓選舉順利舉行，但其中又有何理性可言？

堅持一階段領投票　　主張兩階段領投票

民進黨　　國民黨

UNIT 4-6
政策方案的漸進決策途徑

所謂「漸進決策途徑」（incremental decision-making approach）是指在現實的政治環境中，由於既有的政策已是各參與者經過討論與互動後合法化的產物，其間涉及既得利益、沉澱成本等等因素，決策者為避免衝突、增加環境的穩定性、預測方案的可能後果，及考量到政策利害關係人的支持，往往只從現有的政策做小幅度的修改，而避免大幅度的改變；因此決策的過程只是對過去的政策做某些漸進的修正而已。該途徑與政治性決策途徑相較，理性程度略為增加。

漸進概念的啟蒙是賽蒙（Herbert Simon）所提出人類理性有限的觀點；但真正使漸進途徑成為學術理論的代表人物則是耶魯大學的教授林布隆（Charles Lindblom），他在 1959 年發表〈漸進調適的科學〉（The Science of Muddling Through），將漸進決策途徑稱為「枝節途徑」（branch approach），因為「決策」並非如政治途徑般完全的非理性，也不是追求完美的廣博理性，而是決策過程中，參與者之間相互同意「給」與「取」（give and take）的妥協過程。一個和「以往政策不同」或「沒有前例」的方案，比較難獲得參與者的支持，因此「政治可行性」偏低，故政策制定傾向保守，渴望安定。

基此，林布隆認為漸進途徑是比較務實的觀點，原因在於：

❶不需依賴理論作為政策分析或制定的指導原則，因為實際的政策制定往往是配合現實，而非理論。

❷政策分析或制定時有許多需要考慮的變項，但事實上決策者所做的分析只是片段的，也只能考慮少數幾個變項，故

理性深入的政策分析既不可能，也不必要。

❸在現實的政治中，基本價值共識均已達成，故不必再尋求各種不同的價值標準。

❹尊重社會上既有的政策，可降低決策者的決策風險。

故而歸納漸進決策途徑的運作，大致含括下列要點：

❶目標與手段應同時考量；必要時甚至可以修改目標以迎合手段。

❷決策者只考慮與現行政策稍有不同的方案，不求大幅改變現況。

❸對每一個方案只考慮少數幾種後果，不作全盤的考量。

❹對問題不斷重新界定，而非一經決定後就不再改變。

❺對於政策方案而言，沒有所謂的「最佳方案」，只要符合實際需要，並為參與者所同意，就是可行的方案。

❻漸進決策著眼於社會問題的補救與社會現狀的改善，而非執著於理想社會目標的達成。

總之，漸進決策途徑認為政策科學家們心目中理想的「理性決策」是不符合政治現實的，從每年政府預算的編訂方式，就可看出政府在決策上的漸進性。但也因過度遷就現狀，而導致過於保守、只能代表既得利益者、不能解釋重大政策變遷（如宣戰）、忽略理性決策的重要性等等批評。

漸進決策途徑的現象

漸進決策最常反映在國家預算的分配上，以民國90年度到94年度我國教育經費為例，幾乎每年占GNP之比率都沒有太大的改變。

年度	全國教育經費（A）	中央政府部分（B）	GNP	全國教育經費占GNP之比率	各級政府支出淨額（C）	全國教育經費占各級政府支出淨額之比率（A/C）	中央政府教育經費占各級政府支出淨額之比率（B/C）
90年度	4,093	1,780	16,371	4.07%	22,713	25.00%	10.87%
91年度	4,242	1,913	15,907	4.06%	21,390	26.67%	12.03%
92年度	4,284	1,999	16,280	4.02%	24,325	26.31%	12.28%
93年度	4,419	1,994	15,916	3.96%	23,690	27.76%	12.53%
94年度	4,457	2,015	16,083	3.90%	24,161	27.71%	12.53%

廣博理性決策途徑與漸進決策途徑的比較

	廣博理性（根的）決策途徑	漸進（支的）決策途徑
目標與行動	❶兩者明確區分 ❷明確的目標是政策方案分析的前提	❶兩者不區分 ❷兩者相互混淆
目的與手段	經由目的與手段的分析，先確定目的再找手段	目的手段間的分析並不適宜且成效有限
「好」的政策	「好」的政策是由達成目的之最佳手段而產生	「好」的政策是由同意所產生
分析的情形	廣博的、周全的	極有限的分析：忽略了重要的後果、可行方案、價值標準
理論著重情形	太依賴理論	由於連續比較，對理論的依賴較少

廣博理性決策途徑與漸進決策途徑的決策過程比較

	廣博理性決策途徑	漸進決策途徑
第一步	情境分析	決策者只針對特定方案的協議進行運作
第二步	目標簡化及精緻	決策者只關心漸進的比較及評估
第三步	行動過程的設計	決策者只考量少數有限的政策方案
第四步	依據目標，針對結果進行比較性評估	目標隨手段以及其他方法而調整，問題不斷地重複界定，經由手段檢查而產生政策目的
第五步	選擇偏愛的備選方案	許多方案是針對相關問題進行一連串嘗試
第六步	以目標和手段作為行動的評估	因為政策制定是可以補救的，故可以運用經驗和回饋來進行評估

UNIT **4-7**
政策方案的垃圾桶決策途徑

圖解公共政策

垃圾桶決策途徑（garbage can decision-making approach）認為組織在決策時呈現一種「有組織的混亂狀態」（organized anarchies），因此決策的理性程度只比漸進決策途徑稍高一些而已。

柯漢（Michael Cohen）、馬曲（James March）與奧爾森（John Olsen）等三位學者在 1972 年以大學的運作為例，發表〈組織選擇的垃圾桶模式〉（A Garbage Can Model of Organizational Choice）一文，指出組織決策呈現「有組織的混亂」狀態，這種狀態有三項特質：

（一）有問題的偏好
（problematic preference）

人類往往不太清楚自己要什麼，「有問題的偏好」就是形容這種狀況。由於人們的偏好往往不一致、前後矛盾或互相衝突，因此偏好是在行動過程中漸漸形成的，而非一開始即根據明確的偏好去規劃行動。以學校為例，學校最重要的功能就是「教育」，但教育的目標為何？什麼樣的教育才是正確的教育？一直都沒有一致的看法。

（二）不明確的技藝（unclear technology）

組織內的成員往往對組織的整體運作缺乏了解，而且在工作時大都透過嘗試錯誤，或從經驗中學習的方式來獲取工作知識。再以學校為例，我國的教改一下學美國的翻轉教室、一下學日本的學習共同體、一下學歐洲（芬蘭與荷蘭）……學了許多外國的教育觀念與方法，那到底什麼教育方法才是最適合臺灣的？

（三）流動性的參與
（fluid participation）

組織在決策過程中，參與決策者可能前後完全不同，故同樣的議題由於不同的人員出席討論，結論也可能與原先規劃不同。在學校的運作上，從中央的教育部長，到各縣市教育局長，再到各校校長、行政主管、老師、學生家長等等，都不斷更替，因此學校的決策很難有一貫性。

由於組織在決策上具有上述三種特質，於是柯漢等學者認為政策的產生如同一個由「問題」、「解決問題的方案」、「參與者」，以及「選擇機會」等四股力量所構成的垃圾桶。這四股力量很像四道河水，有時各自流動，互不相干，有時又會形成交集，故名之為「量流」（stream）。換句話說，什麼問題會浮上檯面，成為熱門的議題，然後定下一個決策來試圖解決，就看這四種力量的消長和互動。當垃圾桶中的問題剛好碰到解決方案，且該方案符合參與者的需求，同時決策者又能發現問題與解決方案時，組織就會產生決策了。

例如教育部處理管中閔教授能否出任臺大校長的議題時，其實也沒有什麼理性的決策或一致的立場，因為事先根本沒想過制度的瑕疵與官派遴選委員的職責，只是當有人質疑當選人的資格時（問題），才急著找各種方法要求臺大重選校長（解決方案）；而能找到什麼方案，則是看誰出任教育部長、誰擔任遴選委員（參與者），及臺大「校務會議」是否同意重啟「校長遴選委員會」（選擇機會）而定。

組織的混亂狀態

「有組織的混亂狀態」又譯為「組織的無政府狀態」，為垃圾桶決策途徑中對組織實際運作的看法。因為組織決策並非總是理性的，而是在三種各自獨立發展的干擾因素下做成的：

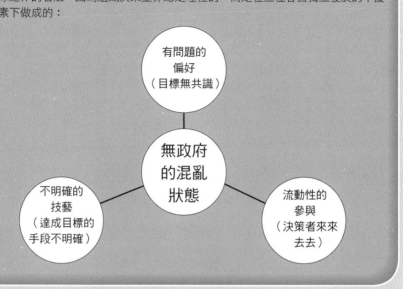

垃圾桶決策途徑中的決策流程

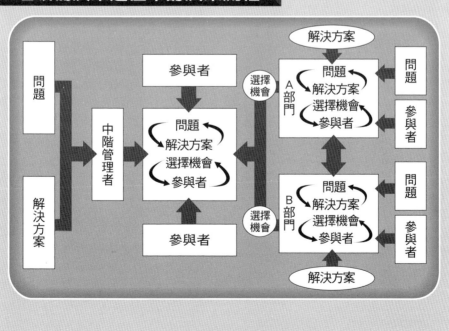

UNIT **4-8**
垃圾桶決策途徑的修正模式

　　金頓（John. W. Kingdon）以柯漢等人的垃圾桶決策模型為基礎，針對美國聯邦政府的決策情形，於 1984 年提出修正的模式，以更貼近公共政策的決策過程。他指出影響一個政策或法案通過的因素，包括政府內部的執政者、國會、行政部門的官僚，以及政府以外的各種力量，如媒體、利益團體、政黨，以及公眾輿論等。因此他認為政策的形成是「問題確認」、「政治因素」以及「政策提案的形成與精緻化」等三個各自獨立變化的「量流」（stream）導致「政策窗」（policy window）的開啟。「政策窗」意指當這三個量流交會時，政策出臺的「機會之窗」就有可能開啟，與該政策有關的各方參與者，會投入資源促使政策窗開啟，他們是「政策倡議者」，可被稱為「政策企業家」（policy entrepreneurs）。

（一）三個量流

　　首先是「問題流」（problem stream），指的是政府對問題的識別過程，一個公共政策的形成是從「問題的確認」開始，通常引發問題的原因包括國內的觸動樞紐（internal triggers），如自然災難、意外的人為事件、科技進度、資源分配不均與生態變遷；以及國外的觸動樞紐（external triggers），如戰爭、科技創新、國際衝突、世界局勢之樣態與國際結盟等。政策企業家會投入很多資源使政府關注他們對問題的看法並希望政府依自己的觀點來看待問題。

　　其次是「政治流」（political stream），包含整個大環境的政治情勢，特別指涉政治運作對解決方案的影響，如新議題的興起以及不同備選方案之採用。其組成因素有國內氣氛、利益團體的遊說活動，以及政權的轉移等。政治事件有其自身的動態特性和規則，政策企業家們會透過討價還價而達成共識。

　　其三是「政策流」（policy stream），主要指涉那些為解決問題，所形成的各種政策備選方案，也就是政策社群所持的理念。這些理念能否化為具體政策，受到技術可行性、與社會價值的一致性，及預期未來可能的約束條件（如預算考量、社會接受度、政治人物想法等）影響。政策企業家會竭盡所能地使自己的政策建議受到重視，因而在政策流中經常出現各種方案的重新組合。

（二）政策窗

　　政策窗是三種量流結合的契機，在政府內部或是環境中的各種政策參與者，都會隨時準備好他們的問題和議案，等待政策窗開啟的機會降臨。例如有些人有政策建議，只待問題浮現就可隨之提出；有些人在等待問題受到關注的機會，例如電影「十二夜」使流浪動物的議題受到關注。開啟政策窗的關鍵可能是「問題流」中的因素，此時稱為「問題之窗」，也可能是「政治流」中的各項因素變化，此時稱為「政治之窗」。

　　政策窗開啟的時機有時可以預測，如定期選舉或法律中的落日條款或日出條款；有時則無法預測，如地震、氣爆等重大災難事件。但無論如何，開啟的機會總是稍縱即逝，一個具有專業能力、談判技巧，及堅忍不拔的毅力的政策企業家，必須敏銳地察覺政策窗開啟的機會，促使政策方案進入議程，付諸實施。

金頓的修正模式

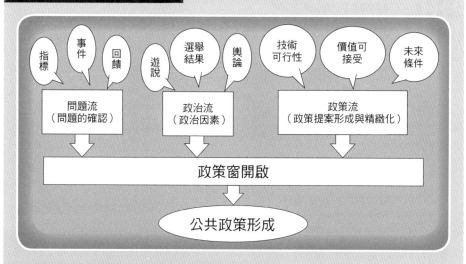

實例說明──婚姻平權的爭議

臺灣不斷引發爭議的同性婚姻問題，在蔡英文政府執政下浮上檯面，在支持與反對雙方各自角力後，大法官會議接納同運團體的意見，做成民法第972條「一夫一妻」違憲的解釋（參見釋字第748號解釋），但社會反彈聲浪未平，反對者醞釀以公民投票保障民法婚姻制度為「男女結合」的傳統，另訂專法處理同性婚姻。

	問題流	同運團體舉行大型示威遊行活動以突顯訴求。
量流	政治流	蔡英文支持同婚並當選總統、同婚在歐美各國逐漸獲得法律承認、社會輿論傾向支持婚姻平權、同運團體結合國際力量支持成功遊說行政與司法部門等等。
	政策流	結合性平教育、法務部研擬修法備案、同運團體堅持修改民法等等。
政策企業家		❶主張廢除一夫一妻制：立委尤美女、立委許毓仁、同運人士祁家威、大法官黃瑞明、時代力量及其他同運團體等等。 ❷主張另訂同婚專法：前法務部長邱太三、下一代幸福聯盟、宗教團體愛護家庭聯盟、信心希望聯盟、安定力量等等。
政策窗開啟		民國106年5月24日大法官釋字第748號解釋宣告，民法沒有讓同性有親密性及排他性之永久結合關係，與憲法第22條保障人民婚姻自由與第7條平等權規範之意旨有違，於此範圍內違憲，行政與立法機關需要在兩年內修法，逾期未完成法律之修正或制定者，同性二人得依現行民法規定登記結婚。

UNIT **4-9**
政策方案的混合掃描決策途徑

混合掃描決策途徑（mixed-scanning decision-making approach）是由艾塞尼（Amitai Etzioni）於 1967 年提出來的觀點。基於前述「漸進決策途徑」只重視短期規劃與過度偏袒既得利益者的缺點，他主張應將決策分成兩個層次：一是「基本決策」（fundamental decision）：指涉關於政策基本方向的決策過程，應以理性途徑為之；二是「漸進決策」（incremental decision）：當基本方向已經決定後，再對其予以加強或修補的決策過程。

在以混合掃描途徑進行政策規劃時，決策者可依據下列步驟：
❶先區分基本決策與漸進決策的層次。
❷尋找主要的政策方案，做出基本決策；再依基本決策的內容進行漸進決策，以使政策實際落實。

艾塞尼以氣象預測中的相機攝影為例，當決策者欲觀察氣候情況時，可從兩個角度同時觀察，一是利用廣角相機拍攝天空的輪廓，得到全景的圖象，而不拘泥於細節；再來則是利用精密的相機，對於廣角相機拍攝的照片中出現值得深入觀察的部分進行仔細的觀察。

若以我國的國民教育延長為十二年的政策為例，亦可區分為基本決策與漸進決策兩個層次：

（一）基本決策層次

決策者在進行十二年國教的政策規劃時，應先從廣博理性的角度考量「基本決策」，不要在意過去政策的遺緒。所以關於國家人力資源總體發展、教育資源總體配置、課程整體規劃目標等等教育的重大層面，都應進行全面的、徹底的、理性的重新規劃。

（二）漸進決策層次

當基本的大政方針決定後，接著再針對各政策方案部分進行「漸進決策」的思考，例如既有的弱勢族群家庭教育補助問題、明星高中的存廢與認定問題、學區的安排與規劃問題、各科教學的內容編排問題、學生能力評鑑分級問題等等，著手規劃修正與補強的措施。

一般而言，學者認為混合掃描決策途徑的優點在於：
❶兼具廣博理性與漸進途徑的優點，提醒決策者在面對不同的決策情境時應採用不同的決策方式。
❷對環境的變遷較具適應的彈性；當決策環境較保守及穩定時，可使用漸進途徑；但面臨重大或急速變遷的環境時，宜偏重理性途徑。
❸決策者能力愈高時，愈能進行廣博理性的政策檢視，得到更佳的決策品質。

儘管有上述的優點，但是大部分的學者依舊將此途徑視為理論上的抽象描述，欠缺具體的實證資訊。況且，就連艾塞尼本人亦未說明理性途徑與漸進途徑應如何搭配運用，方可獲致最佳的決策成果。

政策方案的混合掃描決策途徑

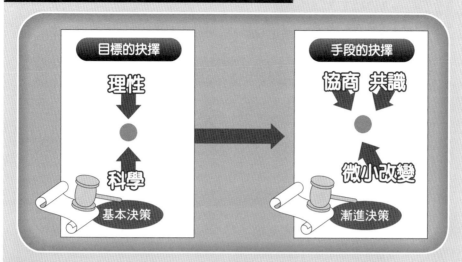

人類解決問題的兩種模式：模式1與模式2

漸進途徑的提倡者林布隆在1977年出版《政治與市場》一書，把人類解決問題的模式分成兩種。所謂「模式1」是智慧導引的社會，源自對人類智慧與理性能力的樂觀論調；反之，「模式2」卻假定人類沒有足夠的理性能力，只能透過社會互動解決問題。

解決問題 模式	模式1	模式2
知識現狀與能力的基本假設	充實、樂觀	不充實、不樂觀
解決問題的基礎	真理（客觀）	意願（主觀）
解決問題的標準	正確	經驗
決定的做成方式	發現	選擇
人際關係	不平等	平等
決策單元	一個單元	多元
社會需求	和諧一致	分歧衝突
解決問題的途徑	知識思考	社會互動
解決問題的過程	同心協力	相互牽制
思考的範圍	周全	各為己謀
對錯誤的態度	規避	修改
衡量接受與否的依據	結果	程序

UNIT *4-10*
政策方案的滿意決策途徑

政策方案的滿意決策途徑崇尚理性決策的方式，只是人類的理性能力有限，無法具備充分的資訊與完整的執行能力，對未來的變化也不可能完全掌握，所以在政策方案的決策過程中，只能得到令大家都能接受的「滿意」方案，而非百分之百符合理性的「最佳」方案。

滿意決策途徑的提倡者為賽蒙（Herbert A. Simon），其成名作為1947年的《行政行為：行政組織決策過程研究》一書，並以此獲1978年諾貝爾經濟學獎。滿意途徑就是賽蒙在該書中所提出，該途徑反對古典經濟學家所主張「經濟人」（具有完全的理性能力）的觀點，而認為人是「行政人」（administrative man），只是「意圖理性」（intendedly rational）而已，人類嘗試達到理性的境界，但因受到個人能力及環境的限制，使他無法達到理性的境界，故人類理性為「有限理性」（bounded rationality）的，只能追求「滿意的」或「足夠好的」決策。

賽蒙之所以認為人類為有限理性的動物，乃基於下列假定：
❶由於每項政策行動都可能造成非預期的後果，故決策者對行動後果欠缺完整的知識。
❷決策者難以準確排列各替選方案的優先順序。
❸決策者沒有足夠的資訊與知識找出所有可能的替選方案，只好簡化決策的過程，一旦出現大家都能接受的方案就會被接受。

由於上述假定，賽蒙認為人並非是純理性的動物，只能進行滿意的決策；而此途徑的具體做法如下：
❶決策者建立一個簡單的模式來描述現實的情況，此模式主要係根據過去的經驗，並參酌目前及未來的各種情況而建立的。在此模式下，決策者只尋求滿意的決策。
❷在大部分情況下，決策者的反應是「例常性的」，即依照過去的辦法解決問題，亦即依循過去的軌跡有限度地找尋替選方案，而不檢查所有可能的替選方案，也不繼續尋求最佳方案，只選擇第一個令他滿意的決策而非最佳的決策。
❸在制定滿意決策前，先設定替選方案的評比標準，即「滿意標準」。此項滿意標準須依據主要客觀的環境及實際需要而定。就行政機關而言，滿意標準通常由機關組織的各種因素加以控制和界定，個人的影響力相當有限。

理性人與行政人在決策上的比較

	理性人	行政人
理性程度的假定	廣博理性（完全理性）	有限理性
理性決策的假定	❶一位完全理性的決策者是全然客觀與合乎邏輯的 ❷他會明確界定問題，並釐清特定目標 ❸理性的決策是以最能達成目標的方案為依歸 ❹選擇對組織最有利的方案而非對其個人有利	❶決策者無法找出所有解決方案，擁有所有解決方案的知識 ❷管理者會尋求「滿意解」，亦即能夠完滿解決問題的第一方案，而非「最佳解」
決策模式	管理者在特定限制下會做出前後一致、價值最大化的決策	管理者會遵循理性的程序做決策，但在個人資訊處理能力的限制下，常傾向於以有限理性的方式做決策

有限理性假定下的決策模式

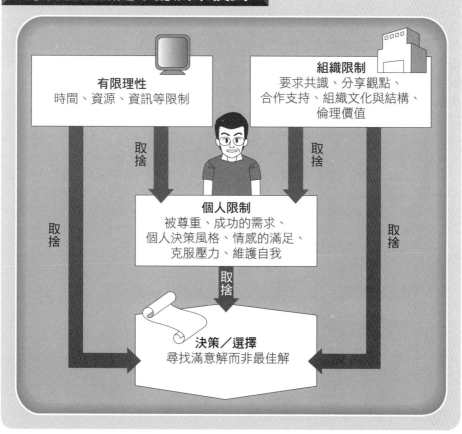

UNIT **4-11**
政策方案的廣博理性決策途徑

圖解公共政策

廣博理性決策途徑（rational comprehensive decision-making approach）是一種理想情境的假定；它假定人都是基於自利的動機，在追求自我利益極大化的目標之下，產生非常理性的經濟行為，這種假定在古典經濟學常用之，故稱為「經濟理性」或「經濟人」的假定。在這種假定之下，「理性的人」能夠清楚知道自己的偏好，且可依據偏好設計出所有可能的方案，並排列優先順序。以此推之，一個「理性」的公共政策決策者，應該能夠：

❶知悉社會所有的價值偏好與其相對的重要性。

❷掌握所有可能的政策方案。

❸洞悉每一政策方案的可能後果，並計算出每個方案的成本效益。

❹依據所有可能方案的價值，看到優先順序。

❺能在有限資源內選擇最為優先的政策方案加以實施。

許多經濟學者認為，政府在公共政策上採取廣博理性決策不僅是可欲的，也是必須的。政府需要有關政策方案的詳細資訊、預測各種方案可能後果的預測能力、計算各種方案的成本利益、了解社會對於政策議題的每種看法，以及足以促成理性決策的制度與組織設計，方可促使政府追求最高效率的公共服務。

廣博理性決策途徑期望以「放諸四海皆準」的科學通則，建立科學化的決策方式，從蒐集資料、確定目標、研擬方案、選擇標準等一系列決策流程均以理性建立一致性；並強調積極的決策態度，發揮智慧以設計最佳方案，以「止於至善」為目標。

儘管廣博理性決策途徑對公共政策的決策過程抱持相當樂觀的態度，但學者們認為，這種完美的決策途徑充其量只是「理想型」（ideal type），難以在實際的過程中落實；究其根本原因，莫過於人類是否為「理性人」不無疑問，因此決策者不見得能基於理性過程處理政策議題。至於其他的限制，包括：

❶政治力的介入：民選官員或民意代表以本身的價值觀或狹隘的選區利益干涉客觀理性的規劃過程，以致無法進行目標與方案的客觀評比。

❷價值與目標的歧見：多元社會的人們本來就有不同的利益和價值觀，且各人的利益與價值觀常彼此衝突，因此政府往往難以處理價值觀的歧見。

❸沉澱成本（sunk cost）的影響：過去決策者的承諾，或是已投入的資源，均會迫使現任決策者只能進行有限的政策規劃，難以完全理性的重新來過。

❹決策者擁有的智慧、能力、資訊以及資源是有限的，不僅無法準確預測未來環境的變化，也無法掌握每一個可能方案實施後所產生的影響。

❺政策的執行往往需要協調眾多機關組織，因此即使有完美的政策規劃，在機關本位主義與執行者偏見之下，也難保順利執行。

理性人（經濟人）的決策

❶理性人決策的前提假定	❷理性人進行決策時考量的要素
問題明確清晰：決策的問題必須夠清晰，沒有模糊不清的地帶	經濟理性：衡量的目標以經濟利益為主
目標導向：存在著一套有待達成、清楚界定的目標，同時各個目標之間沒有衝突	技術理性：技術上不可行的方案，在做決策時即應排除在外，不必考慮
已知的方案：所有的替選方案與結果都是已知的	法律理性：要求所有替代方案都必須是合法進行，且不會產生任何不法的後果
清楚且穩定的偏好：決策者對自己的偏好與價值很清楚，而且這些偏好或價值是一致且穩定的	社會理性：除組織的利益外，應該將社會道德或環境等規範納入思考範圍
沒有時間與成本限制：決策時沒有時間壓力與成本上的限制	程序理性：就實施或決策程序而言，應該符合公平正義而且可行
追求最大報償：決策者會選擇能獲取最大報償的替選方案	政治理性：除對事實思考外，尚需將人際關係及組織關係納入考量，包括別人的看法、態度及利害等

❸理性人進行決策的步驟

問題認定
①觀察決策環境 → ②定義決策問題 → ③訂定決策目標 → ④問題診斷

問題解決
⑧執行方案 ← ⑦選擇最佳替選方案 ← ⑥評估替選方案 ← ⑤發展替選方案

廣博理性決策途徑的過程

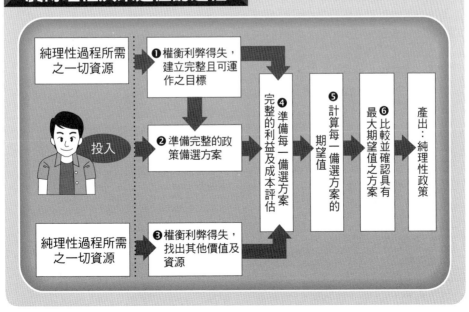

純理性過程所需之一切資源 → ❶權衡利弊得失，建立完整且可運作之目標

投入 → ❷準備完整的政策備選方案

純理性過程所需之一切資源 → ❸權衡利弊得失，找出其他價值及資源

❹完整的利益及成本評估 → 準備每一備選方案的 → ❺計算每一備選方案的期望值 → ❻比較並確認具有最大期望值之方案 → 產出：純理性政策

UNIT **4-12**
確定性情境下的政策方案評比技術

圖解公共政策

所謂「確定性情境」，是指任何決策行動的後果皆為已知，亦即任一方案實施後，所需付出的成本及可獲得的利益均可百分之百的確定。通常只發生於採購、公共建設等比較單純的備選方案中。在此種情境下的政策方案評比技術可採取「成本利益分析法」（cost-benefit analysis）、「償付矩陣法」（pay-of matrix）或「線性規劃法」（linear programming）。

（一）成本利益分析法

成本利益分析法指研究方案或計畫的成本與結果（outcomes）間的關係，通常以貨幣表示。成本利益分析法強調在一定條件下尋求最低的「投入」或最高的「產出」。就政府事務而言，成本利益分析就是將私人企業的投資理論應用於政府事務的處理，按照投資報酬率的高低，將替選方案排定優先順序，選擇價值最大的方案。所謂成本是指任何投進某一方案的資源，利益是指任何由方案的運作所產生的可用市場上價格衡量的產品、服務、金錢等。成本利益分析的結果，通常以「益本比」（利益除以成本）及「益本差」（利益減去成本）加以表示。

（二）償付矩陣法

償付矩陣法是將各個替選方案的可能後果加以評估並確定後，列表比較，而選擇獲利最高（後果最佳）的方案。

（三）線性規劃法

線性規劃法是應用數學方法，研究如何將機關組織中的人力、物力、金錢、設備等有限的資源，在各種限制條件下，做最適當的調配，使機關組織能獲得最佳的利益或蒙受最少的損失。由於可用資源受到環境的限制，所以達成目的的程度呈現等式的關係。本法的基本假定有為：

❶凡是一個問題具有以下兩項條件者即可採行線性規劃法解決：

①有兩個或兩個以上的行動方案，競爭有限的資源分配。

②假定問題中所有要素的關係是直線性的，即兩個或兩個以上變項間的關係是對稱的，例如一個變項如果改變20%，另一個變項也會改變20%。

❷假定所有的變項皆為已知並且確定不變，因此要選擇一個最佳的決定是可能的。

線性規劃法可以解決交通、生產、人員調配、農作物輪作、分配工廠產品之倉庫及市場等問題。

成本利益分析法的例子

假設某企業在成本限制下有四個投資方案，其利益與成本均為已知，先按成本依序排列為甲、乙、丙、丁，再依序比較各方案，從比較現行方案（無方案）開始，若益本比大於1，即接受該方案，否則維持原案；如此依序與上一個益本比大於1的方案比較，即可排出優先順序。

方案	淨利益	淨成本	方案比較	(A)淨利益比較	(B)淨成本比較	(A)/(B)益本比	益本比>1?	評等
無方案	—	—	—	—	—	—	—	—
甲	1440	750	甲>φ？	1440	750	1.92	是	2
乙	1680	995	乙>甲？	1680-1440=240	995-750=245	0.98	否	3
丙	1600	1030	丙>甲？	1600-1440=160	1030-750=280	0.57	否	4
丁	2100	1250	丁>甲？	2100-1440=660	1250-750=500	1.32	是	1

❶φ代表現行方案（無方案）；❷因甲案成本最低，故列於現行方案之後；❸因甲案與現行方案比較後，益本比大於1，故保留甲案與乙案比較；❹因乙案與甲案比較後，益本比小於1，故乙案淘汰，仍保留甲案，餘此類推；❺本例中應以丁案第一優先，甲案次之

償付矩陣法的例子

假設某公營事業有資金100萬，共有三種產品生產方案，運用償付矩陣法的考量方式如下：

案別	甲案	乙案	丙案
內容	生產A產品	生產B產品	生產C產品
獲利率	10%	12%	14%
利潤	110萬	112萬	114萬

由於丙案獲利最高，故選擇丙案，生產C產品。

線性規劃法的例子

假設某製衣廠有布料、絲料、毛料若干，分別生產西服與夾克，其用料與獲利如下表，則應如何配置方可獲取最大利潤？

案別	布料（碼）	絲料（碼）	毛料（碼）	每件獲利（元）
每件西服用料（X）	2	1	1	2,000
每件夾克用料（Y）	1	2	3	3,000
全部可用衣料	16	11	15	

計算方式：
❶利潤＝2000X＋3000Y
❷條件：2X+1Y≦16（布料）；1X+2Y≦11（絲料）；1X+3Y≦15（毛料）。
❸解：若X=0，則Y=16；若Y=0，則X=8。
　若X=0，則Y=5.5；若Y=0，則X=11。
　若X=0，則Y=5；若Y=0，則X=15。

將左圖中A、B、C、D、E五個點的X、Y值代入利潤的公式，其結果得到D點的值最大（2000（7）+3000（2）=20000），故選擇生產7件西服、2件夾克。

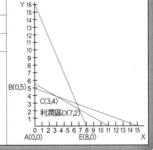

UNIT **4-13**
風險性情境下的政策方案評比技術

所謂「風險性情境」，是指方案實施後，有很多種可能發生的變化，決策者必須設法預測各種情況發生的機率，再依其機率來考量備選方案的選擇。一般可用「決策樹法」（decision tree）、「最可能發生情況決策法」（maximum likelihood or most possible future）、「平均期望值決策法」（expected-value decision rule）及「期望水準或績效標準決策法」（aspiration level or standard of performance）等四種方法進行方案評比。

（一）決策樹法

決策樹法也是公共政策領域中經常討論的政策規劃方式，不過這是一種在未來情境難以確定的情況下，政策分析人員利用「樹形圖」的方式表明各項替選方案的風險性及其可能結果，並計算每一方案可能發生結果的數學期望值，在互相比較後，選擇利潤最高或預期損失最低的方案。

決策樹法基本上是以主觀的判斷及客觀的資料，決定機率與個人的主觀偏好。以決策樹法進行政策規劃時，主要步驟如下：

第一，必須先繪製一張樹形圖，儘量列出各替選方案及所有可能發生的各種情形。

第二，確定各種情況發生後，不同替選方案可能獲得的利潤、成本、價值或效用，其中應包括所有金錢的和非金錢的、有形的和無形的部分。

第三，再預測每一種情況發生的機率（通常以 0 至 1 表示），並計算每一項替選方案的數學期望值（將不同情況預期獲利額乘以機率）。

最後，選擇期望值最高的方案。

（二）最可能發生情況決策法

此法是當未來有數種可能的情況發生時，以發生機率最高的情境下，各替選方案的後果來作為選擇方案的依據。

（三）平均期望值決策法

此法是將各替選方案在各種可能的情境下的可能後果乘以機率相加後，選擇平均期望值最大的方案。

（四）期望水準或績效標準決策法

採用此法必須事先決定一個績效標準，凡成本高於此一標準或利潤低於此一標準的方案均應淘汰，然後選擇可以達成或超越該績效標準之最大機率的方案。

上述四種方法在實務上各有優點，使用時要視實際狀況來決定用哪一種方法；但對於準備參加考試的讀者而言，「決策樹法」無疑是最重要的！

決策樹法的例子

若一工廠接到訂單一筆，可新增設備（甲案）或加班趕工（乙案）以完成，此時考量未來景氣變化，可做如下決策：

	機率	獲利金額
景氣持續	70%	甲案：40,000；乙案32,000
景氣衰退	30%	甲案：17,000；乙案30,000

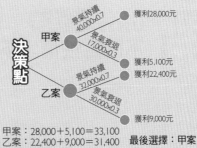

決策點

甲案
景氣持續 40,000×0.7 ── 獲利28,000元
景氣衰退 17,000×0.3 ── 獲利5,100元

乙案
景氣持續 32,000×0.7 ── 獲利22,400元
景氣衰退 30,000×0.3 ── 獲利9,000元

甲案：28,000＋5,100＝33,100
乙案：22,400＋9,000＝31,400　最後選擇：甲案

最可能發生情況決策法的例子

假設組織有甲、乙、丙、丁四個備選方案，每個方案都可能會遭遇到景氣好、景氣尚可、景氣不佳等三種自然情況，且各種景氣變化的機率為已知，計算出獲利的結果如下表：　單位：百萬元

情境 方案　獲利	景氣好 機率：20%	景氣尚可 機率：30%	景氣不佳 機率：50%
甲案	12	14	18
乙案	16	16	16
丙案	11	15	17
丁案	17	12	14

上表中「最可能發生情況」是「景氣不佳」（機率50%），故只需從景氣不佳中比較四個方案的獲利，由於甲案獲利最高，最後選擇甲案實施。

平均期望值決策法

沿用上面的例子，改以平均期望值決策法計算的結果如下：

	平均期望值決策法計算的結果
甲案	12（0.2）+14（0.3）+18（0.5）＝15.6
乙案	16
丙案	11（0.2）+15（0.3）+17（0.5）＝15.2
丁案	17（0.2）+12（0.3）+14（0.5）＝14

比較之後乙案的獲利最高（16），故選擇乙案。

期望水準或績效標準決策法

沿用上面的例子，但假設決策者先將績效標準訂為16，則得到下列的結果：　單位：百萬元

情境 方案　獲利	景氣好 機率：20%	景氣尚可 機率：30%	景氣不佳 機率：50%
甲案	12	14	18
乙案	16	16	16
丙案	11	15	17
丁案	17	12	14

甲案達成績效標準的機率為50%；乙案達成績效標準的機率為100%；丙案達成績效標準的機率為50%；丁案達成績效標準的機率為20%；故乙案達成績效的機率最高，最後選擇乙案。

UNIT *4-14*
不確定性情境下的政策方案評比技術

所謂「不確定情境」，是指在自然環境無法掌握的狀況下，決策者無法得知各種狀況發生的機率，因此無法進行計算，只能依據個人價值觀、個性、對效用的看法等因素進行判斷，進而選擇一方案。較常使用的評比技術為「悲觀原則」、「樂觀原則」、「主觀機率原則」以及「遺憾最少原則」。

（一）悲觀原則

此原則假定決策者態度趨向保守，認為最不利的情況總會發生，所以預先做最壞的打算。決策時他會將各替選方案在最不利的自然情境下所產生的最低利潤挑出比較，選擇其中利潤最大的方案；此時稱為「小中取大原則」（maximin-maximizing）。又或者將各方案產生的最大成本挑出比較，選擇其中成本最小的方案；此時稱為「大中取小原則」（minimax-minimizing）。

（二）樂觀原則

此原則假定決策者態度趨向積極，認為最有利的情況總會發生，就像一個賭徒總認為下一把就會翻本一樣，所以預先做最好的打算。決策時他會將各替選方案在最有利的自然情境下所產生的最高利潤挑出比較，選擇其中利潤最大的方案；此時稱為「大中取大原則」（maximax-maximizing）。又或者將各方案產生的最小成本挑出比較，選擇其中成本最小的方案；此時稱為「小中取小原則」（minimin-minimizing）。

（三）主觀機率原則

該原則又稱為拉普列斯原則（Laplace principle），認為對互斥事件而言，如果不能指出任一情況的發生機率較其他情況為高時，應視每個情況發生的機率相等，並依此計算方案的可能後果。故採取主觀機率原則時，決策者會賦予每個情境發生的機率均等，以此計算獲利或付出代價的結果，最後選擇一個獲利最高或成本最少的方案。

（四）遺憾最少原則

該原則以「機會成本」的觀念為核心，認為決策者進行決策時，會儘量選擇一個令他遺憾最少（機會成本最低）的方案。故其做法是將每一方案在各種情況下可能造成的最大機會成本挑出，然後選擇機會成本最小的方案。

悲觀原則

茲以追求利潤的決策為例，繼續採用上一單元的例子，依「小中取大」
原則例示如下：

單位：百萬元

方案 \ 情境 獲利	景氣好 機率：？％	景氣尚可 機率：？％	景氣不佳 機率：？％
甲案	12	14	18
乙案	16	16	16
丙案	11	15	17
丁案	17	12	14

說明：無論景氣如何變化，在甲、乙、丙、丁四案中，選取最小的利潤（甲：12、乙：16、丙：11、丁：12），而在這四個最小利潤中，選出最大的一個，就是乙案的16；所以最後乙案被選出。

樂觀原則

茲以追求利潤的決策為例，繼續採用上一單元的例子，依「大中取大」
原則例示如下：

單位：百萬元

方案 \ 情境 獲利	景氣好 機率：？％	景氣尚可 機率：？％	景氣不佳 機率：？％
甲案	12	14	18
乙案	16	16	16
丙案	11	15	17
丁案	17	12	14

說明：無論景氣如何變化，在甲、乙、丙、丁四案中，選取最大的利潤（甲：18、乙：16、丙：17、丁：17），而在這四個最大利潤中，選出最大的一個，就是甲案的18；所以最後甲案被選出。

主觀機率原則

以追求利潤的決策為例，繼續採用前例，依「主觀機率」原則說明如下：

	「主觀機率」原則
甲案	（12+14+18）÷3＝14.67
乙案	16
丙案	（11+15+17）÷3＝14.33
丁案	（17+12+14）÷3＝14.33

結果：乙案勝出

遺憾最少原則

以追求利潤的決策為例，繼續採用前例，依「遺憾最少」原則說明如下：
在景氣好時，D案獲利最佳，故以D案（17）為基準，依次算出未選D案的機會成本；餘此類推。

方案	景氣好	景氣尚可	景氣不佳	最大遺憾
甲案	17－12＝5	16－14＝2	18－18＝0	5
乙案	17－16＝1	16－16＝0	18－16＝2	2
丙案	17－11＝6	16－15＝1	18－17＝1	6
丁案	17－17＝0	16－12＝4	18－14＝4	4

結果：發現選擇乙案的最大遺憾最小，故選乙案。

UNIT *4-15*
博奕理論下的決策

博奕理論（Game Theory）是在 1940 年代由紐曼（John Van Neumann）和摩根斯坦（Oskar Morgenstern）所提出，又稱為「競局理論」或「賽局理論」，是在「不確定情境」下所採行的方案評比方式，指決策者在做決策時，必須依據競爭對手的決定而決策；博奕理論假定決策者為理性個人，會依據「悲觀原則」（大中取小原則）進行決策，亦即決策者在正常情況下，會選擇一個使自己或組織遭受損失最少的方案。參與博奕者的最有利行為乃是計算對方可能的行動對自己的影響，進而採取對應的行動。博奕理論有一個相當重要的前提假定，即所有參與競爭的決策者都是「理性」的，也就是一個人會根據他可以掌握的所有證據為基礎，進行手段的抉擇，抉擇時會採取悲觀原則決策。

博奕理論主要在分析兩個或兩個以上的行動者在一場衝突情境中如何競爭的狀況，故常被用於外交、軍事、經濟、選舉等等的競爭性議題上。博奕理論的分析對象可分為「兩人」及「多人」，其中多人賽局往往用以解釋集團間的行為，較為複雜，故本文僅以兩人賽局作為說明；兩人賽局包括下列兩種類型：

❶ 兩人零和賽局（two-person zero-sum game）

此種賽局指兩位競爭者的利益正好相反，一方之所得恰來自另一方之所失，而且常出現「勝者全拿」（winner takes all）的現象。縣市首長選舉、總統選舉，以及我國早期「漢賊不兩立」的外交政策均屬之。

❷ 兩人非零和賽局（two-person non-zero-sum game）

在此種賽局中，由於兩位競爭者的輸贏不會相互抵銷，故可採取妥協策略，或以其他利益交換的策略。這種策略選擇在外交衝突中常見，例如 1978 年以色列總理和埃及總統在美國總統卡特的調停下簽署了著名的「大衛營協議」（Camp David Accord），此協議的兩大重要內容為：

①以色列將 1967 年占領的西奈半島還給埃及。

②埃及允許以色列繼續使用西奈半島上的一處油田。

如此一來，埃及與以色列均得到自己想要的利益，問題便可解決。

就政策規劃的角度而言，茲以 KTV 營業時間規定為例，假如政府要求 KTV 業者必須在凌晨一點以前全部打烊，以免影響社區安寧，這是一種「政府全贏、業者全輸」的零和賽局，容易引起業者的強烈抗爭。但若是決策可以更改為星期一到星期四必須在凌晨一點前打烊，星期五到星期日則不予管制，就變成非零和賽局的形式（業者贏三天，政府就四天），這種相互妥協而各自取得利益的結果，就符合博奕理論下決策的精神。

簡單的博奕理論模型中有兩個相當有名的模型，一個是「囚徒困境」（The Prisoner's Dilemma），一個是「膽小鬼賽局」（The Game of Chicken），分別於右介紹之。

囚徒困境

假設檢察官偵訊兩名結夥搶劫的犯人，將他們隔離後，分別告知他們如果承認結夥搶劫，則各求處5年徒刑；若一人招供，另一人不招供，招供者可獲釋，不招供者求處10年徒刑；若恰好兩人都不招供，則各求處1年徒刑；圖示如下：

		乙嫌犯	
		招供	不招供
甲嫌犯	招供	（甲判5年，乙判5年）	（甲釋放，乙判10年）
	不招供	（甲判10年，乙釋放）	（甲判1年，乙判1年）

根據悲觀原則的理性推演為：甲、乙兩嫌在不知對方是否會招供的前提下，甲會發現，若自己招供，最多只判5年，若不招供，最多可能被判10年；乙的情況亦同，故兩人最後都會選擇招供。實務上常用的「汙點證人」、「認罪協商」等刑事策略，均蘊涵這種思考邏輯。

膽小鬼賽局

假設A、B兩名汽車駕駛人在狹窄的車道中對向高速行駛，遊戲規則為：
❶ 先改變方向以閃避者為膽小鬼，可得2分；不改變方向者可得4分。
❷ 若兩人均改變方向以閃避，各得3分。
❸ 若兩人均不閃避，則車毀人亡，各得1分。

		B駕駛	
		閃避	不閃避
A駕駛	閃避	（A得3分，B得3分）	（A得2分，B得4分）
	不閃避	（A得4分，B得2分）	（A得1分，B得1分）

根據悲觀原則的理性推演為：A、B兩人在不知對方是否會閃避的前提下，A會發現，若自己閃避，至少得2分，若不閃避，至少只得1分；B的情況亦同，故兩人最後都會選擇閃避。實務上在1961年的古巴飛彈危機當中，美國總統甘迺迪提出「封鎖古巴海運」或「空襲古巴」兩種方案；蘇聯總理赫魯雪夫也有「撤除古巴的飛彈」和「持續在古巴部署飛彈」兩種選擇。最後甘迺迪選擇「封鎖海運」這種比較溫和的策略，赫魯雪夫也選擇「撤除飛彈」予以回應。此亦為博奕理論決策的最佳範例。

UNIT *4-16*
卡內基模型下的決策

卡內基模型（Carnegie Model）是由同為卡內基大學（Carnegie-Mellon University）教授的希爾特（Richard Cyert）、馬屈（James March）與賽蒙（Herbert Simon）等人所創，故名之。

（一）卡內基模型的意義

希爾特等學者指出組織中的決策包含很多管理者，最後的決定是由這些管理者結盟定之。在組織的政策規劃中通常以結盟的方式為之，這是因為組織的目標通常模糊，各部門的目標又不一致，故參與決策者必須就問題進行協商並互相結盟。此外，結盟的行為可以使決策者避免受限於自己的有限認知，透過資訊交流以降低決策模糊性，同時諮詢各利害關係人，以獲得利益團體的支持。

（二）卡內基模型的特性

卡內基模型以政治上的結盟為焦點，包括下列三個特性：

❶組織的決策是「滿意決策」而非最佳決策

滿意決策是指決策參與者可接受的方案，而不追求最佳的績效；意即在決策過程中，聯盟將接受每個成員都感到滿意的方案。

❷管理者關心的是急迫的問題和快速的解決方案

當情境充滿不確定時，決策者也不期待完美的決策方案，且決策者將採取第一個出現的令人滿意的方案。

❸在問題認定階段，協商和討論特別重要

除非參與結盟的行動者察覺到問題的存在，否則大家不會採取任何行動。

（三）卡內基模型與漸進決策途徑的整合

漸進決策強調一步一步達成解決方案，當解決方案不明確時，可以使用試誤的方式解決。故漸進決策與卡內基模型都可用於當組織面對很高的不確定情況時，決策者試圖找出最後方案的情境。

總之，卡內基模型認為透過結盟而建立共識，為組織決策中主要的部分，特別是高階的決策者。不過由於討論和協商要花費相當多的成本，所以搜尋問題與解決方案的過程很簡單，並且選擇滿意的方案更勝於最佳的方案。所以當問題是例行性時，組織只要依賴既有的程序或慣例，以避免重新結盟的動作與政治性的協商；而在非例行性的決策時，才需要協商和解決衝突。

在國際外交的場合中，常見這種卡內基模式的決策過程，例如美國前總統布希在波斯灣戰爭的決策過程中，就是先拜訪世界各重要國家的領袖，以獲得各國的支持，再出兵伊拉克。

卡內基模型的決策過程

不確定性

資訊有限，使管理者有諸多限制

衝突

管理者之間有不同的目標、意見、價值、經驗

形成結盟

一起討論解釋目標和問題

分享意見

建立問題優先權

在問題和解決方案上，獲得社會性支持

搜尋

簡單的搜尋使用以建立的程序創造解決方案

滿意的決策行為

採行結盟後所接受的第一個方案

卡內基模型與漸進決策途徑的整合運用

當問題認定或問題解決充滿不確定性時，組織的決策過程為：

問題認定

※當問題認定屬於不確定時，可應用卡內基模型

※需要政治與互動行為

※建立結盟、尋求認同及解決有關目標和優先權的衝突

問題解決

※當問題解決屬於不確定時，可應用漸進決策

※需要漸進與試誤過程

※將大問題分解成小步驟方式解決

※遇到障礙時一再循環嘗試

UNIT **4-17**
倡導聯盟架構

（一）倡導聯盟架構的意義

「倡導聯盟」（Advocacy Coalition）是指一個特定政策領域內，一群來自不同領域的行動者基於共同的信仰系統（基本價值、因果假設以及對問題的感知）所組成的集合體，例如我國在死刑存廢、能源政策（以核養綠 vs. 非核家園）、婚姻平權（另訂專法 vs. 修改民法）等等爭議性論題上，常常在網路上形成虛擬的聯盟，或者在實際的社會團體運作上出現因意志相同而結盟的現象。聯盟成員範圍可以很廣，如議員、專家、記者、官僚、民眾……等，他們基於共同的信念，而在長時間內維持高度一致的行動以追求共同目標。他們會設法改變決策、預算、民意或人事安排。

薩巴提爾（Paul A. Sabatier）於 1989 年提出完整的「倡導聯盟架構」（Advocacy Coalition Framework, ACF）概念。他認為政策制定多在政策次級系統（policy subsystem）內運作，而非總體政策系統。因為總體的政策系統是穩定的，例如國家的自然資源、社會文化基本價值、社會結構，以及基本憲政結構等等，不會輕易改變。會變動的多屬環境的外在事件（external events），例如經濟條件、民意走向，全球議題的衝擊等等。

（二）倡導聯盟架構分析的特點

❶突顯政策次級系統的重要性

建立倡導聯盟可使政策運作過程中的各個行動者爭取其政策獲得接受，取得合法地位。

❷以核心信念維持動態性的聯盟關係

聯盟的建立會隨時間、空間、議題、行動者的變化而有所差異，決策者會以倡導聯盟為工具，使其權力得以發揮。且政策次級系統的概念超越羅威（Lowi）的鐵三角概念，因其成員是動態且沒有特定形式的，政策行動者基於核心信念形成聯盟，並傾向於長時間保持穩定狀態。

❸具有政策學習之優點

可以深入掌握行動者的哲學基礎，符合學習型社會的時代趨勢。

（三）倡導聯盟的運用實例

「廢除死刑」在我國是一個爭議已久，且正反雙方的信念均難以動搖的議題。以「倡導聯盟架構圖」的方式觀察如下：

❶就「穩定變項」而言，大法官已做出執行死刑並不違憲的解釋，刑法亦未有修正，民意調查歷次都超過六成支持，因此傾向支持死刑的環境偏向穩定。

❷就「外在事件」而言，國際人權組織的壓力；捷運殺人、北投國小命案等重大社會案件的發生；死刑誤判被揭發；執政黨輪替等等，均會造成影響。

❸就「政策次級系統」而言，有推動廢除死刑的「廢除死刑推動聯盟」，也有「反廢死聯盟後援會」，各自擁有其「信仰系統」、「資源」與「策略」；而法務部長或執政者的意向也會與各聯盟相互影響，故他們可被視為「政策掮客」。公共政策便在這些人的互動下形成並對社會產生影響。

倡導聯盟架構圖

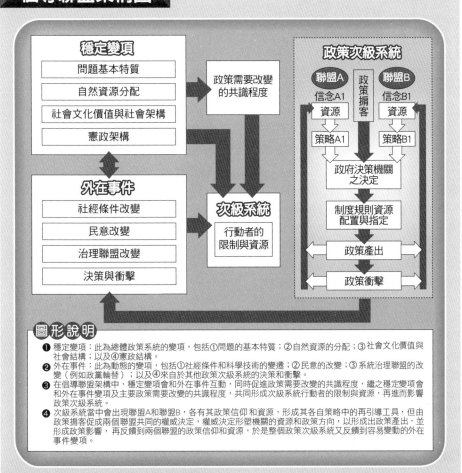

圖形說明

❶ 穩定變項：此為總體政策系統的變項，包括①問題的基本特質；②自然資源的分配；③社會文化價值與社會結構；以及④憲政結構。

❷ 外在事件：此為動態的變項，包括①社經條件和科學技術的變遷；②民意的改變；③系統治理聯盟的改變（例如政黨輪替）；以及④來自於其他政策次級系統的決策和衝擊。

❸ 在倡導聯盟架構中，穩定變項和外在事件互動，同時促進政策需要改變的共識程度，繼之穩定變項會和外在事件變項及主要政策需要改變的共識程度，共同形成次級系統行動者的限制與資源，再進而影響政策次級系統。

❹ 次級系統當中會出現聯盟A和聯盟B，各有其政策信仰和資源，形成其各自策略中的再引導工具，但由政策掮客促成兩個聯盟共同的權威決定，權威決定形塑機關的資源和政策方向，以形成出政策產出，並反饋到兩個聯盟的政策信仰和資源，於是整個政策次級系統又反饋到容易變動的外在事件變項。

倡導聯盟的信仰系統

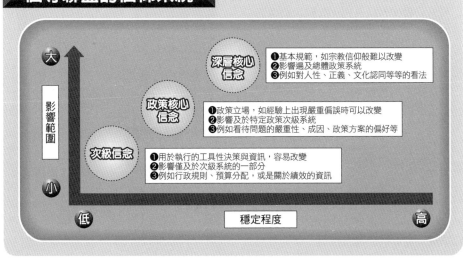

UNIT *4-18*
政策方案可行性分析

每個政策分析人員在設計政策備選方案時,都要考慮可行性的問題,否則行政機關的執行人員無法施政,再完美的設計都是枉然。通常政策分析人員在考量方案的可行性時,會從下列層面進行思考:

❶政治可行性(political feasibility)

政治可行性指該政策方案獲得一般人民、標的人口、行政首長、社會意見領袖、民意機關、傳播媒體,以及利益團體等等支持的程度為何。通常違反社會道德倫理或公共利益的政策方案即缺乏政治可行性,例如近年政府在日本的壓力下試圖開放進口日本核災區食品,但只要消息一出,都會即刻遭到民代、學者、媒體、輿論等等的反對,迫使政府暫緩宣布。由於政府的經費主要來自預算,議會審查預算又具有高度政治性,因此政治可行性是所有可行性分析當中最重要的一環。

❷經濟可行性
(economic feasibility)

經濟可行性指政策執行上所需要的一切資源配置,包括人力、設備、經費等等是否充足。通常國家重大的政策往往涉及國家整體財政、相關產業發展、國民所得分配、教育與衛生醫療現況,以及對外貿易等等諸多考量因素。例如政府為了改善治安狀況而欲增加警力,就必須考量警方是否有足夠的人力數量及人事成本。

❸行政可行性
(administrative feasibility)

行政可行性指行政機關是否有足夠的執行能力,需考慮執行機關的層級、內部結構、人員的素質與技術,還有各機關之間、機關與民眾之間的關係等等。如現階段電子化政府推動「開放政府資料」(open government data),就必須考量到執行機關的資訊處理能力是否足以負荷。

❹法津可行性(legal feasibility)

法律可行性指政策方案在執行上是否符合現行法令規範。例如臺北市政府曾以維護治安為由,依戶籍法「勸說」民眾前往戶政事務所按捺指紋,以建立指紋資料庫,但此舉被大法官會議宣告違憲,在喪失法律可行性的基礎下不得不喊停。

❺技術可行性(technical feasibility)

技術可行性指一項公共政策方案是否具有恰當的執行技術,通常需考慮該技術目前的發展。例如所謂的「綠電」不應包括燃煤發電,但綠能發電的技術尚不成熟,無法完全替代核能及燃煤,政府也只好以燃煤來取代核電。

❻時間可行性(time feasibility)

某些政策具有急迫性,因此在方案規劃、執行,以及產生後果的時間上都會產生壓力,例如 COVID-19 疫情期間,對於患者的篩檢與隔離,必須與時間賽跑,否則疫情就會擴散。

❼環境可行性
(environment feasibility)

環境可行性指政策方案在執行上是否造成環保的問題,不論是經濟發展或是都市規劃方案,都不應與環保造成衝突。因此政府對於公共建設的環境影響評估(Environmental Impact Assessment, EIA),絕不可因為是自家人而官官相護。

政策方案的可行性分析 —— 備選方案的過濾器

一個政策方案欲從眾多備選方案中脫穎而出，必須通過上述七種可行性的分析，方可受到決策者青睞。

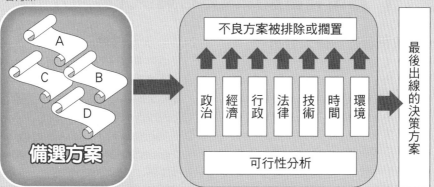

環境可行性的爭議 —— 蘇花高速公路的建與不建

蘇花高速公路在許多花蓮人眼中是「一條安全回家的路」，但歷經近20年的爭論，蘇花高終究未能興建，其原因就卡在「環境可行性」。以下先介紹蘇花高的規劃過程：

時間	規劃過程
1990年2月	行政院核定「改善交通全盤計畫」，並將蘇花高列為「環島高速公路網發展計畫」之一
1992年底	國工局開始進行國道蘇澳花蓮段和至臺東花蓮段的踏勘和調查
1994年起	研究國道東部公路（蘇澳花蓮段和至臺東花蓮段）的可行性
1997年	陳報行政院可行性研究報告
1998年3月	行政院核定可行性研究報告，並指示先行辦理蘇澳花蓮段工程規劃
1998年4月	開始進行蘇澳花蓮段的工程規劃及環境影響評估
2000年1月	完成工程規劃
2000年2月	蘇澳花蓮段的環境影響說明書經行政院環保署審查通過准予開發
2002年5月	行政院將本計畫納入挑戰2008國家發展重點計畫
2003年	行政院將本計畫納入「新十大建設」之「第三波高速公路」子計畫之一
2008年4月25日	環評未通過，政府宣布暫緩興建蘇花高
2008年7月6日	行政院長劉兆玄宣布推動「蘇花公路危險路段替代道路」，興建「南澳至和平」路段，定位為「省道」。政府表示此方案不是蘇花高，且必須通過環評才會興建
2011年1月28日	行政院《臺9線蘇花公路改善計畫環境影響說明書》在環保署完成備查，「蘇花高」確定縮水成「蘇花改」（蘇花公路改善工程）

就環境來說，花蓮是五級強震頻繁區，工程進行中可能破壞當地水脈，還有沿路的岩層穩定性，至少經過17個環境敏感區位、11個活動斷層，以及15種珍稀野生動物活動區，更會產生堆置1,270萬立方公尺土方，每一小時有180輛砂石車經過，對環境產生相當大衝擊。故儘管政治、經濟、行政、法律、技術與時間均具備可行性，但在缺乏環境可行性的情況下，新的蘇花高速公路也就胎死腹中。

UNIT *4-19*
政策利害關係人分析與多元觀點分析

（一）政策利害關係人分析

　　進行政策分析時，必須先了解政策利害關係人的想法，但是政府在認定利害關係人時，往往只聽到部分「大聲」的民意，產生「以偏概全」的想法。因此，政府必須採取「多元利害關係人」的分析觀點，根據梅森（Mason）與密卓夫（Mitroff）的看法，認定利害關係人的方法應包括：

❶**透過法令**：根據法令規定來認定，例如我國某些法規中關於「原住民」或「身心障礙」的保護或保障，就是從法規使其成為利害關係人。

❷**透過地位**：根據利害關係人的「位置」來認定，如以政府各機關的「首長」或民間團體的「領導人」來認定關係人。

❸**透過聲譽**：以利害關係人在社會上的聲譽來認定，如教育政策方面就可以將李家同教授或洪蘭教授認定為必須尊重的利害關係人。

❹**透過社會參與**：以利害關係人參與社會活動的積極程度來認定，如某些環保團體積極投入環評，以影響公共政策，則政府機關必須隨時注意其動向。

❺**透過意見領袖**：以常能左右輿論的意見領袖來認定，例如在野黨的重要人士、企業界代表，或社團的主要發言人。

❻**透過人口統計**：根據年齡、性別、職業、宗教、地點等人口統計資料類別來認定利害關係人。例如我們可以調查「臺北市民」（地點）對「購車需自備停車位」政策的支持度。

❼**透過組織**：從組織的供給者、員工、顧客、盟友、競爭者、管制者或被管制者等來認定利害關係人。例如學校可以針對校內師生調查教改政策的滿意度。

（二）多元觀點分析

　　學者林斯東（Linstone）主張，當政府遭遇複雜而多元的「結構不良問題」（ill-structured problem）時，將難以用理性的技術觀點處理，而應以系統分析態度兼顧技術的（Technical）、組織的（Organizational）與個人的（Personal）三種觀點，又稱 TOP 模式：

❶**技術觀點**：應用機率、成本效益分析、計量經濟及系統分析等量化技術工具，強調科學技術，因果思考、客觀分析、預測性、最佳化模型的建構等。例如十二年國教的高中入學應如何計算學生的成績排序，才能讓每位學生選填進入最合適的學校。

❷**組織觀點**：從組織過程的角度探討問題與解決方案，將問題與方案視為從某一組織狀態到另外一種狀態的專業活動過程，經常應用標準作業程序、作業規範及制度性慣例等管理工具。此觀點強調的是組織中各部門之間的溝通協調、衝突管理、標準作業程序的規範化等。同例中，教育部必須加強和各縣市政府的溝通，才能取得全國一致性的入學方式。

❸**個人觀點**：從個人感知、需求及價值等人性角度去分析問題與解決方案，強調應用直覺、魅力、領導及自我利益去影響決策。同例中，教育機關必須和家長及學生充分溝通，並兼顧教育專業、家長期待與社會價值去思考制度的設計。

利害關係人的認定方法

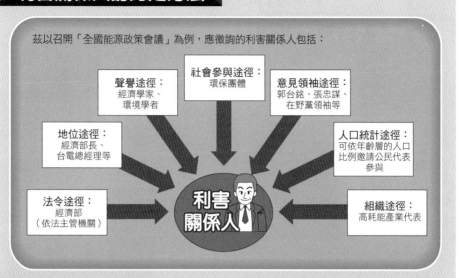

茲以召開「全國能源政策會議」為例，應徵詢的利害關係人包括：

聲譽途徑：
經濟學家、
環境學者

社會參與途徑：
環保團體

意見領袖途徑：
郭台銘、張忠謀、
在野黨領袖等

地位途徑：
經濟部長、
台電總經理等

人口統計途徑：
可依年齡層的人口
比例邀請公民代表
參與

法令途徑：
經濟部
（依法主管機關）

利害
關係人

組織途徑：
高耗能產業代表

多元觀點分析

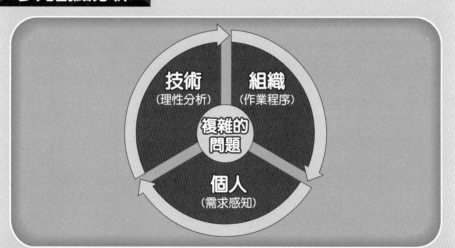

技術
（理性分析）

組織
（作業程序）

複雜的
問題

個人
（需求感知）

政策利害關係人分析與多元觀點分析的比較

類型	政策利害關係人分析	多元觀點分析
分析單元	政策過程中主體的行動者	採取客體的行動觀點
分析目的	整合各不同行動者之觀點，使公共政策能夠滿足各方之需求	整合分析與行動之落差，兼顧決策的全面性，提升決策品質
分析精神	反映人本主義與以民為主的精神	強調決策制定者應該兼具人文與科技的系統情懷

UNIT **4-20**
多目標分析

當決策者面臨目標無法明確量化、政策目標有多元選擇，甚至方案也有多重選擇的時候，可以採用「多目標分析」來協助決策者做出最有效的選擇。本單元介紹此種分析的兩種常用模型，分別是「目標／方案矩陣」（Goals/ Alternatives Matrix）與「多屬性效用模型」（Mmulti-attribute Utility Model, MAUM）。

（一）目標／方案矩陣

目標／方案矩陣在政策分析中的運用源於 1970 年代的交通運輸管理，爾後始逐漸用於其他的決策領域。其主要的功能在於用簡單的矩陣就可讓決策者有系統地比較各種可行方案的優劣，使各方案都能接受多元價值的檢視，並藉由矩陣的彈性以擴充或精簡選項的數量。

設計目標／方案矩陣非常簡單，只要有明確的目標與價值、具體而詳細的方案，還有必要的底限（如：預算上限），就可以進行分析。該模型也可用於日常生活決策，茲以一位計程車司機選購車價 100 萬元以內的計程車為例說明（以下為虛擬值）：

（二）多屬性效用模型

多屬性效用模型是由韋伯（Weber）與愛德華茲（Edwards）提出的。多屬性效用模型建構過程，先行找出各項方案與準則，再依各準則給予各項方案的效用分數，同時判斷各準則的相對權數，再將權數標準化，之後乘上效用分數，最後算出各方案的分數，供決策者作為參考。多屬性效用的演算方式，可詳見右頁的舉例。多屬性效用模型的特性包括：❶在決策者面臨多方案與多準則時，可提供評估的方法。亦即將方案與準則列出，再分別給予屬性的效用分數與準則的權數，再橫向加總每項方案的分數，便可提供決策者參考；❷若環境改變，方案或準則必須修改時，可提供之前所做的判斷資料，作為修正的參考；❸多屬性效用分析結合了客觀資料與主觀的判斷，客觀資料指方案與準則的訂定，主觀判斷為個人給予的效用分數與準則權數。結合兩者，可作為決策時的理性基礎。但是，也因為每個人的主觀判斷不同，當涉及整體利益時，往往難以將每個人的判斷整合在一起。

目標	價值／標準	備選方案		
		Toyota Wish	Nissan Livina	Toyota Altis
營業用車	售價	80 萬	60 萬	70 萬
	五年後殘值	40 萬	25 萬	35 萬
	油耗	16 km/L	18 km/L	19 km/L
	空間	大	中	小

以提升食品安全的執行方法為例，進行多屬性效用分析的步驟如下：

定義方案及準則

方案 A	提升政府衛生單位的抽驗頻率與項目，對不合格者施以重罰
方案 B	要求廠商自動送交政府或民間實驗室檢驗，必須提供檢驗證明方可上架販售
準則	政治可行性	該方案在政治方面可能受到支持的程度。同時也要考慮目前社會的道德倫理價值觀念的接受程度
	經濟可行性	考慮是否有足夠的資源可以使用
	行政可行性	指行政機關能力是否足以擔任政策方案的執行工作
	法律可行性	該方案是否違反現行相關法律的規定
	技術可行性	有足夠的專業知識和技能
	時間可行性	從規劃、執行及產生預期後果的時間幅度考慮政策方案的可能性
	環境可行性	考慮自然生態保育的問題

依據每項準則評估每個方案，給予每個方案效用分數，代表個人的滿意程度

假設效用分數為 1 分到 10 分之間，給予效用分數如下：

準則＼方案	政治可行性	經濟可行性	行政可行性	法律可行性	技術可行性	時間可行性	環境可行性
方案 A	5	2	4	3	6	3	5
方案 B	5	8	6	7	4	7	5

指定每項準則的相對權數及將權數標準化

假設給予四項準則的權重與標準化權數分別為：

準則	政治可行性	經濟可行性	行政可行性	法律可行性	技術可行性	時間可行性	環境可行性
權數	8	7	7	5	6	5	2
標準化權數	8/40	7/40	7/40	5/40	6/40	5/40	2/40

配合權數，加總所有方案的效用：在獲得效用分數與權數後，將權數乘以效用分數，再橫向加總每一方案分數

準則＼方案	政治可行性	經濟可行性	行政可行性	法律可行性	技術可行性	時間可行性	環境可行性
標準化權數	8/40	7/40	7/40	5/40	6/40	5/40	2/40
方案 A	5*8/40=1	2*7/40=0.35	4*7/40=0.7	3*5/40=0.375	6*6/40=0.9	3*5/40=0.375	5*2/40=0.25
方案 B	5*8/40=1	8*7/40=1.4	6*7/40=1.05	7*5/40=0.875	4*6/40=0.6	7*5/40=0.875	5*2/40=0.25

經過加總後，方案 A 得 **3.95** 分；方案 B 得 **6.05** 分，故選擇方案 B，要求廠商自動送交政府或民間實驗室檢驗，必須提供檢驗證明方可上架販售。

第 **5** 章

政策合法化

UNIT **5-1**
政策合法化的概念

（一）政策合法化的定義

政策合法化（policy legitimation）是使政策方案取得合法執行地位的過程。表面上，合法化是政府首長的同意與民意機關（議會或立法院）的表決過程；但實際上，其中隨時充滿遊說、議價、辯論、協商等政治活動或暗盤交易。因此，政策合法化為政策過程中理性最少、政治性最多的階段。吳定教授將政策合法化界定為：「政府機關針對公共問題規劃解決方案後，將方案提經有權核准的機關（例如民意機關）、團體（例如決策委員會）或個人（例如行政首長），加以審議核准，完成法定程序，以便付諸執行的動態過程」。

（二）政策合法化的參與者

不同的政策，有不同的參與者，在不同時間對政策產生程度不一的影響。吳定教授認為，在民主國家中，政策合法化過程的參與者除了民意代表與行政人員外，還有下列六種：

❶政黨

政黨對政策的態度，往往左右政務官與議員選擇政策方案的立場。

❷利益團體

利益團體往往利用遊說、利益交換等等方式，向行政機關或議會施加壓力，以促使其制定並通過特定的政策方案。

❸司法機關

司法權透過「司法審核」（judicial review）或「釋憲」對具有合法性疑義的政策進行最終裁定，因而具有參與政策合法化的功能。

❹專家學者

許多知名專家學者在社會上具有一定的影響力，政府必須重視他們的意見。

❺大眾傳播媒體

媒體在現代社會中，不但扮演監督政府的「第四權」，更擁有主動形塑民意，造成合法化過程中的阻力或助力。

❻政策利害關係人

與特定政策有關的人民，往往透過各種意見表達的管道，向行政機關或民意代表施壓，以左右政策合法化的成敗。

（三）政策合法化的重要性

首先，政策合法化是各方參與者繼政策規劃之後的主要戰場，在現有方案占優勢的一方希望能在議會中力保甚至擴大自己的優勢；而反對的一方則要在議會盡力遊說以扳回劣勢。其次，政策合法化是政策執行前的重要過程。一個經由立法機關完成合法化的政策，在執行上比較能取得大眾的接納與支持。倘若一個方案有協商的必要，也應考量在何時、何地，與什麼樣的利害關係人進行協商溝通。

最後，完成合法化過程的公共政策，即代表對於政策標的人口具有「合法的」拘束力，鍾斯（C. O. Jones）主張將政策合法化分成兩個層次觀察：

第一層次涉及政治系統取得「統治正當性」的過程，換言之，所謂合法性（legitimacy），就是統治的正當性，表現於政治系統內大多數成員對該系統之結構與體制的支持程度。

第二層次則是公共政策取得法定地位的過程，即「政策合法化」。指政策得到合法授權，取得合法地位的過程。

就上述兩個層次而言，第一層次是第二層次的基礎，第二層次是第一層次的手段，兩者是一種互補的動態關係。政治學家道爾（R. Dahl）曾說，討論公共政策，必須以國家認同為基礎，即為此意。

政策合法化的參與者及其彼此互動關係

政策合法化的層次

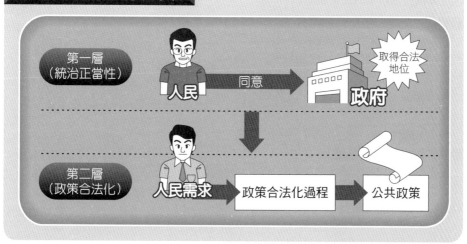

UNIT **5-2**
國會與政策合法化

（一）國會的功能

國會是政策合法化的重要場域，就一個民主國家而言，國會的角色包括：

❶民主政治中正當性的代表

就民主政治的歷史來看，國會最重要的功能就是作為維繫個人自由的憲政承諾，也就是統治者在限制自我權力上做出的制度性承諾。

❷審議法律與政策的場域

民主政治將統治的正當性建構在被統治者「同意」的基礎上，因此必須要有一個審議的場域，以選舉代表的方式，讓人民的利益獲得平等的保護。

❸監督行政部門的關鍵

國會是行政部門的「監控之眼」（watchful eyes），避免行政部門傷害到民主課責。

（二）國會在公共政策中的角色

❶議員扮演多重角色

議員是公共政策合法化的推手，也參與政策的議程設定與規劃。此外，議員也常透過媒體扮演政策資訊提供者的角色，灌輸民眾複雜的政策訊息。

❷國會政策場域中多元參與者

國會中除了議員外，行政機關的政務官與事務官，以及社會各種利益團體的遊說代表，隨著不同的議題，不同的人員會在不同的階段相互折衝，以取得自己想要的或阻擋自己不願承受的方案，形成一個有目的、策略性的多元參與過程。

❸多數建構的制度意義

民主的立法程序代表多數決的建構程序，不同的人在不同的程序決策點上，會具有不同的決策權力。

❹以協商為運作的核心

國會是一個平等的民主機構，為了建構多數以通過法案，彼此間的協商是十分重要的。協商的過程也會受到各種國會制度的影響，包括提案權、委員會等。協商必定包括相當的讓步，所以協商後產生的方案，不會讓每個人完全滿意。

（三）國會在政策合法化過程中的特色

❶否決點

否決點（veto points）是「決策體制中所創造出來法案否決的制度性機會」，站在否決點上的個人或團體必須進行結盟之後才能影響政策。否決點愈多，政策合法化的難度就愈高，也就愈需要政治資源推動決策場域中的集體行動。

❷透明化

將政策資訊公諸於世，也就是政策合法化過程中「透明」（transparency）價值的維繫，不僅是國會的功能之一，也是制衡行政部門最重要的途徑。然而，國會的立法效率與資訊公開卻是一種困難的「取捨」問題，就是一方面為了維持立法效率，必須建構某種不公開的機制，另一方面又必須滿足民眾「知的權力」。

❸專業不對稱

行政人員的專業知識、經驗，均遠較立法人員豐富，形成行政立法關係上嚴重的「專業不對稱」問題。為改善此一問題，國會以制度或是組織的設計來減緩之，例如，國會分成各種委員會，就是專業分工的設計，還有國會助理制度、國會幕僚機構（如國會圖書館、法治局，以及預算中心等），都是協助國會議員克服專業不對稱的設計。

我國政策合法化制度中的否決點

從行政機關設計政策方案，到立法院三讀通過，大約經歷五個重要的否決點，每個否決點的出現，都代表利害關係人動員力量去推動或阻擋該方案的時機。

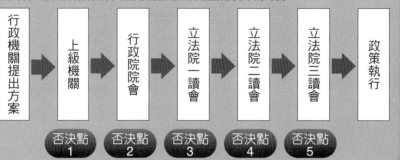

行政機關提出方案 ➡ 上級機關 ➡ 行政院院會 ➡ 立法院一讀會 ➡ 立法院二讀會 ➡ 立法院三讀會 ➡ 政策執行

否決點1　否決點2　否決點3　否決點4　否決點5

透明與效率的取捨──第三人效果

當國會議員有不受環境壓力的協商空間，國會整體議事效率就會上升。但是當國會因為民眾害怕「密室政治」而做更多的議事公開，就會因為「責難規避」或是協商的「第三人效果」，而產生集體行動的困境，最終則降低了議事效率。而「第三人效果」指的是，協商雙方會因為第三人在場，為避免受到第三人的責難，而傾向於妥協在第三人的利益之上。

甲方利益　甲方代表　妥協點　乙方代表　乙方利益

第三人在場

行政機關與立法機關在決策過程上的差異

	行政機關	立法機關
決策地位	長官和部屬間是一種命令服從關係，首長對政策決定有重大的影響力	由地位平等、職權相同的立法者所組織的集合體，對政策制定大致上具有相等的影響力
決策因素	決策受專業因素的影響，專家同心協力，較不考慮政治因素	決策較受政治因素的影響，常需考慮外界團體和選民的利益
決策程序	守密程度較高	除依法應守密外，應在公開的原則下進行立法工作

UNIT **5-3**
政策合法化中的議價協商行為

在政策合法化過程中，充滿討價還價、協商交易的行動。本單元我們討論為何在合法化過程中必須進行議價協商，而議價協商的結果又會造成哪些選擇。

（一）議價協商的原因

林布隆（C. Lindblom）認為，在美國有四種原因促使政策合法化時容易發生議價協商行為；事實上，這四種條件也適用於包括我國在內的大多數民主國家。

❶社會多元主義（social pluralism）

由於社會中存在各種不同的利益團體，各團體對某項政策方案可能不完全認同，但又希望政策獲得同意，以滿足各自所需求的利益，因此產生了交易協商的行為。

❷互賴關係（interdependence）

當甲方的利益容易受到乙方影響時，雙方就有互賴關係，而甲方就會試圖影響乙方。換言之，由於利益團體彼此間的利益可能息息相關，所以大家願意以協商的方式保護自己的利益。

❸起初不同意但有潛在同意的可能性（initial disagreement and potential agreement）

某利益團體對於特定方案可能一開始表達反對的意向，但未來仍有可能經由協商交易而同意。像許多草根團體可能會對某些汙染性產業或公共設施持反對立場，但在溝通或談妥回饋金之後，可能會讓步。

❹憲法因素（constitutional factors）

由於憲法規定、憲政慣例或法律的約束，再加上選舉結果的影響，行政機關可能必須與國會交易協商，或是國會間各政黨必須進行協商。如我國《立法院職權行使法》中，就定有許多需要黨團協商的條件。

（二）議價協商的可能結果

史塔林（G. Starling）指出，議價協商的可能結果包括：

❶政策方案被廣泛接受

合法化過程的議價協商行為，不僅有助於政策辯論，也有助於公民參與及公民教育，因而使政策方案得到相關利害關係人的認同。

❷政策方案經由非理性方式獲得同意

政策方案在議價協商的過程中，可能會產生許多檯面下利益交換的行為，經由這些行為，而使政策方案內容呈現高度的政治妥協性，而非理性。

❸政策方案被有組織者控制

利益團體由於具有較嚴密的組織，同時也較能提供報價給政治人物，使他們在議價協商的過程中常占有上風。

❹失去控制的行政機關

由於議價協商不可避免，使行政機關往往受到利益團體或民意代表左右，使政務首長無法完全落實自己的執政意志。

合法化過程議價協商的因果關係

協商交易的原因

| 社會多元主義 |
| 互賴關係 |
| 潛在同意的可能性 |
| 憲法因素 |

造成必須 → 協商交易 → 因而導致

協商交易的結果

| 廣泛接受 |
| 非理性同意 |
| 被有組織者控制 |
| 失去控制的行政機關 |

我國立法院的政黨（黨團）協商機制

　　依照《立法院職權行使法》的規定，院會及委員會審查議案遇有爭議時，可進行黨團協商。包括無黨籍三人以上即可組成之黨團或聯盟，在進行協商時，皆可指派代表兩人參加。在黨團協商達成共識，並簽名作成協商結論且經院會同意後，其他出席委員原則上不得反對。

　　這套政黨（黨團）協商制度最初建立於民國88年，其立法本意乃在提升議事效率與政黨的角色功能；因為它能適度地化解立法院內立法審議過程的紛擾、縮短冗長的議事程序、減少朝野之間非必要性的議事抗爭，進而提升議事效率。

　　但政黨（黨團）協商的過程不公開，協商結果可以推翻委員會審查已定案的內容，導致政黨協商已凌駕在委員會甚至院會之上。甚至，黨團或聯盟代表在協商後不簽名，即可杯葛所有法案，而使政黨（黨團）協商成為利益交換的巧門。

　　由於輿論的批評，在民國90年後，改為由委員會取得是否將法案交付政黨協商的程序上的先行權力，但是對於委員會無能力解決的爭議性法案，仍傾向保留到政黨（黨團）協商來處理，而這些法案一旦進入政黨（黨團）協商，委員會的意見便僅供參考，法案內容有大幅實質修正的趨勢；如此觀之，委員會雖然取得程序權力，但法案實質修正權力仍相當受到政黨（黨團）協商的影響。

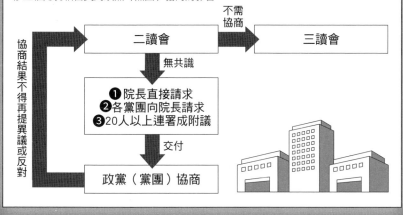

UNIT **5-4**
利益團體介入政策合法化的方式

（一）利益團體介入政策合法化的手段

學者林布隆（C. Lindblom）將利益團體影響公共政策合法化的方式分為四類：

❶爭取選票

大型利益團體由於人數眾多，或是擁有具影響力的知名人士，往往使有選舉壓力的立法者或政治首長不得不重視他們的意見。

❷籌募經費

有錢的利益團體常向政黨或候選人提供政治獻金，有的利益團體甚至會長期資助有潛力的候選人，以便在國會中永遠有一席之地。

❸理性說服

利益團體可以透過與政府官員的直接接觸、在行政或立法部門的聽證會上作證，或是提出科學的研究結果，以影響民意代表或政府官員做決策。這種方式需要高超的說服技巧，也就是「遊說」。不過在遊說過程中可能隱藏公務員的貪汙與不法，故我國訂定《遊說法》來規範遊說行為。

❹領袖菁英

大型利益團體的領袖常被視為社會菁英，對社會與政治行動本來就具有影響力，諸如美國的「退伍軍人協會」、「律師公會」；我國的「全國產業總工會」、「獅子會」、「扶輪社」等，其領袖都具有相當的政治影響力。

（二）遊說

遊說（lobbying）指利益團體向立法人員或行政人員採取各種方式施壓，以影響法案通過或不通過的一種策略。「遊說者」指在政策運作過程中，基於特殊利益的考量，採取一切可行的策略及方法，向對政策具有決定權或影響力者，包括行政官員與民意代表等，進行遊說，以達特定目的之個人、組織或企業體代表、利益團體代表、政府機關代表等。雖然進行遊說是利益團體常用的手段，但採取遊說並不以利益團體為限，任何利害關係者均可能結合起來從事遊說工作。遊說活動一般可以分成三類：

❶直接遊說（direct lobbying）

受到政策影響之標的人口或利害關係人，直接向具有決策權者或對政策具有相當影響力者進行遊說的活動。例如某一方案最後的決定權若在行政部門的部長，遊說者乃向部長直接進行遊說，希望部長最後能做對他們有利的決策。其效果往往比其他遊說活動要來得大。

❷半直接遊說（semi-direct lobbying）

指遊說人員向能夠「影響」決策者的人進行遊說活動。例如：某一項計畫的核可權在市長，而遊說者發現某位市議員對市長的影響力很大，於是遊說者向該市議員進行遊說，希望透過該議員去影響市長的決定。其效果僅次於直接遊說。

❸間接遊說（indirect lobbying）

又稱「基層遊說」或「草根遊說」（grass-root lobbying），乃是經由影響選民進而影響政府政策的一種遊說手段。例如在媒體刊登廣告、發表談話、在 FB 或 YouTube 等網路平台發布消息、評論、影片，及向選民寄送宣傳品等，以爭取大眾支持，形成輿論壓力，進而影響政府的決策。另外，標的團體還可以向民意代表寫信、打電話、訪問等，對民意代表施加壓力。此種遊說可透過公關公司進行。

我國《遊說法》的規範

　　為保障人民意見表達自由，建立遊說透明機制，我國於民國96年7月通過《遊說法》，並於97年8月8日施行。根據該法，所謂遊說，係指遊說者意圖影響被遊說者或其所屬機關對於法令、政策或議案之形成、制定、通過、變更或廢止，而以口頭或書面方式，直接向被遊說者（正副總統、行政首長、高級政務官、民意代表等）或其指定之人表達意見之行為。但下列行為依法不得進行遊說：❶公務員依法執行職務之行為；❷外國政府或政府間國際組織派駐或派遣之人員所為職務上之行為；❸人民或團體依其他法規規定之程序及方式所為之申請、請願、陳情、陳述意見等表達意見之行為。

　　此外，遊說者不可違反《公務員服務法》第14-1條「旋轉門條款」的規定。遊說並不等於關說，此二者的差異可見下表：

名稱	定義	對象	標的	程序
遊說	遊說者意圖影響被遊說者或其所屬機關對於法令、政策或議案之形成、制定、通過、變更或廢止，而以口頭或書面方式，直接向被遊說者或其指定之人表達意見之行為	被遊說者	法令、政策或議案	向被遊說人所屬機關申請登記，經許可始得遊說
關說	其內容涉及機關業務具體事項之決定或執行，且因該事項之決定或執行致有不當影響特定權利義務之虞者	公職人員任職機關有關人員	機關業務具體事項之決定或執行	無規定

　　根據《遊說法》，合法的遊說行為進行程序如下：

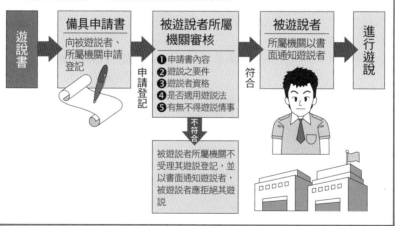

遊說的類型

UNIT **5-5**
行政人員向政治首長推薦政策方案的技巧

圖解公共政策

威瑪和韋寧兩位學者曾說：「政策分析的產品就是建議」。可見方案合法化過程的第一個問題，就是政策分析人員如何將方案推薦給政治首長。梅爾茲納（Meltsner）將政治首長比喻為政策分析人員的「顧客」，顧客和政策分析人員的關係，就像消費者和生產者，兩者之間存在著相互依賴的關係，所以政策分析時第一個要考慮的，就是顧客的需求。

朱志宏教授認為，政治首長一般都具備三種特徵：

第一，他們希望在政策分析中扮演某種角色，但不願親自動手做分析工作。

第二，政治首長都很忙碌，並且經常承受許多來自外界的壓力。

第三，政治首長對沒有經過考驗的政策建議常心存疑慮。

基於上述特徵，政策分析人員應有下列認知：

第一，政策分析人員應該在政策分析過程中，定期向首長提出報告，讓首長在政策分析中產生參與感，且不要在報告中賣弄太專業的術語。

第二，由於政治首長十分忙碌，政策分析人員必須掌握政策分析的時效性，並注重書面報告的格式要簡明扼要。

第三，政策分析人員必須及早在政治首長心中建立起卓越的信譽，以免首長因不信任分析人員而不敢採用推薦的方案。為了建立自己的信譽，政策分析人員要注意兩點：

❶政策分析人員最好能在推薦方案時引經據典，以提高方案的說服力。

❷對政策方案中引用的理論、資料，以及分析、預測時可能遭遇的不確定性，應該誠實面對，並盡力設法釐清。

除了上述一般性的認知外，政策分析人員對於首長個人的了解，也是方案能否獲得青睞的關鍵。通常一個首長在做決策時，一定會受到其經驗、視野以及責任上的影響，政策分析人員應先行了解。此外，首長個人的動機，也是分析人員必須考量的因素；黨斯（Downs）曾提出「官僚人格理念型」的概念，可供分析人員理解首長的動機：

❶**攀爬者**（climbers）：只關心自己的權力、財富。

❷**維護者**（conservers）：希望變革愈小愈好，以維護既得利益。

❸**狂熱者**（zealots）：熱心推動自己所關心的計畫，以從中獲取權力。

❹**倡導者**（advocates）：關注自己在意的政策，以擴大自己在機關中的資源與地位。

❺**政治家**（statesmen）：透過權力的追求，實現具有公共利益取向的目標。

影響個人決策時的標準

學理上，無論行政首長還是民意代表，在進行決策時往往受到下列「標準」的影響，政策規劃人員應多加留意：

標準項目	內容說明
價值觀	會影響個人決策的價值觀包括：機關組織的價值觀、專業的價值觀、個人的價值觀、政策的價值觀以及意識形態的價值觀
政黨歸屬	對政務官與民意代表而言，所屬政黨或派系的政治主張、立場及信念，也會影響其決策；尤其在不分區立委的決策或政黨威脅祭出黨紀的時候
選區利益	許多民意代表在重大政策上常堅持以選區利益優先於政黨意志，有時政務首長與選區或利益團體過從甚密，也會以他們的利益為優先考量
民意	民意趨向一直是決策者的重要標準，不論是政治首長還是民意代表，決策時都會儘量避免與民意相左；故民意調查的資訊常扮演合法化的重要角色
服從	決策首長有時也必須服從更高層級的官員所做的決定，或是在民意代表的壓力下不得不順服；政策分析人員在推薦方案時亦可考慮對本部首長可能產生壓力的人之偏好
決策規則	有些決策者欠缺專業判斷能力，往往只能以「摸索」、「試誤」或「援例」的方式去簡化決策流程。政策分析人員要先了解決策者對個案的熟悉程度，再選擇適當的推薦方式

官僚人格理念型的分析

理念型的意義	所謂理念型（ideal type），亦稱為「建構類型」（constructive typology），是社會科學中常用的方法，它不代表經驗世界中真實的存在，也不能從事實上來證明，它是根據經驗上的可能性，或者抽離經驗的某些成分，加以強調，並通過邏輯上的推理，而設計出的一種心智建構。理念型具有三個特性： ❶邏輯性的心智建構 ❷理論性的因素選擇 ❸統攝性的特殊概念 韋伯（M. Weber）著名的「科層體制」（bureaucracy）就是一種理念型
官僚人格理念型的誕生	黨斯的官僚人格理念型，是以人性理性自利的動機出發，依下圖的順序排列： 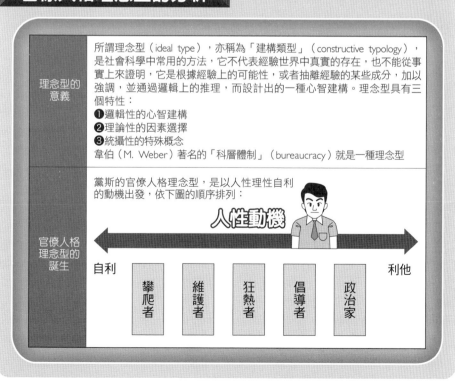

UNIT **5-6**
行政機關向立法機關推薦政策方案的技巧

圖解公共政策

行政機關向立法機關提案時，為爭取其支持，使合法化工作順利，可採取的做法如下：

（一）了解各個參與者的立場

每個政策方案的參與者可能都不一樣，所以政策規劃人員應蒐集有關參與者的資料，將他們分成「支持者」、「無所謂者」及「反對者」，並對他們的動機、信念加以分析了解，以便掌握他們的動向。

（二）設法建立多數的聯盟

透過協調、說服、議價等活動，和民意代表建立起互惠的聯盟，方便法案順利獲得通過。故行政機關應在平時或適時地給予民意代表各種利益，以作為立法時的交換。

（三）試探性地發布消息

法案在正式向立法機關提出前，可先向社會透露內容，以觀察社會各界的反應，尤其是民意代表的反應。

（四）把握適當提出時機

在政治情勢、社會條件、立法機關內部氣氛對該法案有利的情況下，提出法案後獲得通過的機率較大。

（五）爭取社會資源支持

行政機關可尋求支持一方的社會力量，如民間團體、傳播媒體、學者專家等塑造輿論，向民意代表施加壓力，促其採取支持的態度與做法。

（六）加強聯繫維持情誼

行政機關平時即應透過各種方式，加強與民意代表的聯繫，增進他們對機關業務的了解，並維持密切情誼，以期在合法化過程獲得助力。

（七）提供資訊增進了解

民意代表通常沒有時間對法案內容進行深入的分析與了解，所以行政機關應即時提供相關資訊，增進其對法案的認識，以採取支持的立場。

（八）列席各種相關會議

為爭取民意代表對法案的支持，行政機關首長應列席立法機關的各種審查委員會、座談會或公聽會等，以藉機為法案辯護，並接受民代的詢問以澄清疑慮。

（九）運用立法聯絡人員

行政機關可設置專責單位或人員，從事與民意代表之間的聯絡溝通工作。例如我國行政院在 1990 年即已成立國會聯絡小組，並在立法院設置國會聯絡室，中央各部會也隨之跟進，以維繫行政與立法之間的業務往來，在合法化過程中發揮穿針引線的功能。

（十）發揮黨政協調功能

對於阻力較大的法案，可以透過政黨力量，說服黨籍民代，或施以黨紀，要求其採取支持的立場。

國會聯絡人

目前中央各部會與國營事業均設有國會聯絡小組，以加強與國會之聯絡，爭取國會議員支持，俾利政務順利推展。茲以教育部為例，說明其工作內容：

	工作內容	
組織與職掌	教育部國會聯絡工作，由政務次長任召集人，主任秘書任副召集人，並由簡任人員一人兼任執行秘書督導所屬國會聯絡人統籌規劃，處理下列國會聯絡事項： ❶協調本單位準備國會聯絡所需之各種相關資料 ❷協調本單位解決國會議員請求協助事項 ❸協助本單位與國會議員及助理之溝通協調事項	
任務分工與執行要領	在立法院院會部分	在總質詢時，國會聯絡人隨同部長赴立法院議場列席備詢；在法案審查、預算審查時，國會聯絡人應動員委員支持，並赴議場溝通說明；在臨時提案部分，國會聯絡人協調本部相關單位主管適時處理之
	在教育及文化委員會暨相關委員會部分	在施政報告、質詢、預算審查部分，國會聯絡人視需要先期邀請立法委員研商溝通。在法案審查、專案報告、公聽會、人民陳情案審查部分，國會聯絡人員負責會前及會中協調、運作，業務單位負責研擬書面報告及相關對策，適時陳請部次長參考
	在立法委員個人請求協辦事項部分	處理立法委員的書函請託、口頭請託、到部洽商及公聽會出席等事項

公共管理者面對民意機構的策略

在民主的政治體系中，公共管理者要處理與民意代表的關係，必須培養與發揮四種能力：

政治知識（political knowledge）	❶要能精確掌握主要人物，了解其真正關心的問題所在，進行溝通，各項資源也才可以集中運用，例如各黨的黨鞭是公共管理者必須溝通的人物 ❷要精確掌握委員所關心的問題，這些議題往往也是與其本身利益有密切關係者 ❸遇到強力反對，適時採取迂迴戰術。要避免、減輕或轉移民意機構所帶來的壓力，一個很重要的策略就是引進更多支持自己的參與者。例如將自己的立場透過媒體來向社會大眾說明，或是尋找其他立委來聲援 ❹要能善用議題設定的優勢來擴大支持的力量
專業主義（professionalism）	公共管理者擁有較多的資訊，專業的程度也比較高，如果可以提供專業的協助，不僅有助於關係的建立，亦可改變立委或其助理對議題的認知與態度
溝通技巧（communication skill）	❶迅速回應委員的要求與問題 ❷與議員幕僚建立良好的關係 ❸與民意代表及其助理建立信任的關係
政治中立（political neutralization）	公共管理者由於必須爭取各個政黨的支持，不能表現強烈的黨派色彩。專業主義本身就是一種政治中立的表徵，如果能建立專業形象，而且避免黨派色彩，公共管理者的影響力將大幅增加

UNIT **5-7** 行政機關向政策利害關係人推薦政策方案的技巧

政策分析人員為爭取各方政策利害關係人對政策方案的支持，應設法運用一些政治策略，發揮折衷協調的功能，以化解衝突，形成共識。朱志宏教授指出，政治策略可歸納為「求同存異」、「妥協」、「操縱政治抉擇的情境」及「雄辯」等四種：

❶求同存異

政策分析人員試圖影響其他參與者時，應保持本身開闊的胸懷與彈性的做法，以包容不同意見。若決策過程中出現「順我者昌，逆我者亡」的心態，反而使協議難以達成。故學者認為「讓別人相信自己所提出的策略中，已經接納了他們的意見，是最常使用的政治策略」。

❷妥協

「妥協」是一種透過對政策方案做實質修改，以增加其政治可行性的策略。妥協的方式，一是刪除政策方案中產生爭議的部分，另一則是在政策方案中加入反對者的意見。一般而言，妥協都是透過談判而達成，而談判的重點，應該放在保護雙方的利益上，不要陷入立場上的爭議。

❸操縱政治抉擇的情境

運用對政治抉擇情境的操縱，可以達到促使某一政策方案順利通過的目的。而操縱政治抉擇情境的方法包括：

①控制議程

控制議程是指在方案討論的過程中，某些人因為具有選擇參與者、排定討論的先後順序，或是否要舉行公開的聽證會等等決定權，而能實質地影響合法化的結果。行政機關的首長、立法機關的議長或委員會主席，往往具有這種決定權。例如行政首長可以直接將一個議

案提出，或是進行冗長的辯論與公聽過程，最後使其胎死腹中。（讀者亦可參閱單元 3-5 的「扼阻發生」）

②借力使力

借力使力是指對某方案持贊成或反對的一方，藉由動員輿論或有力的利益團體支持，迫使立場相反的一方在外界的壓力下做出讓步。

③操控遊說

操控遊說（Heresthetics）是由美國政治學者賴克（W. H. Riker）所創，這個字包含了言詞遊說（rhetoric），也就是「說服的藝術」，而非科學的法則；其中包括行為者對所處環境遊戲規則的熟悉，或是對於遊戲規則本身的選擇與操控，以至於能夠在政治競爭場域勝出；換言之，就是建構一個「可以贏的世界」。他以著名的美國總統林肯（A. Lincoln）為例，指出他在 1858 年競選參議員時，為了挽回所屬政黨（共和黨）的競選頹勢，而將選舉議題從維護農民或是商人的利益，轉向解放黑奴議題，造成多數黨（民主黨）的內部分裂，進而贏得選舉。不過這種技巧的運用具有相當高的藝術性，臺灣有部分政治人物也經常將單純的政策議題辯論扯上意識形態的爭議，久之反而令人生厭，適得其反。

❹雄辯

雄辯是指以無礙的辯才加上充分的資訊，說服意見相左的利害關係人接受我方的立場，這是最常使用的策略。身為政策分析人員，應盡量以真實的資訊、誠懇的態度來說服他人；若是以不實的資訊示人，則可能淪為「狡辯」，儘管還是可能取得支持，但有違職業道德。

政策分析人員的利害關係人備忘錄

為了爭取政策利害關係人對特定政策方案的支持，公共政策學者梅爾茲納（Meltsner）認為政策分析人員應詳列一份清單，內容應當包括：

政策利害關係人備忘錄	
誰是政策方案的利害關係人？	政府主事機關及相關機關為何？
	代表利害關係人的利益團體有哪些？
	相關的公益團體有哪些？
	需要和哪些民意代表接觸？
	關心該議題的學者專家或意見領袖是誰？
	有興趣的大眾傳播媒體包括哪些？
這些利害關係人的立場及理由為何？	他們贊成或反對的動機或是信仰為何？
	他們所採取的立場或行動，能為他們帶來哪些利益？
這些利害關係人有哪些資源或籌碼？	他們是否有雄厚財力？
	他們是否可掌握豐沛的選票？
	他們是否能左右輿論的力量？
	他們是否能提出具有影響力的專業意見？
	他們在合法化的表決時是否具有否決權？
	他們在執行時是否具有裁量權？
決策場所為何？	相關的行政機關有哪些成文的行政程序或不成文的文化與價值觀會影響決策？
	相關的立法機關有哪些成文的議事規則或不成文的行為規範會影響決策？
	司法機關對方案的態度為何？

舉例而言，民進黨執政期間，曾在2007年將中正紀念堂改名為臺灣民主紀念館，就是先將中正紀念堂從三級機關降編為四級機關，避開當時以國民黨為主體的立法院，才能完成更名動作（因為四級機關的組織變更只需行政院院會通過即可）；此即為考量「決策場所」的結果。

UNIT **5-8**
政策論證

政策論證（policy argument）係指政策參與者尋找有利的資訊，強化本身的政策主張，以抗辯其他不同的主張及看法的一種做法，其目的在促使決策者接納或拒絕某項政策方案。所以簡單地說，政策論證是一種透過參與者的「辯論」，使政策方案獲得合法化機關接納的模式。

美國政策分析學者唐恩（W. Dunn）以法庭中的辯論方式為基礎，發展出「六段式論證結構」，頗為學者重視：

（一）政策相關資訊（policy relevant information）

指政策分析所需要的相關資訊，如政策問題、替選方案、行動、結果，以及績效的資訊。

（二）政策主張（policy claim）

政策主張是政策論證的重心，也是結論。例如政府是否應興建核四，在社會中就有各種不同主張。

（三）立論理由（warrant）

立論理由就是政策相關資訊轉化為具體政策主張的依據。政策合法化過程中的參與者會依據各種立論理由，推銷自己的政策主張。例如主張「支持興建核四」的立論理由就可以是「成本效益分析」的結果。

（四）立論依據（backing）

立論依據是用來證明前述「立論理由」成立的根據。例如各種發電方式的成本數據，就可作為前述成本效益分析結果的量化依據。

（五）駁斥理由（rebuttal）

駁斥理由是指能夠排斥前述立論理由的相反主張；提出立論理由的一方，最好也能想想反對的一方所持的論證，以提升自己主張的說服力。例如台電的核能專家就必須思考反核人士的立場與論述，以便與之進行攻防。

（六）可信度（qualifier）

可信度是指政策主張的正確程度，通常以機率的方式表達；如果政策相關資訊的來源是公正客觀的機構，或經由知名學者專家的背書，可信度就會增加。

總之，論者認為透過政策論證的方式，取代政治菁英單方面的規劃，更能彰顯民主政治的言論自由，並使政策更具有說服力。

不過政策論證的模式並非沒有缺點，例如該模式僅能適用於單一型態的政策對話，對於有許多不同反對意見的複雜論證則無法呈現。此外，該模式也未闡明如何將各種複雜的多元行動者納入論證之中的問題，恐難符合實際的社會現象。故而學者托克遜（Torgerson）另提出「政策對談」（policy discourse）的概念，主張不應過分拘泥於僵化的論證結構，而將焦點放在權力與如何在洞察力的交互運作中找到真正的政策意義。即依靠決策者與民眾的懇切對談，徹底掀開執政者心中的真正意圖，以發掘政策方案究竟是官員的自利行為，還是為了追求公共利益。

唐恩的強化論證方式

唐恩舉出八種用來強化論證的方式，整理如下表：

論證方式	論證基礎	立論理由的重點
權威	權威	政策參與者本身的成就與地位
統計	樣本	以統計方式，藉由樣本推論母體的情形
類別	成員關係	認為團體的成員必然具備團體所展現的特質。如某人為臺大學生，則認為他必定比常人聰明
直覺	洞察力	參與者以內在的心智狀態，如直覺、想像等，對事物做出判斷
分析	方法	藉由數學、經濟學等分析方法，提高論證的效度
解釋	原因	透過因果關係的邏輯說明，提出具體政策主張
實用	動機	依據利害關係人的慾望，可能是特定的目標、意向或價值
實用	類比	以相似的個案作為類比依據，例如用以色列的國防情況類比我國的情況，提出相似的國防政策主張
實用	類推	以政策性質的相似性做比較，例如以水汙染防治政策的標準類推用於空氣汙染防治政策
價值批判	倫理	以倫理道德標準，論斷政策主張的對錯

政策論證模式圖例

以同性婚姻合法化為例，若採用「類比」的論證依據進行論證，支持同性婚姻合法化的一方論證其結構如下：

政策相關資訊（I）
同性無法成婚，導致法律上的權利受損

可信度（Q）
（可信度高）

政策主張（C）
應打破民法一夫一妻的限制

立論理由（W）
（由於）
允許同性享有合法的婚姻權利是進步的、公平的趨勢

駁斥理由（R）
（除非）
允許同性合法結婚並非普世趨勢

立論依據（B）
（因為）
美國聯邦最高法院已承認同性婚姻合法

立論依據（B）
（因為）
目前世界上承認同性婚姻合法的國家仍屬極少數，且沒有亞洲國家

UNIT **5-9**
民意調查

「民之所欲，常在我心！」民意在公共政策過程中扮演重要的地位，學者帕森思（Parson）認為，公共政策是民意與公權力互動的結果。若單就政策合法化的過程來看，民意在此階段扮演競爭、批判、壓迫的角色。不同民意表達者採取各種手段並透過各種方式，使偏好的政策方案在行政機關或立法機關能夠獲得核准，取得合法的地位。因此，在合法化階段，正確觀察民意的趨向，不但有助於合法化的順利完成，甚至可能塑造有利於己的民意，使結果對自己有利。但俗話說：「民意如流水」，要了解民意並非易事，一般最常用的方法，就是「民意調查」。

民意調查源起於 1930 年代，目前民調技術結合統計原理，抽取小部分具代表性的樣本，再依據樣本結果對全體（母體）進行推估。此外，尚有專業的資訊技術，結合電腦與通訊科技，運用這種技術可以在短時間內獲知民眾對公共政策的意見，且成本甚低，對政策參與者而言，民調的結果極具參考價值，甚至在民主國家，可以決定政策合法化的成敗。

在訪問時使用的測量工具，就是問卷題目，也是經過嚴謹的測試與反覆的分析所得到的。至於訪問的執行，也需要採用標準化的程序，並先對訪員進行訓練，原則是：逐字唸出問題與選項、非引導式地追問、忠實記錄受訪者的回答，以及對答案內容不做個人評斷。最後，研究者採用正確的統計方法進行分析，並將研究成果與他人分享。

民意調查最大的好處就是速度快、成本低；一般政策民調的進行若由民調公司利用「電腦輔助電話訪查」（Computer Assisted Telephoned Interview, CATI）大約只需三天即可。但就技術而言，民調的結果有時不但不準確，甚至可能有極大的誤差，其原因在於：

（一）抽樣誤差

用全體資料的一部分來估計全體當然無法避免誤差，例如民調常在傍晚利用電話號碼簿隨機抽取訪問對象，但有些人經常在那一個時段不在家中，因此他們的意見常常無法取得。

（二）題目設計失當

有時調查機構可能以別有用心的問卷題目，誘導受訪者的選擇，使民調結果失真。例如若在問卷上事先提示許多政府近期的施政缺失，再詢問受訪者對政府首長的滿意度，則可能得到滿意度偏低的結果。

（三）沉默的螺旋

「沉默螺旋理論」是由德國傳播學者諾爾紐曼（Neumann）於 1970 年提出。意指假使人們感覺本身是居於少數的一方時，他們傾向隱藏自己的觀點；反觀如果感覺本身屬於主流意見時，會比較願意表達，因此被認為屬於主流的意見就愈強勢，而屬於少數的意見就更加退卻。換言之，個人為避免在重要公共議題產生孤立的感覺，在民調時可能會支持主流意見而非真實表達自己的意見。

民意調查技術的種類

種類	意義	特性
面訪	若時間上允許，派員訪問的方式可以與受訪者做長時間的訪談，可了解深層的民意內容及傾向。訪員和受訪者面對面溝通，可以混合利用言語、視覺及輔助工具。當問題較複雜或問卷較長時，訪員面對面溝通也是最適當的方式；一般多用在社會意向的調查上	❶最昂貴，但資料最完整 ❷通常需要進入受訪者住家，因此被拒訪的機率較高 ❸偏遠地區的面訪較難以進行
郵寄問卷	在經費、人力不充分或為圖方便時採用的方法。如果能配合對無回收個案的追蹤訪查，這方法仍能獲得適當的資料	❶省錢 ❷可避免訪員詢問時產生的偏差（如：口齒不清、態度不佳等） ❸回收率可能偏低
電話訪問	運用大量電訪員依照標準作業程序，從電話號碼簿中隨機抽取電話進行訪問。由於電腦科技的發展，已成為最普遍的民調方式	❶效率極高 ❷許多用戶未在電話簿登錄，使得從電話簿抽樣欠缺代表性
網路民調	目前網路調查的方式有：蒐集電子信箱清單寄發問卷、在新聞群組或電子布告欄貼問卷，以及全球資訊網路設置調查網頁等。其中比較可以接受的，是經由適當界定調查群體，取得其電子信箱清單然後隨機抽樣，以電子信箱寄發問卷	❶新聞群組或電子布告欄貼問卷的方式常見於學生論文，但沒代表性 ❷網頁調查是目前常見的形式，但只能當茶餘飯後的八卦，缺乏代表性 ❸電子信箱清單寄發問卷就如「廣告回郵」一般，並不能代表所有收件者。且取得電子信箱位址也有許多困難
出口民調	當選民離開投票所後，直接在出口詢問剛投完票的選民，通常用於選舉民調	❶準確度高 ❷在計票結果正式公布之前就公布民調結果，常引起爭議

知識補充站 ★民調結果的意義

一個比較準確的民調抽取的有效樣本數至少應達 1,067 份，通常這個數字在 95% 的信心水準下，有正負 3% 的抽樣誤差。若我們在媒體上看到：「若明天舉行投票，A 將以 60% 的得票率勝出；在95% 的信心水準下，抽樣誤差為正負 3%。」它的意思是：同樣的民調如果進行 100 次，有 95 次會得到 A 的得票率會在 57% ～ 63%之間。

民調結果

UNIT **5-10**
審慎思辨民調的運用

（一）傳統民意調查的缺失

　　民意調查是民主政治的體現，但傳統的民調方式有下列缺點：

❶只能對既定政策方案表達「贊同」或「反對」，難以表達修改方案內容的意見。

❷公民往往在不知道方案詳情或資訊不足的情況下，必須在短時間內做出決定，因此決定可能不夠理性。

❸無法和別人交換意見，所以通常只能以自利觀點進行決定，有違公民參與的社群精神。

❹民調機關常成為企業、政黨、媒體等各種利益與勢力積極介入之處，而這些民調機關經常為了迎合商業利益與政治勢力的需要，扭曲民調的結果。

（二）審議式民調的意義

　　審議式民調（deliberative polling）是審議精神與一般民調的結合。審議精神就是由一群知情的公民就某一與自身相關的議題進行理性的討論；而民意調查則強調以嚴格的抽樣方式選出具代表性的一群人，並徵詢他們的意見。將這兩者結合起來，意味著一群具代表性且知情的公民就某些議題進行理性討論，並在討論後徵詢他們對同一議題的意見；如此可以避開傳統民意調查的缺點。因為此種民調會先讓民眾具有相關議題的知識，並將他們聚集一地，公開和理性地審議這些議題。

（三）審議式民調的進行

　　審議式民調會先成立一個執行委員會，通常是由媒體、民調機構，以及主辦單位等組成。通常會由民調機構進行前測，按照分層抽樣的方式抽出具代表性的樣本，並進行電訪或面訪，以取得他們對問卷各項題目的意見，同時也會詢問他們參與審議活動的意願。

　　問卷完成後，主辦單位邀請有意願參與的受訪者至一地參與共同審議。通常人數在 200 人至 500 人左右，時間則是週五至週日。參與者事先會取得主辦單位提供的資料，包含與議題有關的知識與各種不同立場的陳述。他們閱讀這些資料，以成為知情的公民。

　　審議進行前，主辦單位先介紹活動的任務，並播放相關的影帶。在審議過程中，參與者被隨機分派到獨立小組，小組的成員互相討論設定的議題，每個小組都有一位主辦單位訓練的主持人協助組員討論。小組會議結束後，全體參與者針對小組會議提出的疑問詢問相關專家學者與政治人物。整個審議活動由媒體播送至全國。審議結束後，參與者再回答一份與前測相同的問卷（後測）。同時，曾經接受過前測但沒有參與的受訪者也再次回答與前測相同的問卷。

　　主辦單位還會隨機抽出一組獨立的全國性樣本，這組樣本中的人沒接受過前測，也沒有參與審議，但他們在結束審議時接受和前後測問卷完全相同的問卷調查，以便和進行審議的樣本相比較，確定審議者的意見有無顯著變化，或是某些變化是否起因於審議活動而非外部干擾。

審議式民調的基礎——審議式民主

審議式民主是對於代議式民主的反動，它深受西元前五世紀雅典的直接民主所影響，希望透過制度化的對話機制來化解社會衝突，以塑造一種公正而有價值的公共生活。因此，審議式民主強調在投票前應有一個公共審議過程，使公民可以透過自由和公開的討論，強化民眾對於公共利益的理解，以提高政策的合法性。

審議式民主認為個體的偏好常是矛盾的、難以界定的，因此必須透過審議辯論的過程才能表現出來。民主國家政府的責任，就在於建立各式各樣的公共論壇，讓人民彼此交換意見，以便逐漸浮現政策共識。而這種審議辯論的過程，應符合四個原則：

原則	內容
公開性	辯論過程應完全公開以確保公正無私
責任性	政治人物必須對人民負責
平等性	每位公民必須有平等的參與機會
互惠性	公民可以理性、互惠地思考，並互相尊重

審議式民調的程序

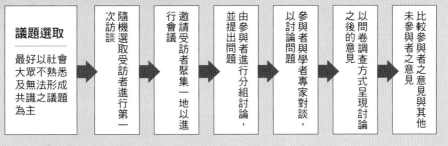

議題選取

最好以社會大眾不熟悉及無法形成共識之議題為主

隨機選取受訪者進行第一次訪談

邀請受訪者聚集一地以進行會議

由參與者進行分組討論，並提出問題

參與者與學者專家對談，以討論問題

以問卷調查方式呈現討論之後的意見

比較參與者之意見與其他未參與者之意見

知識補充站 ★審議式民調的限制

儘管審議式民調能有效地彌補傳統民意調查的缺點，同時更能符合民主政治的社群精神，但除了美國、英國、丹麥、瑞士等少數先進國家曾實施以外，大部分民主國家不是未曾實施，就是侷限在小型的地區議題，或是僅在實驗階段。究其原因，不外乎審議式民調仍有下列限制：

❶動輒數百萬元的費用，實在不適合經常使用。

❷漫長的審議時間，同時需要閱讀相當多的專業文獻，在沒有薪資給付的狀況下，很難激發參與的意願。

❸整個審議式民調需要數月的時間，還不一定能得到具體結論，效率遠不如傳統民調。

❹審議的過程中，仍難以避免財團或政黨力量的介入；同時，具有專業背景或高學歷的參與者常常扮演左右他人意見的角色。

❺在沒有法律賦予明確定位的前提下，花了許多人力、金錢與時間所得到的結論，仍不一定能得到行政機關或立法機關的認同。

❻大多數的國家沒有一個公正且具有公信力的專業機關來舉辦這種民調，我國亦然。

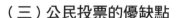

UNIT 5-11
公民投票

相較於代議民主（representative democracy）而言，直接民主（direct democracy）論者認為真正的民主必須是由人民直接地、完整地參與公共事務的決策，而非由民意代表庖代；因為代議士可能扭曲人民真正的意志，更無法使人民成為具有參與公共事務能力與意願的公民（citizen）。故無論從人民主權、政府決策正當性、人民意志的呈現或政治參與意願的提高等角度而言，直接民主都有存在的必要。而目前實施直接民主最重要的手段，即為公民投票（plebiscite）。

（一）公民投票的定義

公民投票是一個國家或地區的公民，對於憲法、法律或政策，以投票方式表達意願或決定是否同意，其中包括創制（initiative）與複決（referendum）；前者是由公民將投票通過的提案送交國會立法或由政府制定政策以執行，後者是公民以投票方式決定是否接受特定法案或政策。所以，學者曲兆祥指出，公民投票就是泛指政治系統的成員對公共事務以票決的形式來表達意見。

（二）公共政策與公民投票

對個別公共政策提案進行公民投票，是最常見的公投，因為人們關切的公共議題，多與自身生活息息相關，因此希望有參與決策的機會。但若公共政策的制定太過度依賴公民投票，則可能破壞政治制度原有的行政權與立法權之互動關係，導致政治責任的模糊。所以有些國家，如比利時，僅允許在公共政策上進行諮詢性公投。

（三）公民投票的優缺點

❶公民投票的優點

世界上民主國家大都有公民投票制度，以彌補代議政治之流弊，吳定教授認為公民投票可以帶來的優點包括：①體現主權在民的精神；②可以防止國會、政府或政黨的專擅；③可探知多數公民的需求；④可以提升人民參與公共事務的責任感；以及⑤突破國家重大政策或政治議題上的僵局。

❷公民投票的缺點

儘管公民投票是民意的直接展現，但仍有下列疑慮：①一旦議題付諸公投，即喪失協商空間；②投票的結果，仍難以避免「多數暴力」的質疑；③政治人物可能動輒以公投來取代議會或政府決策的正常程序，形成挾持民意以自重的「民粹主義」；④政治人物亦可能試圖以公投方式轉嫁政治責任給一般人民；⑤許多政策議題需要相當專業的知識，公投可能使人民在資訊不足的情形下貿然做出決定，結果反而不如專業決策來得恰當。

我國自 2003 年通過《公民投票法》後，已實施多次全國性與地方性公投，期間並對該法進行多次修訂，包括 2017 年下修「公投同意門檻」及「公投綁大選」，2019 年又修法設定「公投與大選脫鉤」；但此次修法的前後矛盾，也導致 2021 年出現「公投綁大選」的公投案。此外，若政府對公投結果怠於落實，又無相關罰則規定，難以對執政者加以課責。總之，我國的「公民投票」在筆者看來，已淪為政黨惡鬥下攫取政治利益的工具，政治人物並非真的在意公投所呈現的民主價值，實在可惜！

公民投票的類型

公民投票有許多不同的分類方式與類型，茲簡介如下：

分類方式	類型	意義
就空間範圍加以區分	全國性公投	公民就涉及全國性的法律、政策或事務，如修憲、主權等問題進行投票
	地方性公投	公民就地方政府的自治法規及事務，如地方發展與地方環保等事項進行投票
就議題是否需公投加以區分	強制性公投	由法律規定政府必須將特定的法律案或公共政策交付公民投票表決後，始生效力
	任意性公投	對於法案或政策是否要交付公投，政府具有裁量權，或可經公民連署決定
就公投結果的法律效力加以區分	拘束性公投	公投結果具有法律效力，政府機關必須依據公民投票的結果以採取一定的作為或不作為，不得違背
	諮詢性公投	公投結果在形式上僅供政府施政參考，不具法律上的拘束力，僅能產生一定的政治壓力

我國全國性公投程序

依據《公民投票法》之規定，全國性公民投票適用事項如後：❶法律之複決；❷立法原則之創制；❸重大政策之創制或複決；❹憲法修正案之複決。我國全國性公民投票程序為：

提案階段
- 領銜人檢具公投案主文、理由書、提案人正本與影本名冊，向主管機關提出。
- 公投提案門檻為最近一次總統選舉人數的萬分之一。

審查階段
- 主管機關收到提案，應該在 30 日內完成審核。
- 戶政機關查對提案人名冊確定無誤，15 日內通知連署人領取連署表格。

連署階段
- 提案人在主管機關通知後，連署必須在 6 個月內完成。連署人數需達提案時最近一次總統大選選舉人數 1.5%。
- 主管機關收到連署人名冊後，戶政機關需在 30 日內完成查對。

宣傳階段
- 公投案成立公告後，正反雙方都可設立辦事處，募款、宣傳。
- 主管機關要在投票日 28 天前，公告投票日期、公投內容並在全國性無線電視頻道提供時段，供正反意見進行至少 5 場辯論。

投票階段
- 公民投票日定於 8 月第四個星期六，每 2 年舉行一次。
- 投票結果，有效同意票數多於不同意票，且有效同意票達投票權人總額 1/4 以上者，即為通過。
- 有效同意票未多於不同意票，或有效同意票數不足前項規定數額者，均為不通過。

結果效力
- 有關法律之複決案，原法律於公告之日算至第三日起，失其效力。
- 有關法律立法原則之創制案，政府應於 3 個月內研擬相關之法律提案，並送立法院審議。
- 有關重大政策者，應由總統或權責機關為實現該公民投票案內容之必要處置。
- 憲法之複決案，立法院應咨請總統公布。
- 主管機關公告公民投票之結果起 2 年內，不得就同一事項重行提出。

UNIT 5-12
我國立法機關的立法過程

我國立法程序可分為「提案」、「一讀會」、「審查」、「二讀會」、「三讀會」以及「公布」六個程序，分別簡述如下：

（一）提案

❶**政府機關**：我國行政院與考試院，依憲法可就其業務執掌向立法院提出法律案。至於司法院與監察院，亦得向立法院提出法律案。

❷**立法委員**：立法委員可根據立法院組織法與立法院議事規則行使提案權。

❸**人民請願**：人民向立法院的請願，也可能經由審查而成為立法院的議案。

（二）一讀會

依《立法院職權行使法》第 8 條規定如下：

❶**政府機關**：政府機關提出法律案後，經秘書長編擬日程、程序委員會審定，列入報告事項，於院會時主席朗讀標題，如無異議則交有關委員會審查。

❷**立法委員**：立法委員之提案首先由領銜提案委員說明提案旨趣、內容及理由，由院會加以大體討論並提付表決，結果為交付有關委員會審查、逕付二讀或不予審議。

❸**人民請願**：先由程序委員會審核其形式是否符合請願法規定，再由有關委員會審查，如成為議案，由程序委員會列入討論事項，經大體討論後，由院會交付有關委員會做實質審查、逕付二讀或不予審議。

（三）審查

❶**政府機關**：政府機關提出之議案，應先經立法院有關委員會審查，報告院會討論，但必要時得逕提院會討論。而議決交付審查者，由院會決定交付哪個委員會審查。

❷**立法委員**：由提案委員到會說明，並邀相關政府單位派員列席備詢，而後進行審查。

❸**人民請願案**：請願人推派代表列席委員會議，並邀政府有關單位代表備詢答覆，再行審查。

（四）二讀會

由秘書處逐條朗讀，若無人發言討論，則以無異議方式通過。若有不同意見的委員，可根據議事規則提出修正動議。待討論後若無其他意見發表或經主席宣告停止討論，即提付表決或定期表決。經逐條討論表決通過後，就完成二讀程序。

（五）三讀會

依《立法院職權行使法》第 8 條及第 31 條規定，法律案與預算案應經三讀會議決。在三讀會除發現議案內容有互相牴觸或與憲法及其他法律相牴觸者外，只得為文字之修正。

（六）公布

立法院通過法律案後，應移送總統及行政院，總統應於收到後十日內公布，使其成為法律。但若行政院認為窒礙難行時，得經總統之核可，於該案送達行政院十日內，移請立法院覆議。覆議案逾期未議決者，原決議失效。覆議時，如經全體立法委員二分之一以上決議維持原案，行政院院長應即接受決議。

立法院三讀流程圖

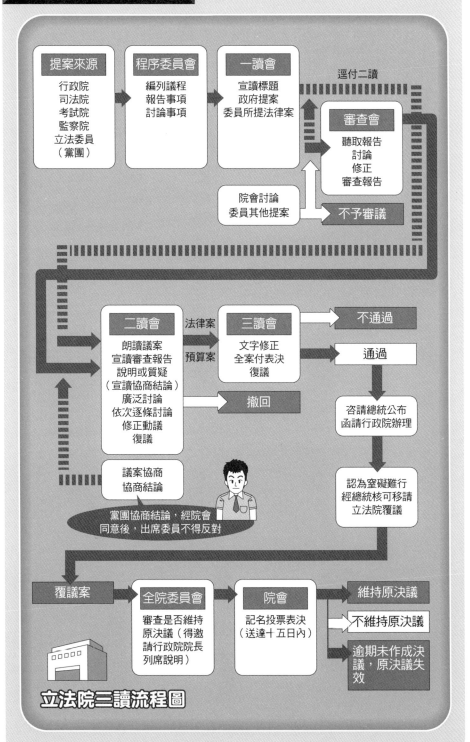

立法院三讀流程圖

第 **6** 章
政策執行

●●●●●●●●●●●●●●●●●●●●●●●●●●●●●● 章節體系架構 ▼

UNIT **6-1**
政策執行的概念

（一）政策執行研究的問世

古云：「徒法不足以自行」，因此政策執行的良窳是一個好的政策方案能否帶來預期效果的最後關鍵。但是在公共政策的五個階段：問題認定、政策規劃、合法化、執行與評估之中，政策執行是最後受到重視的，在 1970 年以前甚少出現相關的研究，因此它被稱為公共政策中「失落的聯絡」（missing link）。究其原因，乃在於「執行」的概念早期是與「行政」的概念相互混淆的。受到官僚體制理論的影響，執行僅著重於上下命令的關係，執行者本身並沒有選擇或決策的餘地。直到 1973 年，普里斯曼（Jeffrey L. Pressman）與衛達夫斯基（Aaron Wildavsky）出版《執行：華盛頓的偉大期望如何在奧克蘭市破碎》一書，政策執行才開始受世人重視。

該書主要描述美國詹森總統任內所推動的一系列社會改革方案在加州的奧克蘭市執行失敗的經過、原因及教訓。從而發現儘管政策目標理想而遠大，但若在規劃時未做好執行力研究，因而未預測執行過程中的種種問題，又未能在執行時採取補救之道或調整執行方式，那麼政策失敗的機率就會大增。這是因為公共政策之執行，必完成合法化程序之後為之，但政策方案一旦成為抽象的法案之後，反而為政策執行帶來許多桎梏與壓力，形成執行上更為複雜的互動關係。面對這種複雜的情形，關於政策執行的研究遂漸漸成為一套獨立的理論系統與架構的研究。

（二）政策執行研究的演進

政策執行研究的演進也標示著當代政府角色從威權統治趨向合夥治理的轉變；公共政學者往往將政策執行研究模式分為三代：第一代政策執行研究是由上而下的，政策制定者決定政策目標，政策執行者負責執行，完全是「上令下行」的指揮命令關係；第二代政策執行研究則為由下而上的，強調政策執行者與制定者之間的互動，形成彼此合作的「夥伴關係」；第三代政策執行研究則是整合性的，試圖整合前兩種研究模式的優點，惟至今仍未形成風潮。

（三）政策執行研究的重要議題

除了了解政策研究的演進外，學者也提出了許多探討政策「執行力」的模型，了解這些模型，才能掌握政策執行中要考慮的變項。此外，政策執行的成敗因素、標的團體的順服程度、基層公務員的執行行為、執行者與決策者的互動、社會的鄰避情結、政策的行銷，以及政策執行中的監測等因素，都是相當重要的課題，本書將在後續的單元一一加以介紹。

奧克蘭計畫（Oakland Project）

普里斯曼與衛達夫斯基的《執行》一書，主要在剖析1960年代中期美國聯邦經濟發展總署在加州奧克蘭市實施的都市發展與改革計畫，該計畫重點在挽救奧克蘭市面臨的種族衝突與失業問題。儘管政策的願景十分美好，但實施五年的成果，卻因為執行過程中受到太多政治因素的干擾，導致結果未盡理想，當時著名的「洛杉磯時報」曾批評其「承諾過大、行動過少」。從奧克蘭計畫失敗的經驗中，學者認為政策執行得到七個重要的啟示：

內容
政策的制定與執行是互動的過程，兩者互相依賴，不可分離
政策的決策點不宜太多，以免造成相互的矛盾與對立
政策制定不能僅以效率為基礎，亦即不能只以量化的指標作為標準
執行者必須有急迫的時間意識，否則便容易造成政策延宕
政策的制定者與執行者最好始終保持一致，不要陣前換將
機關之間的本位主義總是存在，難以進行協調，會嚴重妨礙執行效果
政策執行的步驟應儘量簡化；步驟愈少、錯誤愈少

傳統行政學的官僚體制理論對政策執行的看法

傳統行政學
看政策執行
的觀點

政策制定與執行在系統上是一體的，權威上是主從關係的，運作上是連續的

政策制定者決定目標及其優先順序，政策執行者以其專業能力奉行決策者的意志

政策執行者在決策上偏限於技術理性，他們的責任是中立的、客觀的、理性的與科學的

UNIT *6-2*
第一代政策執行研究

（一）概說

第一代政策執行研究模式源於傳統的政治行政分立論，強調政策制定與政策執行的分立，政府高層（首長或政務官）決策之後，執行者（下級單位或基層事務官）就應忠誠地秉持專業加以執行。誠如著名政策學者史密斯（Smith）於 1975 年時所言：「政策一旦制定，即被執行。」故這種模式又稱為「由上而下模式」（top-down model）或「向前推進策略」（forward mapping）。

（二）代表

第一代執行研究模式的代表以 1970 年代的學者為主，包括沙巴堤爾（Sabatier）、枚茲尼恩（Mazmanian）、史密斯、普里斯曼與衛達夫斯基等人。本篇先介紹沙巴堤爾與枚茲尼恩的政策執行模式。

（三）沙巴堤爾與枚茲尼恩的政策執行模式

沙巴堤爾與枚茲尼恩歸納出政策執行的自變項與因變項如下：

❶自變項

①問題的可處置性：指問題是否有被有效處理的可能性，包括：技術與科技、標的團體的行為與人數，以及標的團體行為需要改變的幅度。如各種交通管制政策的執行，可從執法的可能性、車輛數目、駕駛人習慣的改變程度……等加以考量。

②影響執行的法規的因素：法規是政策執行獲得正當性的最重要因素，同時也是許多政策的最終形式；法規因素包括：清晰的目標、正確的因果論、財務資源、執行機關的內部整合與決策法則、選擇執行者，以及外圍分子的接近

程度。再如交通管制政策的執行，應考量交警轄區分配、各種交通法規、從中央到地方的執行配合……等因素。

③影響執行的非法規因素：某些影響政策執行的因素與政策本身及法規無關，包括：社經環境與科技、媒體的關注、公眾的支持、選民團體的態度與資源、政治主權的支持，以及執行者的承諾與技巧。同樣地，任何交通管制政策也必須考量人民的觀感、執政當局的決心、交警的訓練……等因素。

❷依變項

指政策執行過程的各階段，包括：執行機關的產出、標的團體的服從、政策產出的實際影響與認知影響，以及法規的修正。

由上而下的政策執行研究模式重視個案研究，適於說明管制性政策的執行。但太重視實務個案的結果，也遭致欠缺理論性的批評。

😊 小博士解說

❶ 向前推進的策略（forward mapping）：對執行步驟及程序進行精確的鋪陳，以確定政策如何被執行及政策目的是否已經被達成。亦即假定政策執行過程係由高層決策者理性地加以控制。

❷ 由上而下的執行（top-down implementation）：政策制定與政策執行彼此各有界限，可以相互分立。上級機關對下級機關負起政策執行的指揮與監督責任；機關首長對部屬採取嚴密的監督與管理以達成預定的目標。

沙巴堤爾與枚茲尼恩的政策執行模式

問題的可處置性

技術與科技
標的團體的行為多樣性
標的團體的人數
標的團體行為需要改變的幅度

影響執行法規的因素

清晰的目標
正確的因果論
財務資源
執行機關的內部整合
執行機關的決策法則
選擇執行者
外圍分子的接近程度

影響執行的非法規因素

社經環境與科技
媒體的關注
公眾的支持
選民團體的態度與資源
政治主權的支持
執行者的承諾與技巧

政策執行過程的各階段

執行機關的產出	→	標的團體的服從	→	政策產出的實際影響	→	政策產出的認知影響	→	法規的修正

國考放大鏡

吳定教授認為第一代研究偏重政策執行實務及個案研究,主要是研究某一個單一的權威性決定:如何在某個地方被執行。衛達夫斯基與普里斯曼於1973年所著的《執行》一書,探討美國聯邦政府在加州奧克蘭市所推動的解決失業政策即為最佳的例子。但是第一代政策執行研究被批評為缺乏理論性、過於個案取向、非累積性的研究以及過分悲觀等。

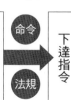

政策制定者 →命令/法規→ 下達指令 → 政策執行者 →遵行/服從→ 政策產出

UNIT **6-3** 第二代政策執行研究

（一）第二代政策執行的產生背景

由於社會問題日漸複雜，事實上恐怕沒有任何一個政府機關可以完全掌控政策所需的全部資源而不需要民間部門協助；且中央政府的政策目標常偏離地方的需求，上令下行的政策執行模式常無法解決問題，因此中央必須給予基層官員或人民更多的執行裁量權，所以第二代政策執行偏重由下而上的參與合作模式。例如以我國社區營造而言，行政院的主要責任是審查基層提出的社區營造提案，並給予補助，其他如提案內容、執行方式等，完全由政策標的團體（各社區）自己決定。從這個角度來看，社區營造政策充分顯示基層機關或標的團體的主導地位，這是一個典型的由下而上模式。

（二）第二代政策執行的內涵

❶概說

由於政治經濟局勢的改變，1980 年代以後的政府有走向「小而能」的趨勢；因此第二代的政策執行重視基層官員或地方政府的自主執行空間，並透過政策網絡途徑進行政策執行的工作，恰與前一代強調由上而下的理性模式相反，故又稱為「由下而上模式」（bottom-up model）或「由後推進的策略」（backward mapping）。大致來說，政策執行可歸納出下列特性：

①政策執行是政府與社會中諸多參與者互動的結果，故有效的執行有賴於眾多行動者之間的互惠與互賴，而非上級的監管。

②政策執行機關或執行者有權選擇執行的方式，以促成政策目標的實踐。

③政策執行以計畫（program）為基礎，而非以組織為基礎，呈現執行的「多手」現象，因而關注的焦點在於互動的情況，可避免機關流於本位主義或重中央輕地方的問題。

④運用網絡分析（network analysis）的技術，觀察多元行動者之間的互動關係。故當代「政策網絡」概念應用在政策執行上，即第二代的執行研究。

❷代表

目前大多數的公共政策學者都被歸類在第二代，如愛德華三世（George Edwards Ⅲ）、范米特（D. S. Van Meter）、范洪恩（Cark E. Van Horn）、史密斯（Thomas B. Smith）等人。以下介紹愛德華三世的政策執行力模式。

❸愛德華三世的政策執行力模式

愛德華三世在 1980 年著有《執行公共政策》（*Implementing Public Policy*）一書，書中認為政策執行主要受到四個變數交互影響：溝通、資源、執行者意向，以及機關結構。

①溝通：有效的溝通是政策執行的首要條件；一般常造成溝通不良的原因如：政策方案太複雜、預留妥協空間、欠缺共識、執行人員推諉責任等等。

②資源：資源愈充分，執行也愈容易成功；政策執行必須的資源包括：人員的數量與技巧、充分的資訊、充裕的經費與設備，以及足夠的授權等等。

③執行者意向：執行政策的基層文官是否認真執行？是否具有合作意願？都會影響政策成敗。

④機關結構：執行機關運作的標準作業程序若與政策本質契合，則可同時減輕執行者與民眾的困擾。此外，執行權責愈集中，也愈能達到專業與效率。

❶由後推進的策略（backward mapping）：強調在執行政策時，最基層行政人員與服務對象間應有相互關係。最基層的執行人員透過政策制定層級體系，就政策執行做法及相關事項，由後向前、由下向上的推進反應與溝通，一直達到政策制定過程的最上級層次。政策的執行係授權給下級單位或讓部屬充分的參與，上級單位或首長僅站在輔導的立場。

❷由下而上的執行（bottom-up implementation）：政策授權給下級單位或讓部屬充分參與，上級單位或首長只站在輔導立場。強調政策制定與政策執行功能的互動性，決策者與執行者應共同協商政策目標的達成，彼此形成合作的互動關係。

愛德華三世的政策執行力模式

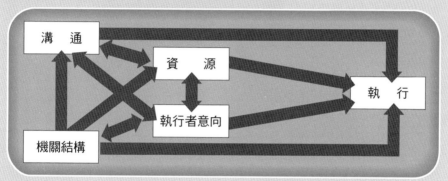

吳定教授認為第二代研究偏重政策執行理論分析架構及模式的建立，亦即發展各種分析架構以指導如何對政策執行的複雜現象進行研究。但第二代政策執行研究的缺點在於每個分析架構都各自提出一些影響政策執行的變項，但卻無法指出這些變項的重要性或優先順序為何；也沒有注意到執行機關間的差異；而且這些執行研究的分析架構，也無法被複製而證明有效。

第二代政策執行研究的優缺點

優點	缺點
政策網絡是相當新穎且精緻的科學方法	過分重視基層參與而忽略權威的作用
擺脫由上而下模式過分重視政府角色的缺點	對於如何改善基層官員的順服現象缺乏討論
較能發現政策執行中的非預期結果	對於基層官員價值面的倫理分析比較欠缺
可以處理牽涉多元計畫且欠缺主導機關的複雜政策情境	未能考慮政策執行結構形成之前的行動者
不致忽視其他政策行動者的重要性	網絡分析技術尚欠缺明確的理論

UNIT 6-4
第三代與第四代政策執行研究

圖解公共政策

（一）第三代政策執行的產生背景

前述政策執行中的前兩代——「由上而下」與「由下而上」，一直處於爭論不休的狀態，於是郭謹（Malcolm L. Goggin）等學者主張以一種整合的觀點，跳脫科層體制命令模式（第一代）與基層官員互動網絡模式（第二代）之爭。而這種觀點傾向於以政策執行的「動態面」來詮釋執行過程，是為第三代研究途徑。

（二）第三代政策執行的內涵

❶概說

第三代政策執行研究本身也呈現分歧，其一是沙巴堤爾（Paul Sabatier）結合前兩代研究，並同時考量社會、經濟以及法律工具來分析 1980 年代到 1990 年代美國的政策變遷，設計了「政策變遷的宣導聯盟架構」（advocacy coalition framework of policy change），他關注的是理論的建構，較少對實務者提出政策建言或針對特定個案加以描述。

另一是郭謹等人提出的「府際政策執行模式」（the model of intergovernmental policy implementation），他們以美國聯邦與州政府的府際政策執行為觀察對象，認為在聯邦政策方案中，州政府的政策執行取決於「由上而下」與「由下而上」兩種模式的綜合影響。儘管這個模式欠缺政策執行的單一解釋，但能對府際政策執行提供較佳的觀察視角，故頗受青睞，本書亦選擇簡介此一模式。

❷代表

郭謹、包緬（Ann O'M. Bowman）、李斯特（James P. Lester）、歐圖（Laurence

J. O'ttole, Jr.）四人於 1990 年合著《執行理論與實務：邁向第三代》，並在該書中建構「府際政策執行模式」，堪為第三代的代表。

❸郭謹等人的「府際政策執行模式」

郭謹等人認為政策執行會因政策本身、執行者、執行機關及環境特性的不同而有所差異。模式中的三套變項：自變項、中介變項與依變項互動的結果，會決定州政府層次能否有效的執行政策。這些因素包括：

①自變項部分：主要探討政策的各項誘因與限制。

Ⓐ聯邦政府層級的誘因與限制：包括政策是否提供充分的資源，政策是否被認為容易執行、具有民意基礎，政策是否清晰一致，以及聯邦官員是否被政策執行者信任且具有管轄權等因素。

Ⓑ州與地方政府層次的誘因與限制：包括利益團體的活動情況，參與者的利益、動機，以及執行者的技能、資源等因素。

②中介變項部分：主要探討執行機關（州政府）的能力。

Ⓐ州政府的組織能力：包括組織權責是否統一、組織目標是否與方案一致、人力是否充足且具備技能，以及經費是否充裕等因素。

Ⓑ州政府決策的結果：包括州的財政收支、政黨運作、民意支持度、大眾媒體的態度等因素。

③依變項部分：指州政府的政策執行結果。

雖然郭謹的架構觀察的是美國聯邦體制的政策執行，但用之於我國，觀察中央政府與縣市政府之間的政策運作，也深具啟發的作用。

郭謹等人的「府際政策執行模式」

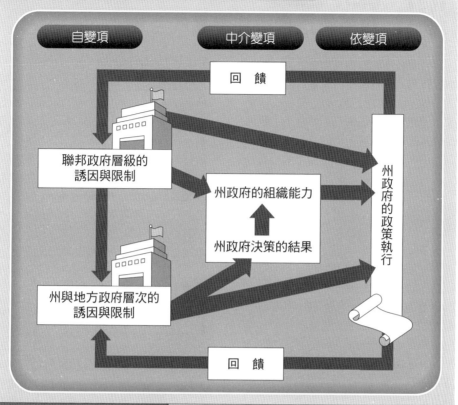

第四代政策執行

美國學者迪里昂（Peter de Leon）於 1999 年發表〈重訪失落的連結：當代執行研究〉，他認為政策執行研究的典範每十年轉移一次：1970 年至 1980 年為第一代；1981 年至 1990 年為第二代；1991 年至 2000 年為第三代；2001 年後，理當從事建構第四代執行的研究。第四代政策執行的方向應強調後邏輯實證論的觀點，採取辯論、詮釋、溝通、批判、對話、參與、協商等方式，以達到「審議式民主」（deliberative democracy）及「溝通理性」；並以「社會對話」的方式達到「政策學習」之目的。第四代研究的重點應包括：

面向	內涵
基本觀點	政策制定與執行應密切結合運作
研究重點	發展並驗證結合「理論」與「實務」的測量工具
推理途徑	權變地採取歸納及演繹的途徑
研究工具	兼採定性與定量途徑，但宜著重定性途徑
研究偏好	成功與失敗的政策案例應平衡研究
研究趨向	重視執行結果，但更重視執行過程
研究角度	兼顧微觀的由上而下執行與宏觀的由下而上執行，但更偏重後者
政策參與	強調多元的民主參與
政策研究主要參與者	政策社群中具興趣者皆可參與

UNIT *6-5*
政策執行者與決策者的互動

圖解公共政策

　　將公共政策的官方參與者分為決策者與執行者，源自傳統行政學「政治與行政分離」的觀點。20世紀初，政治學家古德諾（F. Goodnow）曾說，「政治是國家意志的展現，行政是國家意志的執行」。因此政策的決定者（決策者）指的是民選或經民選首長任命的政務官；政策執行者就是事務官。此外，也可以從國家整體的角度，將國會視為決策者，行政部門視為執行者。

　　政務首長與事務官在政策中的互動，可以從行政學中的「行政國」（administrative state），或是「政務官與事務官的衝突」來理解。但若將焦點置於公共政策的制定與執行時，中村（R. T. Nakamura）與史莫伍德（F. Smallwood）二人所建構的五種政策制定者與執行者之間的權力互動模式，便極具參考價值：

（一）傳統技匠模式

　　該模式呈現的是傳統的「政治與行政分離」，決策者決定政策目標，執行者毫無置喙餘地，只能想盡辦法完成任務，故稱其為「技匠」（technocrat），意指單純的技術人員。此時政策執行的失敗可完全歸諸於執行者欠缺執行技術所致。

（二）指導性授權模式

　　該模式假設決策者只能訂定政策目標，而授予執行者必要之行政裁量權以決定執行方法。因此除了執行技術之外，執行者是否清楚地掌握政策目標，也是執行成敗的考量因素。

（三）協商者模式

　　該模式強調決策者與執行者處於平等地位，政策目標或執行手段都在彼此協商討論下產生。像是我國的教育改革政策，目標本身並不明確，常出現立法與行政機關邊協商邊執行、邊執行邊調整的情況，因而被民間譏諷為「教改教改、邊教邊改」。此時政策執行失敗易肇因於執行者陽奉陰違（如常態編班難以落實、社區服務流於形式、多元入學弊端百出），或「目標錯置」現象。

（四）裁量性實驗者模式

　　該模式認為決策者受限於能力、經驗、任期限制等因素，只能陳述一個抽象性的目標，因此執行者不僅有充分的裁量權，更有權發展具體的、符合本身認知的具體目標。例如我國每年夏季飽受水患所苦，中央或縣市首長也只能喊出治水口號，但實際上沒有一個首長是水利工程專家，只能交由水利局的專業人員去決定具體的目標並規劃治水方案。此時政策執行失敗的原因除了技術不足、目標不明、陽奉陰違外，也可能是決策者與執行者之間推諉責任所致。

（五）官僚企業家模式

　　該模式認為執行者不但執行上有充分的裁量權，甚至自行規劃政策目標，再動員政治支持，以迫使決策者接受他們的目標。這種可能悖離民意的政策執行，稱為「政策僭越」（policy pre-emption）的現象。

中村與史莫伍德的政策制定者與執行權力互動模式

從「傳統技匠模式」到「官僚企業家模式」，不難看出兩位學者是以行政權力的擴張為觀察焦點：

	制定者權力	執行者權力	執行失敗原因
傳統技匠模式	規劃目標，層級節制	技術人員，能力	欠缺技術、知識
指導性授權模式	陳述政策目標	擁有部分裁量權以決定手段	欠缺技能、不同執行者間手段爭議、政策指令不明、曲解政策原意
協商者模式	雙方就目標與手段加以協商		陽奉陰違、攏絡對手、目標替代
裁量性實驗者模式	陳述抽象目標	有足夠裁量權發展目標、手段	專業不足、政策模稜兩可、陽奉陰違、責任分散
官僚企業家模式	接受執行者的目標	規劃目標、動員支持、交易協商	政策僭越

政務官與事務官的互動關係模式

亞伯赫（J. D. Aberbach）、普特南（R. D. Putnam）、羅克曼（B. A. Rockman）等認為政治人物與文官在政策議題的互動可以建構四種不同的模式，與中村及史莫伍德的政策制定者與執行權力互動模式頗有異曲同工之處：

政策／關係模式	內容
政策／行政關係模式	基於政治與行政分立理論，政治人物制定政策，文官執行政策，彼此關係截然分立
利益／事實關係模式	承認政治人物與文官共同參與政策，惟彼此各有不同的貢獻和功能，政治人物引進利益及價值，文官提供事實及知識
衝勁／平衡關係	二者均從事與政治有關的工作，其間差異在於政治人物是熱情洋溢、慣於公開問題，要求創新，為政策注入動力；而文官謹慎、務實，偏好默默作事，漸進調整，注重政策系統中各方利益的平衡
純然混合關係	政治人物與文官都要扮演結合實質專業和政治承諾的角色。人事制度雖有政務官與事務官之分際，但彼此的政策角色並無明顯差異，雙方均能參與政策並代表各方利益，均須發揮專業功能與政治功能

工作 職責 歸屬	政策／行政關係模式	利益／事實關係模式	衝勁／平衡關係模式	純然混合關係模式
執行政策	高級文官	高級文官	高級文官	高級文官
規劃政策	政治人物	共同職責	共同職責	共同職責
協商利益	政治人物	政治人物	共同職責	共同職責
表達理想	政治人物	政治人物	政治人物	共同職責

★政策僭越（policy pre-emption）

依據吳定教授的解釋，所謂政策僭越，是指政策執行者不僅要規劃他們本身想要達到的目標，還會動員強大的政治支持力量，以迫使決策者接受他們想要達到的目標。又或政策制定者與執行者之間進行交易協商，以確保達成目標的手段是符合執行者的願望。由於執行者控制整個政策制定的過程，這使得政策失敗的可能原因又多了一項：即政治力無法控制執行者。

UNIT *6-6*
政策執行中的基層官員行為

　　既然「徒法不足以自行」，就不得不對政策的執行者加以論述，這些執行者我們稱之為「基層官僚」或「第一線行政人員」，諸如戶政人員、環保稽查人員、基層警察、社工人員、清潔隊員等最基層的公務員。他們平常只是不起眼的小人物，但在政策執行中，這些直接與人民接觸的公務員，才是關鍵人物。

　　行政學中的新公共行政學派一向給予基層文官相當高的期許，但在公共政策的研究中，直到 1980 年代，李斯基（M. Lipsky）才開始有系統地研究政策執行中的基層官僚行為。

（一）基層官僚的重要性

　　李斯基認為基層官僚的特點有二：一是「直接與標的團體互動」，二是「擁有裁量權」，因此在政策執行中非常重要。例如當政府高層訂定「垃圾不落地」的環保政策之後，能否落實全看清潔隊員與環保稽查人員的執行而定。如果他們對亂扔垃圾的民眾睜一眼閉一眼，那麼立意再好、規劃再完美的政策也會失敗。

（二）基層官僚的矛盾與投機性格

　　然而，李斯基對基層官僚的表現卻是失望的，他認為基層官僚常處於矛盾的情緒當中。他們一方面有強烈的責任感，另方面卻因工作的繁重與複雜而使服務熱忱降低。一方面被訓練對民眾一視同仁，另方面卻常對特定對象提供額外的服務或便利（即特權或走後門）。因此看似理性的科層組織，實際行為卻是充滿妥協與不理性的。基層官僚常見的矛盾行為有：

❶顧客需求的修正行為

　　當顧客（服務對象）的要求愈來愈多時，基層官僚會設法自行「修正」服務的標準，例如延長顧客等待時間、降低服務標準、拒絕提供詳細資訊等等。

❷工作概念的修正行為

　　除了修正顧客需求標準以外，官員也會「修正」對自己工作目標的認知，往往以保守與姑息的態度來縮短實際狀況和預期目標的落差。

❸顧客概念的修正行為

　　在工作愈來愈多的情形下，基層官員會對顧客進行分類，優先選擇處理那些最容易成功的個案，而非最需要服務的個案。學者又稱之為「抹上奶油」（creaming）策略。

　　此外，馬曲（J. March）和賽門（H. A. Simon）也指出基層官員會傾向於支持容易的、例行性的、定型化的政策方案；反之，對於涉及預防或追蹤的複雜方案則採取抗拒的心態。馬曲與賽門稱之為「格里斯漢法則」（Gresham's Law）。

（三）結論

　　儘管上述對基層官僚的研究帶給我們在政策執行上的諸多啟示，但不論正面與負面評價，都不能視之為「絕對」的觀點。當代人性的權變途徑告訴我們，人性不能一概而論，必須因人因時因勢而易。而且組織制度與文化的改善，也有助於改良基層官員的執行行為。

新公共行政運動對文官的期許

與前述人性自利的假定不同的是，發生於1968年的新公共行政運動（New Public Administration, NPA），他們反對公共行政由於受到「政治行政分離論」的影響，而只著重在行政組織內部效率的研究。同時他們也抱持藉著人性樂觀的假定，主張行政人員應積極參與治理的過程，對行政人員的社會改革性角色提出下列主張：

主張	內容
社會公平促進者 （social equity advocate）	行政人員不可能亦不應該刻意保持中立，而是要去解決弱勢群體的困苦及所受歧視，並改善其政經福祉，提升所有民眾生活品質
機關變遷催生者 （change agent）	行政人員要確保行政過程的公正性，發展機關的社會責任感
代表性行政人 （representative bureaucrat）	行政人員要使機關人力組合接近於社會母體的人力組合，並代表被排除於政策制定過程以外的群體
倡議性行政人 （advocacy administrator）	行政人員要遵行服務對象至上的原則，為關懷服務對象而自我批評檢討，並鼓勵民眾參與
非單一性行政人 （non-consolidating bureaucrat）	行政人員要同時扮演多重角色，或經常轉換角色，例如：前瞻性政策者、危機管理者、利益協調者、最適領導者等

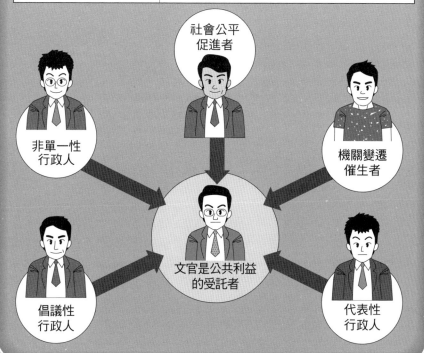

UNIT **6-7**
政策工具（一）

政策工具（policy instruments / tools）是政策方案與政策執行之間的連鎖，我們所設計出來的政策方案必須透過有效的政策工具來確實執行，才能達成政策目標。政策工具的設計是一項經過系統思考的行為，標的團體之意見、觀點與態度為政策工具能否推動的關鍵因素。為了使政策工具能夠對標的團體發生作用，在民主先進國家中，政策工具通常會鼓勵民眾參與，俾能吸納標的團體之意見。因此，政策參與為政策工具成功的必要條件。

麥當勞與愛爾摩（McDonnell & Elmore）認為政策工具可包括四種，包括最常見的「命令」、提供財務資源「誘導」、協助人民建立「自我管理」的能力，甚或用民營化等方式將公權力移轉至個人或機構，以「改變公共服務的運送系統」。

一般來說，最常用的政策工具的歸類，莫過於豪利與雷米斯（Howlett & Ramesh）依國家機關干預程度所發表的政策工具光譜：

❶自願性工具
（voluntary instruments）

指國家機關幾乎不介入工具的運用，完全由民間社會在自願性基礎下所採取的工具類型，通常包括：

①家庭與社區：這是最具成效而成本最低的工具，例如解決犯罪問題最有效的方法應該是家庭教育或社區守望相助。

②自願性組織：透過志工或慈善性組織來推動政策，像是我國的慈濟功德會在資源回收上就有頗大的貢獻。

③市場：1980 年代後先進國家紛紛採用市場機制工具以推動公共政策，像是民營化、解除法令管制等回歸市場機制的做法。

❷混合性工具（mixed instruments）

國家機關對於工具應用的涉入程度不同，有的涉入較深，但仍將最後決定權交由標的團體處理；有的則幾乎不涉入，通常包括：

①資訊與勸誡：政府提供資訊給民眾，至於民眾接不接受則由自己決定，如政府請民眾節約用水用電。

②補助：政府對願意順服某項政策者，提供財務上的補助或獎勵措施，如政府為獎勵生育而提供的各種補助。

③財產權的銷售：將某些財產權進行買賣，例如美國政府將汙染排放權拍賣給廠商，讓廠商可以在一定汙染範圍內生產商品。

④徵稅與使用者付費：對符合某種資格的國民或使用某種公共設施的國民收取費用，以達成公共資源的有效分配。

❸強制性工具
（compulsory instruments）

國家機關採取強制性或單方面的直接管制或干預，通常包括：

①管制：由政府公布管制法令，標的團體被動地遵守，如金融、環保等管制性政策。

②公營企業：國家機關透過公營企業，提供須付費的公共財貨。

③直接提供條款：由國家機關直接從預算支付提供服務的經費，如國防、警政、教育、消防等。

豪利與雷米斯的政策工具光譜

 低 ← 公權力的介入程度 → 高

自願性工具	混合性工具	強制性工具

家庭與社區	自願性組織	市場	資訊與勸誡	補助	財產權的銷售	付費	徵稅與使用者	管制	公營企業	直接提供條款

依「國家能力」與「政策次級體系的複雜度」 對政策執行工具進行分類

丘昌泰教授以「國家能力」與「政策次級體系的複雜度」兩個指標來觀察政策工具：所謂「國家能力」，是指政府機關影響標的團體的能力；至於「政策次級體系的複雜度」，係指政府機關執行政策時必須面對行動者所構成的次級體系的複雜程度。兩者交叉的結果構成四種政策工具選項：

		政策次級體系的複雜度	
		高度	低度
國家能力	高度	市場工具	管制工具
	低度	自願工具	混合工具

政策執行工具
丘昌泰教授以「國家能力」與「政策次級體系的複雜度」分類

市場工具
當社會中的競爭者多，而政府機關無從知悉其優劣時，只要政府仍具有高度的管制能力，可以用市場工具，即開放自由競爭，任其汰弱留強。例如我國現在的大學退場機制，就儘量透過考生的自由選擇來決定

管制工具
當政府的管制能力很高，社會上的行動者數量不多時，政府不妨直接採取管制。例如國家通訊傳播委員會（NCC）對媒體業的管制即是

自願工具
當政府機關的管制能力偏低，社會行動者又人數眾多時，只有透過社會力量的自願配合，才能推動政策執行。例如我國進行社區總體營造，就是以社區自發性的活動為主，政府只是提供輔導及經費補助

混合工具
當政府管制力偏低，社會行動者也較單純的時候，應視情況而定，混合採取前述三種政策工具

UNIT **6-8**
政策工具（二）

除了前文所介紹的政策工具分類模式之外，本篇再介紹威瑪與韋寧（Weimer & Vining），以及史耐德與英格蘭（Schneider & Ingram）所提出的政策工具類型。

（一）威瑪與韋寧的政策工具

❶市場化工具

市場機制無疑是經濟學家相當依賴的做法，市場化政策工具包括「市場自由化」、「市場便利化」與「市場模擬化」：

①市場自由化（freeing markets）：

Ⓐ可透過「解除管制」，即政府解除對某項財貨或勞務的生產限制，如開放國道客運路權。

Ⓑ可透過「除罪化」，使某種不合法的行為合法化，如新加坡讓原本不合法的賭博合法化。

Ⓒ可透過「民營化」將過去由公營事業生產的服務交由民間生產，如交通、電信事業。

②市場便利化（facilitating markets）：或稱「市場促進化」，即當市場不存在時，政府設法改變或創設財產權；如創設「汙染權」，讓廠商付費取得汙染排放的權利。

③市場模擬化（simulating markets）：當市場的競爭機制無法達到效率狀態時，政府可以自行模擬一個市場，經由拍賣提供財貨；例如政府拍賣 4G 頻道。

❷利用補貼與租稅改變誘因

政府可以利用財政的補貼與租稅，去鼓勵標的團體做一件事或不做一件事，以提高政策順服度。例如政府為獎勵汽車駕駛人汰舊換新，宣布舊車報廢可折抵 5 萬元購車金，就是一種需求面的補貼（見右頁）。

❸設定規則

政府用制度性的方式執行政策，包括制定基本的法律架構規定，或制定物價管制、產量管制、提供市場資訊的管制（如商品標示或證照）等等規章。

❹經由非市場機制提供財貨

由政府透過行政機關或公營事業直接供給財貨（如電力），或由特區供給（如提供義務教育的學區），或由政府直接簽約將某項業務外包給民間經營。

❺提供保險與保障

政府可採取強制保險（如我國全民健保）、社會補助保險（如美國對天災損失保險的補助），或以提供物資儲備、過渡期補助等方式，提高人民順服政策的意願。

（二）史耐德與英格蘭的政策工具

❶權威式工具

指政策本身具有合法性，能夠得到人民的認同與標的團體之順服。雖能達到立竿見影的效果，卻易引起不滿或反抗。

❷誘因式工具

以「理性自利的人性」為基礎，假定個人為追求自我效用極大化者，除非受金錢、生命、財產或其他實體性支付所影響，否則個人不會採取行動。

❸能力建立型工具

藉由提供資訊、訓練和資源給個人或團體，使其擁有決策或執行的能力。

❹象徵勸勉型工具

透過符號、形象的操控或公共關係來改變人民的認知，強化人民的服從，此乃成本最低的政策工具。

❺學習型工具

由相關機關提供先前行動的經驗和其他人對先前行動的回饋意見，從中歸納出經驗法則。此類型政策工具能夠增加政策制定者或民眾彼此的學習機會，以加強其制定或回應政策的能力。

利用補貼與租稅改變誘因的方法

	補　貼	租　稅
供給面 （針對廠商）	**供給面補貼** 對具有外部經濟的生產者給予相對的配合補助款，如中央政府對地方政府給予配合款，或對產業給予租稅減免	**供給面租稅** 對於外部不經濟的生產者課稅，如根據汙染排放量徵收空汙費，或對於進口貨物徵收關稅
需求面 （針對消費者）	**需求面補貼** 可實施實物補助制度或發放抵用券；也可以針對符合特定資格的消費者進行賦稅的減免措施，如所得稅的各種減免	**需求面租稅** 對於外部不經濟的財貨課稅，如課徵菸酒稅；或採使用者付費，對於公共財的使用者徵收使用費，如高速公路的通行費

史耐德與英格蘭的政策工具實例

工具類型	成功關鍵	實　例
權威式工具	❶命令的層級和清晰度高 ❷受規範的行為符合人民習慣 ❸機關和標的人口有能力執行 ❹降低執行成本與順服成本	以各項法律命令為代表；例如駕駛人未遵守交通規則即受處罰
誘因式工具	執行機關依恃正面或負面的實體性支付，以以經濟激勵標的團體的服從	❶激勵：如提供獎金 ❷付費：如對排汙超標者收費 ❸制裁：如對違反者處以罰鍰 ❹武力：如監禁、收押等
能力建立型工具	強化標的團體監督或回應政策的能力，加強公民的知識、資訊或資源，使他們有能力參與	例如新北市政府購買廣播時段播放「都更小百科」，教導民眾如何參與或發動都市更新
象徵勸勉型工具	行為者以其自身的信仰和價值進行判斷；若認為政策所欲之行為和自身價值或需求一致時，就會傾向於順從政策	例如對環保工作完善的廠商頒發環保標章並公開表揚，或將酒駕者比喻為殺人犯，建立負面印象的連結
學習型工具	具有促進學習作用之政策工具，能提供基層機關或標的人口更大的裁量空間，使其能從經驗中汲取教訓	例如在都市更新爭議中舉行公聽會以了解當事人需求。當行動者缺乏共識時，適合採取此類型工具

UNIT **6-9**
政策行銷（一）

圖解公共政策

傳統的政策執行，政府只有「政令宣導」，未考量「顧客需求」。但在消費者主義的年代，政府勢必重新思考與人民的溝通方式，「行銷」就成為重要的概念。

（一）政策行銷的意義與特性

政策行銷（policy marketing）就是「公部門利用行銷的觀念與活動，促使公共政策獲得公眾的接受與支持」。其可溯自1933年時美國總統羅斯福的「爐邊談話」，這是他直接向民眾推銷「新政」（New Deal）的廣播節目。而在學術上則源於柯特勒（P. Kotler）與李維（S. Levy）的〈行銷概念的擴展〉（1969）一文；該文認為行銷的本質在兩造之間的「價值交換」，而非「金錢交易」，因此可普遍用於營利與非營利的組織。政策行銷較之一般的商品行銷，具有下列特性：

❶**不確定的消費者**：政策行銷對象不易區隔，例如政府宣導節能減碳，全體國民都是行銷的對象。

❷**不確定的生產者**：公共政策往往需要跨部門的合作，無法明確劃分誰才是真正的生產者。例如節能減碳的行銷可以由環保署執行，亦可由經濟部負責。

❸**不明確的行銷對象態度**：政策行銷往往無法在短期內察覺行銷對象的態度。例如政府請人民節能減碳，往往要一段時間才能看出人民生活的具體改變。

❹**不明確的行銷效果**：人民是否順服政策受到許多因素影響，不一定是行銷的成效。例如搭乘捷運的民眾變多，可能是因為政府宣導節能減碳，也可能是因為油價大幅上漲。

❺**受限於法令規章及盛行的社會道德價值觀**：政策行銷受依法行政以及社會的接受程度限制；例如為降低空汙而希望人民不要焚燒金紙，在大都會比鄉鎮易收效果，原因即在於居民的生活習慣。

❻**政策行銷是一種「理念行銷」或「社會行銷」，而非有形商品**：政策多為無形的服務或理念，行銷績效較難用具體的利潤指標衡量。

（二）政策行銷的原則

政策行銷常借用商業行銷的「4P」原則，再加上「夥伴」與「政策」而形成政策行銷的「6P」原則：

❶**產品（product）**：政策往往是無形的社會觀念，例如「節能減碳」、「非核家園」……等。唯有足以說服他人的觀念與政策，才能達到行銷效果。

❷**價格（price）**：政府要考量標的人口在政策中付出的「代價」，例如政府可以用票價補貼鼓勵大眾搭乘公車。反之，亦可提高路邊停車的收費，產生「以價制量」的效果。

❸**地點（place）**：地點就是「通路」，指消費者取得該商品或相關資訊的管道，例如鼓勵生育，除了戶政事務所受理結婚登記時的宣傳外，捷運車廂、站牌廣告、醫院的婦產科等都是重要的通路。

❹**促銷（promotion）**：促銷就是「推廣」；政府可邀明星代言，亦可借重大「事件」，例如透過酒駕肇事案例宣導代駕；而菜市場及網路社群的口耳相傳也很重要。

❺**夥伴（partnership）**：政策行銷也必須借用民間力量。例如提高生育率不能只靠政府，透過民間機構加入，在公共場所設置哺乳室以塑造有利環境也很重要。

❻**政策（policy）**：由於公共政策往往由許多機關參與規劃與執行，每個機關在行銷政策之前必須對政策本身的分工與職掌詳細了解，這便是「內部行銷」的觀念。

傳統公共政策階段論與政策行銷的結合

政策行銷的重點，乃在於如何將政策制定過程的概念與行銷學的策略規劃模式加以整合，下圖即為二者整合之方式：

政策制定階段	以顧客為基礎的政策過程與行銷策略	
❶政策問題認定 →	政策問題認定 →	界定利害關係人 市場區隔
❷政策規劃 →	協商、參與、適應方案形成與評估公聽會 →	民調、協商會、確定政策特質、公聽會
❸政策合法化 →	教育宣導 →	提供資源服務、宣導
❹政策執行 →	政策執行 →	政策試辦
❺政策評估 →	政策評估、再修正 →	政策滿意度分析、再修正

（左側標示「回饋」，由❶至❺循環）

政策行銷的六大原則

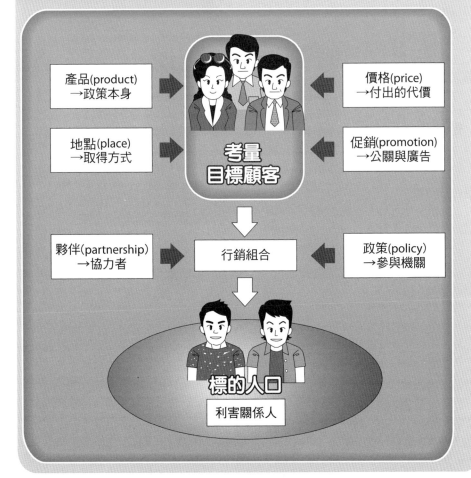

產品(product)→政策本身

地點(place)→取得方式

夥伴(partnership)→協力者

考量目標顧客

行銷組合

價格(price)→付出的代價

促銷(promotion)→公關與廣告

政策(policy)→參與機關

標的人口

利害關係人

UNIT **6-10**
政策行銷（二）

史納佛利（Snavely）在1991年針對美國國稅局運作進行觀察，並融合行銷學大師柯特勒的「行銷4P模式」，提出政策行銷的策略模式，內容包括：

（一）行銷的核心圈：顧客界定

政策行銷模式以政策產品的顧客為中心，像是議員、民選首長、行政單位等。一個方案在不同的階段有不同的參與者，例如在合法化階段須針對議員、利益團體等擬定行銷方案，在執行階段的主要顧客則是標的人口，故界定顧客時應審時度勢而定。

（二）第二圈：政策的行銷工具

❶人力資源

政策行銷的前提在建立一個顧客導向的政府，而政府組織文化之改變必須仰賴行政人員觀念及能力之改變。故人力資源代表公務人員公關能力與行銷知識的增進。

❷合法權威

公共政策執行具有強制性特徵，此等權威特質可能是行銷的助力，也可能因忽略而造成傷害，故應納入行銷策略之分析。

❸政策分析

理性的分析亦為有利的行銷工具，可幫助政策制定者做出適切的公共政策。尤其在知識經濟時代，理性專業的說服往往比權威的命令管用。

❹倡導／教育

此為一般行銷的「促銷」策略；現今社會已難以用政令宣導的方式打動民眾，而是要教育民眾，使之明白政策能為自身所帶來的福祉，而自發性地配合。

❺成本

此為一般行銷中的「價格」及「通路」策略，由於政府本身並非營利性質，所以用成本觀念取代定價問題較為合宜。不過公共服務通常難以精確衡量成本，所以公共政策中如果採行使用者付費的方式，一般可以考慮市場上類似商品的價格，同時提供弱勢者優惠待遇，以兼顧成本與公平性。

❻服務

此為一般行銷中的「產品」策略，許多公共政策行銷的東西屬於無形的服務或理念，像是節能減碳、遵守交通規則等等，故服務即是產品。

（三）政策機關之特定環境

包括其他政府機關、一般大眾、壓力團體，以及選區的選民等等因素，都會左右政策本身及政策行銷的手法。

（四）政策機關之一般環境

包括當前之政治、經濟、社會、文化、技術、人口以及自然環境等等，都會對公共政策及其行銷造成影響。

整體而言，政策行銷應注意兩個相當重要的原則：

第一，行銷之目的除了要使標的人口順服特定的政策之外，更重要的，是將政府的宏觀政策願景清楚地展現出來。

第二，就商品行銷而言，如果商品的品質很差，行銷的能力再好也沒有用，政策行銷亦復如此。雖然公共政策少有競爭者出現，但若公共政策本身的品質很差，又沒有充分考量民眾需求，那麼倡導的手段再高明，也僅是欺騙的手段而已。

史納佛利的政策行銷模式

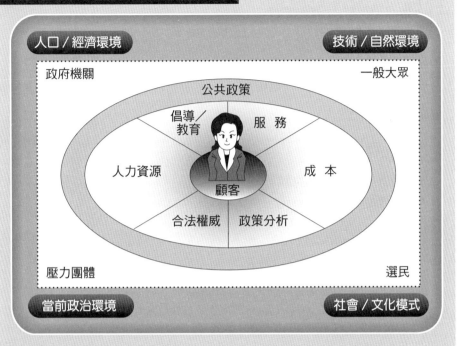

人口／經濟環境　　　　　　　　　技術／自然環境

政府機關　　　　　　　　　　　　　　　　一般大眾

公共政策

倡導／教育　　　服務

人力資源　　　　成本

顧客

合法權威　　政策分析

壓力團體　　　　　　　　　　　　　　　　選民

當前政治環境　　　　　　　　　社會／文化模式

知識補充站　★置入性行銷（placement marketing）

　　置入性行銷是指將行銷的事物置入既存的媒體、電視節目或電影中，藉由該媒體或節目的曝光以影響閱聽人的認知，達成行銷的效果；例如 007 系列電影中，龐德經常開著帥氣的 BMW，就會形塑觀眾對 BMW 汽車的印象。由於置入性行銷有別於一般閱聽人對「廣告」的認知，很容易在不知不覺中影響閱聽人，且媒體有公共利益的性質，因此政府運用置入性行銷容易引發倫理爭議，干擾媒體作為「社會第四權」的角色。我國預算法第 62-1 條第 I 項即規定「基於行政中立、維護新聞自由及人民權益，政府各機關暨公營事業、政府捐助基金百分之五十以上成立之財團法人及政府轉投資資本百分之五十以上事業，編列預算於平面媒體、廣播媒體、網路媒體（含社群媒體）及電視媒體辦理政策及業務宣導，應明確標示其為廣告且揭示辦理或贊助機關、單位名稱，並不得以置入性行銷方式進行。」

　　不過，亦有學者提出不同的意見，如丘昌泰教授認為置入性行銷若是以公共利益為目的，應該可以被接受。此外亦可參考美國的「訊息揭露」原則，在節目開始時即揭露委託行銷者，以維護閱聽人權益。

UNIT *6-11*
政策執行機關互動模式

圖解公共政策

從「政策執行機關互動」的觀點來探討公共政策的執行，重點在於政府機關間的互動關係；研究者通常會設定一些變項，透過這些變項來觀察政策執行的效果。本篇介紹兩組政策執行模式：

（一）范米特與范洪恩的執行機關互動模式

范米特（Van Meter）與范洪恩（Van Horn）認為政策目標的共識對政策執行的影響極大，因此從「政策目標與標準」（清晰的目標與具體的衡量指標）的確認開始，繼之是「政策資源」（可用於執行的人力、經費、設備）的掌握；此外，還有「組織間的溝通與執行活動」（指執行者透過各種方法與管道以確實明瞭政策並增進合作的努力）、「執行機構的特質」（包括人員能力、領導權力、效率、與決策者的關係）；「經濟、社會與政治條件」（包括民意、利益團體、經濟發展情況等），以及「執行者意向」（包括執行人員對政策的認知與支持或反對的程度）等四個變項。

（二）溫特的規劃過程與執行結果模式

溫特（S. Winter）認為公共政策主要是受到組織與組織間的執行行為、基層官僚行為、標的團體與社經環境等三項因素的影響。執行結果主要受到執行過程的影響，政策規劃過程與立法也會間接影響到執行結果。

❶自變項：政策規劃過程與立法

溫特認為政策規劃對政策執行的影響包含四項命題：

①衝突：成功的政策執行與政策規劃階段的衝突程度呈反比。

②因果理論：成功的政策執行與決策奠基於有效的因果理論的程度呈正比。

③象徵性行動：政策必須具有讓執行者投入熱忱的理由，而非只是象徵性的行動。

④注意力：政策受到社會關注的程度愈高，執行愈容易成功。

❷中介變項：執行過程

政策執行過程中所要觀察的變項包括三種：

①組織與組織間的執行行為：若執行時經常需要與其他機關或個人協商，則政策執行難以成功，故政策執行時應將執行機構儘量予以垂直整合。

②基層官僚行為：基層官僚往往面臨資源不足、民眾需求日增、工作目標含糊、績效不易測量等窘境；所以政策執行時要注意基層官僚的自利行為，如保守傾向、隱藏資訊，或刻意優先處理比較容易但不重要的個案。

③標的團體與社經環境：若是提供標的團體利益的政策，通常比較容易執行；反之，管制性的政策較容易遭到抗拒。

❸依變項：執行結果

衡量執行結果有三種標準：

①官方的標準：執行結果與官方目標一致即為成功；但官方目標經常與人民感受之間有落差，因此參考價值有限。

②利害關係人的標準：凡執行結果讓多數利害關係人需求得到滿足，即為成功的政策執行。

③以「問題解決」為標準：凡能解決社會問題者即為成功的政策執行；但問題通常無法完全解決。例如政府只能「降低」失業率，不可能使失業率歸零。

范米特與范洪恩的執行機關互動模式

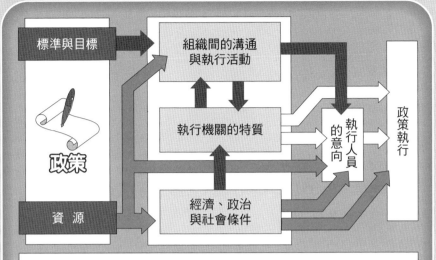

范米特與范洪恩的執行機關互動模式給我們的啟示是：
❶成功的政策執行的前提是執行機關充分了解其所欲達成的使命。可透過「政策目標與標準」、「組織間的溝通與執行活動」、「執行機構的特質」，以及「執行者意向」等四個變項加以注意。
❷執行機構的能力是成功的政策執行必備的要件，可透過「政策資源」、「組織間的溝通與執行活動」、「執行機構的特質」，以及「經濟、社會與政治條件」等四個變項加以注意。
❸執行者若採取抗拒，會妨礙政策的執行。除了透過「執行者意向」關注外，「政策資源」、「執行機構的特質」、「組織間的溝通與執行活動」，以及「經濟、社會與政治條件」等四個變項也會產生影響。

溫特的規劃過程與執行結果模式

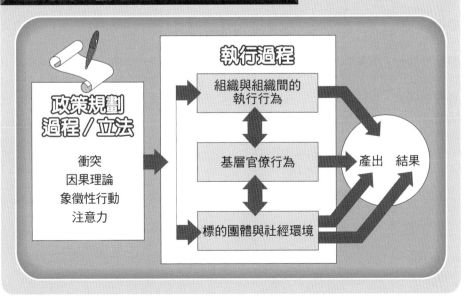

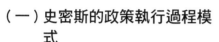

UNIT **6-12**
政策執行機關與標的團體互動的執行模式

在政策執行力模式中，史密斯（T. B. Smith）與麥克勞林（M. McLaughlin）不約而同指出了政策執行機關與標的團體的互動會對執行的成敗產生重大影響。本單元分別介紹二人所提出的政策執行力模式。

（一）史密斯的政策執行過程模式

史密斯認為政策由政府規劃後，會在社會上產生一種張力（tension）；一旦政策方案付諸執行，執行者及受影響者就會經驗到張力、壓力和衝突的狀況，因此可能需要設立新的制度或機構來解決問題。如果因執行政策所產生的張力在處理（transaction）後運作順暢，就會形成「制度化」的運作，在必要時才進行回饋。

他將影響政策執行成敗的因素歸納為四項：

❶**理想化的政策**：即政策方案的內容是否妥當、明確、可行？

❷**標的團體**：受公共政策影響的對象所具有的特性為何？

❸**執行機關**：負責執行政策的機關特性為何？

❹**環境因素**：影響政策執行，或被政策所影響的社會、政治、經濟、文化等因素。

史密斯指出，上述四個模式在政策執行時會彼此互動，進而產生張力（壓力），如果處理得宜（給予適當回應），即可形成制度化的執行模式。

（二）麥克勞林的政策執行相互調適過程模式

麥克勞林認為政策執行的過程，是由執行組織與利害關係人間就目標或手段進行相互調適的互動過程；而此種調適的過程使政策執行呈現高度的變動性。他認為政策執行的相互調適過程應包括下列四條件：

❶政策執行者與利害關係人間彼此的需求和觀點並不一致，基於雙方利益，彼此必須放棄或修正其立場，以妥協出一個雙方都可以接受的政策執行方式。

❷政策執行者的目標和手段均有彈性，可隨環境因素或利害關係人的需求而改變。

❸此一相互調適的過程是彼此平等的雙向交流過程。

❹受影響者的利益、價值與觀點會反應在政策上，而改變政策執行者的利益、價值與觀點。

麥克勞林接著指出，失敗的政策執行通常是欠缺明確的執行模式、方案太過複雜、政策目標含糊籠統，或是方案過於新穎等四個原因造成的。而成功的政策執行過程有賴於成功的相互調適過程，因此唯有在制度、目標與方法，以及執行人員之間相互調適，才能導致成功。

史密斯的政策執行過程模式

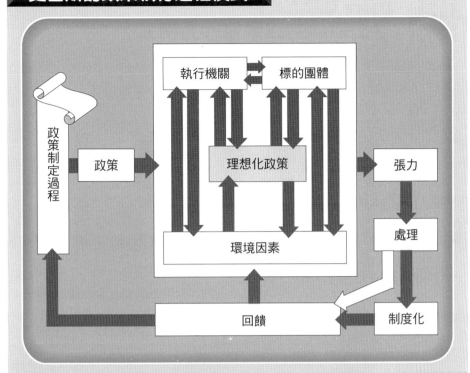

麥克勞林的政策執行相互調適過程模式

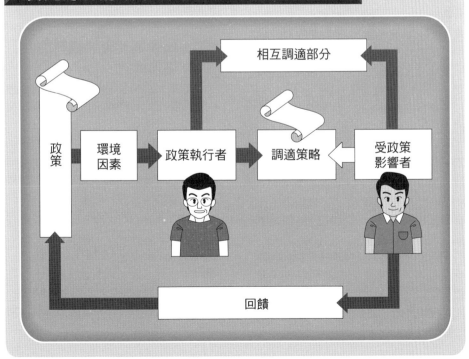

UNIT **6-13**
全局取向的政策執行力模式

自 1970 年代公共政策執行理論發展以來，某些學者認為一個政策執行的成敗要從總體的觀點對政策執行進行全面性的檢視。柏曼（P. Berman）即從全國性政策執行時中央政府與地方政府的特性來觀察；而瑞恩（M. Rein）與瑞賓諾維斯（F. Rabinovitz）則主張「政策循環」的觀點，認為政策執行是介於政策意向與行動間的互動過程，而這些互動必然受到環境的影響。

（一）柏曼的總體與個體執行模式

柏曼認為政策執行應在制度背景下，劃分為聯邦層次的總體執行與地方政府層次的個體執行，可分述如下：

❶總體執行

總體執行指中央政府執行的全國性公共政策，中央必須能夠影響地方政府的執行方向，因此必須有明確的政策綱領。總體執行的制度基礎是全國性的政治環境，各級行政機關、法院、利益團體、政黨等皆有各自的利益或目標，使總體執行的結構鬆散，往往有礙於政策的執行，其原因為：

①目標的矛盾：政策參與者彼此目標不一致，甚至相互衝突，難以合作執行。

②影響力與權威的差異：參與者所擁有的政治勢力不均，容易發生利益衝突。

③資源的缺乏：政府資源稀少，而競爭者眾多，資源分配總是難以令人滿意。

④組織溝通困難：執行機構太多，彼此觀點與立場不同，甚難溝通。

❷個體執行

如前所述，個體執行指地方政府對中央政策方針所做的反應與調適，因此個體執行意味著組織特性與執行方案之間的相互調適過程，而呈現三種特質：

①互動性：執行者與政策受益者之間存在互動關係，因此執行時可能因受益者的回饋而改變執行的規範。

②衝突性：地方政府所提供的社會服務往往難以衡量或面臨目標多元所產生的衝突。

③開放性：執行服務的地方政府組織與環境之間較具開放性，增加執行上的不確定性。

柏曼的執行力模式顯示，政策執行的總體層次不可避免地受到政治影響，而中央對地方只具有有限的權力；至於地方政府組織能否產生有效的調適過程，則是政策執行能否產生效果的關鍵。

（二）瑞恩與瑞賓諾維斯的執行循環模式

他們兩人認為政策執行是介於政策意向與行動之間的動態過程，包括三個相互循環的原則：

❶**執行原則**：指執行時必須遵守合法、理性與共識等三個條件。

❷**執行階段**：包括擬定綱領（將立法機關的意圖轉換為行動規範）、資源分配（將執行所需的資源公平地分配給執行者），以及監督過程（審視執行結果、確認行政責任）等三個條件。

❸**環境條件**：當目標明確性愈高，程序複雜性（執行程序涉及的利益分歧程度）愈低，以及可利用資源愈能符合執行需求時，執行愈順利。

柏曼的總體與個體執行模式

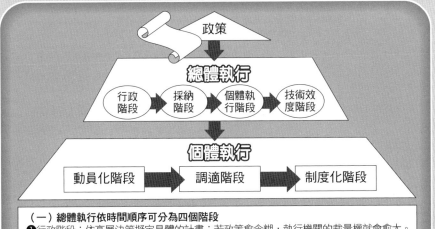

（一）總體執行依時間順序可分為四個階段

❶行政階段：依高層決策擬定具體的計畫；若政策愈含糊，執行機關的裁量權就會愈大。

❷採納階段：指中央政府的計畫為地方政府所接受並付諸執行；不過此時亦可能發生地方階層抗拒的現象，使執行產生不確定。

❸個體執行階段：指地方政府對中央政策方針所做的反應與調適，藉此修正影響政策執行的因素。

❹技術效度階段：指地方政府實際執行的狀況。

（二）個體執行可分為三個相互關聯的階段

❶動員化階段：地方政府動員所有資源以擬定執行方案，此時的目標在訂定執行之標準化作業程序。

❷調適階段：執行時可能出現下列四種調適情形：不執行、攏絡、技術學習，以及相互適應。

❸制度化階段：政策執行過程得到確定，並產生預期的政策後果。

瑞恩與瑞賓諾維斯的執行循環模式

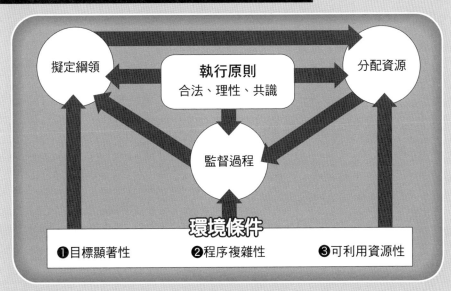

UNIT *6-14*
影響政策執行成敗的因素

從第一代到第三代的政策執行研究模式，都是從不同角度分析政策執行成敗的關鍵因素。國內學者林水波與張世賢教授，結合理論與實務，將政策執行的關鍵因素分為「政策問題的特質」、「政策本身的條件」以及「政策本身以外的條件」，茲臚列說明其大要如下：

（一）政策問題的特質

❶**有效且可行的理論與技術**：如以替代能源降低油耗，就需要靠生質能源技術的成熟。

❷**標的團體行為的差異性**：標的人口愈單純，就愈容易辨識，也易於約束標的團體的行為。

❸**標的團體的人數**：標的人口數量愈少，行為差異性也愈低，管理上就愈容易。

❹**標的團體行為需要調適的程度**：標的人口的行為如果不需要太大的改變，政策比較容易成功。

（二）政策本身的條件

❶**合理的規劃與推薦**：決策者必須理性，不可憑情緒、權威或臆測而決策。

❷**合法化的基礎**：政策必須符合社會習慣，並完成法定的合法化程序。

❸**健全的理論基礎**：政策的基礎必須有一套理論，方能清楚說明問題與方案間的因果關係。

❹**清楚而具體的政策目標**：政策目標必須具體而可衡量，且在執行者的權限與技術內可以達成。

❺**政策資源**：政策執行應有足夠的經費、適當的人員、充分的資訊，及完整的授權。

❻**政策標準**：政策所欲達成的期望必須清晰、一致、正確，並符合社會未來變化。

❼**規範執行機關的決定原則**：政策執行機關進行任何決定時，均應符合政策內容的規範。

❽**安排執行機關與人員**：決策者應選擇適當的執行機構與人員，必要時可設置新的機關或單位。

（三）政策本身以外的條件

❶**標的人口的順服**：政府應採行各種必要措施，以取得政策標的人口的順服。

❷**機關組織間的溝通與整合**：機關間應經常溝通，在思想、行動上求取一致。

❸**執行機關的特性**：執行機關的組織文化、管理方式、標準作業程序等內部管理因素都會影響執行成效。

❹**執行人員的意向與工作態度**：執行人員的態度、認同也都會影響執行成效，讀者可見單元 6-6「政策執行中的基層官員行為」。

❺**政策執行的監督**：上級機關、議會、司法機關以及人民都有監督的責任。

❻**領導管理技術**：執行機關的領導者應運用各種管理方式，建立良好的組織氣氛，促使政策有效執行。

❼**政治環境**：政治氣氛、民心向背、媒體宣傳等因素，都會影響政策的成敗。

❽**社經與技術環境**：經濟與社會的整體變化，及科學技術的發展，是政策執行的「時機」，不易控制，卻也會影響政策成敗。

影響政策執行成敗的因素

政策問題的特質

❶有效且可行的理論與技術
❷標的團體行為的差異性
❸標的團體的人數
❹標的團體行為需要調適的程度

政策本身所具的條件

❶合理的規劃與推薦
❷合法化的基礎
❸健全的理論基礎
❹清楚而具體的政策目標
❺政策資源
❻政策標準
❼規範執行機關的決定原則
❽安排執行機關與人員

政策本身以外的條件

❶標的人口的順服
❷機關組織間的溝通與整合
❸執行機關的特性
❹執行人員的意向與工作態度
❺政策執行的監督
❻領導管理技術
❼政治環境
❽社經與技術環境

政策執行

完美的政策執行要件

岡恩（L.Gunn）依照政策執行的由上而下途徑，提出「完美政策執行的十要件」，說明如下：

完美政策執行的十要件
環境對執行組織不會發生阻撓與牽制
需有充分的時間與資源可以運用
政策的所有資源不受限制，執行的每個階段所需的相關資源組合亦能隨時因應
政策的執行要在有效的因果理論之中
因果關係是直接的，干擾變項愈少愈好
最好由單一機構執行，否則亦應維持依賴關係的最低數量
在整個執行過程中，對於目標應有完全的了解與同意
在既經同意的目標下，詳細設定與說明每位參與者應履行的工作與責任
涉及政策的不同部門應充分溝通與協調
擁有權威的主管與單位能獲得執行機關完全的順從

UNIT **6-15**
標的人口的順服

「順服」（compliance）指「接受命令者的行為和態度與發號施令者一致的程度」，所以政策順服，就是政策對象願意配合政策而持續或改變特定行為的程度。標的人口對政策的順服程度愈高，政策也就愈容易成功，因此行政機關執行政策時莫不以提高標的人口的順服程度為首要考量。

通常人民都會願意配合政府的施政，學者歸納其原因，首要莫過於「政治社會化」（political socialization）的成效，也就是政府會利用各種教育與宣導的管道，對人民自小灌輸「服從政策」的觀念。此外，民主國家制度化的合法化程序、大環境的演變等等，也會促使人民接受政府的施政；例如議會通過的政策法案被普遍認為具有正當性，以及因為能源危機而調高油價電價。當然，附帶罰則或獎賞的政策，在標的人口趨利避害的理性判斷之後，往往也會得到順服。

至於標的人口不順服政策的原因，學者認為有時是政策本身的問題，如政策內容繁雜或模糊不清，像是某些教改政策（如母語教學、多元入學等）會因學生與家長搞不清楚狀況而降低順服的意願；或與既有的社會價值觀衝突，像是政府宣導祭祀時不要燒金紙，在都市化程度較低的地區就難以收到成效。有時則是標的人口個人貪圖一時方便，如任意橫越馬路；或受到傳播媒體的影響與同儕團體的鼓動，而決定不順服政策。當然，如果政策執行不力，即使有罰則，也難以得到人民遵守，如違規停車的拖吊作業或路霸的清除作業，都會因為警察執行頻率太低而導致民眾滋生僥倖心理。

針對上述情形，政府必須採取一些提高順服程度的做法，舉舉大者如下：

❶委託學術機構進行民調、舉辦公聽會、說明會等，以廣泛蒐集民意，特別是標的人口的想法。

❷徵詢專家的意見；例如以青少年為標的人口的反毒政策，就可以請研究青少年心理的心理學家或青少年次文化的社會學家提供意見。

❸運用政策行銷手段，與大眾媒體配合，形塑有利的輿論支持。

❹慎重邀請標的人口的代表加入政策規劃的行列，尤其當標的人口中有明顯的反對一方時，吸納反方的意見領袖加入可以減少未來的執行阻力。

❺政府必須展現執行政策的決心，尤其是管制性政策與重分配政策。

❻對於順服者提供獎勵的誘因，例如統一發票兌獎活動；給予不順服者懲罰，如吊銷執照、課以罰鍰等，通常是有用的做法。

❼基於對等立場，不斷進行溝通。

標的人口順服與不順服政策的原因

標的人口順服與不順服政策的原因

彙整學者所提及的原因

標的人口順服的原因
❶ 政治社會化
❷ 政策制定合法化
❸ 衡量成本利益
❹ 基於私利
❺ 基於理性
❻ 避免懲罰
❼ 情勢改變

標的人口不順服的原因
❶ 因政策內容與流行的價值觀念互相衝突的緣故
❷ 因受同僚團體社會化的緣故
❸ 因受大眾傳播媒體影響的緣故
❹ 因貪圖一時方便的緣故
❺ 因個人選擇性認知的緣故
❻ 因政策內涵混淆不清的緣故

政策順服的層次

政策順服的程度　（丘昌泰教授主張）	
行為符合	心理認同
標的人口的服從行為與政府的政策指示、意圖或法令規範完全相符。行為符合的原因通常在於政策指示、意圖或法令規範非常清楚明確，且不遵守會受到處罰。	標的人口內心的想法亦與政府的政策指示、意圖或法令規範完全相符。替代政策執行多重視以「誘因」取代「管制」，例如以租稅減免代替處罰，以鼓勵企業參與公共建設或增設環保設施，其原因即在於爭取標的團體的心理認同。

行為符合與心理認同二者同時發生，才是真正的政策順服情形，可以下圖表示：

行為符合層次	心理認同層次	
例如機車騎士因為害怕被罰，所以總是戴著安全帽騎車	例如機車騎士因為認同騎機車戴安全帽的規定是對自己有利的，所以無論是否有警察取締，都會自動戴上安全帽	理想的政策順服情況

 ＋   ＝

UNIT **6-16**
鄰避情結與政策執行

1997 年，國民黨執政的中央政府核准德國拜耳化工來臺設廠，廠址選於臺中港區，但當時民進黨的臺中縣長廖永來堅持以臺中港區周邊的龍井、沙鹿、清水、大甲等四個鄉鎮公投的方式決定是否允許拜耳來臺，最後公投的結果使拜耳案遭到否決，終究無法來臺。這就是一個典型的「鄰避情結」案例，其中我們一方面可以看到環保意識抬頭的現象，另方面我們也可以思考為何廖縣長只讓周邊四個鄉鎮公投，而不包括其他地區；因為在鄰避情結的發酵之下，這種公投的結果早在意料之中。

（一）鄰避情結的意義

「鄰避情結」是「不要建在我家後院」（Not In My Back Yard, NIMBY）的縮寫發音，本意是「凡是對當事人在心理上或物理上可能造成傷害的任何公共設施或私人建設，當事人者拒絕在其家園附近設置」。換言之，當事人可能承認社會上必須有這些設施，但不應該蓋在我家旁邊。

上述的意義可分成三個層次說明：
❶完全拒絕任何被居民認為有害於生存與環境的公共設施或企業建設，例如化學工廠、變電廠、垃圾掩埋場、焚化爐，甚至精神病院等等。
❷鄰避情結通常發生於與環保有關的個案中，因此學者往往將鄰避情結的出現歸因於環保意識抬頭的結果。
❸鄰避情結的產生及居民採取的後續行動通常是情緒性的自力救濟，因此很難以理性的、經濟的方式處理。

（二）引發鄰避情結的原因

引發居民鄰避情結的原因，大致有下列幾種：
❶居民的恐懼心理，害怕某些設施的出現可能傷害健康、汙染環境或造成該區房價下跌，像是設置變電廠、垃圾掩埋場等。
❷當地居民雖然知道社會需要這些設施，但會質疑為什麼不設在別的地方，因此總會找出許多不宜設置的理由，甚至以影響風水為藉口。
❸居民對政府或企業過去所做的環保努力或承諾不具信心，寧願採取自力救濟的方式。
❹居民認為透過反對鄰避設施的抗爭手段，可以爭取到更多的回饋金或其他福利。

（三）政府面對鄰避情結的因應之道

殷賀伯（Inhaber）指出，要解決鄰避情結的問題，必須考量四個要素：第一，必須要有自願性的社區；第二，風險分析的系統必須要簡化，且易於理解；第三，必須對受影響的社區提供補償的方法；第四，受害社區的民眾對於汙染性設施必須擁有充分的掌控權。如此方可減少鄰避情結發生的機率。

從「鄰避情結」到「迎臂效應」

一、臺灣環保抗爭的發展

丘昌泰教授長期觀察臺灣的環保問題，認為從鄰避型設施的分類來看，臺灣環保抗爭可以分為四個階段：

第一階段	1981 — 1986	以中小型工廠汙染為抗爭對象的萌芽階段	此階段的環保抗爭對象，主要係中小型汙染性工廠，如李長榮化工廠、三晃農藥工廠、杜邦公司。由於這些鄰避設施長期以來一直沒有解決環境汙染的誠意與行動，造成社區鄰里環境和身體健康受到嚴重威脅，而且一直沒有得到政府的重視，故環保抗爭運動乃結合政治反對人士形成強而有力的自力救濟行動。
第二階段	1987 — 1991	以石化業及核能設施為訴求焦點的高潮階段	此時期的環保抗爭運動風起雲湧，成為社會各界注目的焦點，重要的案例可分為兩大類：第一係以核能設施為抗爭對象，如臺東縣蘭嶼鄉反核廢料場案、臺北縣貢寮鄉反核能電廠事件；第二係以大型的石化專業區為抗爭對象，如宜蘭縣反六輕設廠案、高雄林園事件、楠梓後勁地區反對中油設置五輕廠事件等。
第三階段	1992 — 1996	以設廠作為抗爭主題，並與全球化議題掛鉤的轉型階段	在此段轉型期間，臺灣環保團體展現出了高度的環保調查與分析能力，開始懂得如何運用媒體與知識社會的資訊力量，對於大眾展開普遍性的環境教育與宣導。例如環境品質文教基金會自1995年以來定期公布的「環境痛苦指數」，對於環保署的施政構成壓力。
第四階段	1997 — 2001	以電廠與焚化廠為主體的成型階段	此階段臺灣環保抗爭對象是以興建規劃中的民營電廠與焚化廠為抗爭對象，可說是「環保知識進步，抗爭行動退步」，一方面抗爭民眾的環保知識有所提升，訴求主題具有相當的學理基礎，不能視為烏合之眾與情緒之爭，另一方面抗爭行動卻更為複雜，環保流氓、黑道白道介入等情事時有所聞。

二、克服鄰避情結之道──回歸社區的「迎臂效應」
(Yes In My Back Yard, YIMBY)

臺灣的環境主義者經過了1980至1990年代的社會批判與體制抗爭之後，近來則紛紛改採社區自覺路線，「社區」成為解決環保抗爭必須回歸的主體。而迎臂效應的觀念，即在於社區居民透過自發性的組織，與政府和鄰避設施共同營造一個優質社區，以取代過往的抗爭行動。宜蘭的「白米木屐村」是一個成功的例子：位於蘇澳的白米社區礦廠雲集，包括台泥的蘇澳水泥廠；1993年由社區居民成立社區發展協會，成為與汙染工廠協商抗爭的對口單位，並獲得行政院環保署評定為全國六個「環境改善績優社區」之一。1997年居民再塑造一個全臺灣唯一的「木屐村」，以文化產業帶動整個區域發展。社區一方面向政府各部門爭取適當資源與經費補助，一方面強化居民對公共事務的參與機制與能力，凝聚社區共同體意識，而原本與居民對立的水泥廠，因為看到居民的努力，也加入整頓環境的行列，與居民共同營造美好的環境。

UNIT 6-17
政策監測

政策監測（policy monitoring）是指政策分析人員去描述政策方案實施狀況與其結果之間的因果關係資訊；也就是描述並解釋公共政策執行的情況。因此儘管政策監測的工作帶有評估的意味，不過仍被國內多數學者視為是政策執行階段的工作。

（一）政策監測的內涵

政策監測的內容包括政策行動與政策結果，其意義如下：

❶政策行動（policy action）

政策分析人員對政策行動所監測的內容包括兩個項目：

①政策投入項：監測政策執行的時間、經費、人員、設備等各種資源。

②政策程序項：監測與政策執行相關的各機關所進行之執行活動與人員態度。

❷政策結果（policy outcome）

政策結果的監測包括政策產出（policy output）與政策影響（policy impact），其內容為：

①政策產出：指標的人口所接受到的產品與服務數量。

②政策影響：指經由政策的執行所導致的標的人口行為或態度上的改變程度。

（二）政策監測的功能

經由上述的監測內容，吾人可以推知政策監測所欲達到的功能有四：

❶順服（compliance）功能

透過分析人員的監測，可獲知在政策執行過程中，執行者與標的人口是否遵守相關規定。

❷查核（auditing）功能

透過分析人員的監測，可獲知資源是否達到被服務者手中。例如醫療衛生、弱勢補助等政策的執行就特別需要進行查核。

❸說明（accounting）功能

透過分析人員的監測，可獲知政策執行一段時間後，在政治、經濟、社會及文化上所產生的改變程度。例如實施就業輔導的政策後，可以用就業率指標來監測政策的成果。

❹解釋（explanation）功能

政策執行時可能採行數個不同方案以解決同樣的問題，透過分析人員的監測，可用以解釋若採行不同方案會產生什麼不同後果。例如為紓解油價上漲的壓力，可能採行政府補貼油價、鼓勵人民減少開車、實施大眾運輸工具票價優惠等等多管併行的政策，爾後再以政策監測來比較各方案的成效，決定哪些方案應繼續、哪些應修正，又有哪些政策方案應終止。

政策監測示意圖

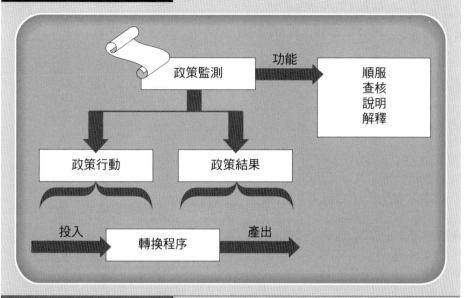

政策監測的方法

根據唐恩（W. Dunn）的說法，政策監測有四種方法可參考：

方法	意義	缺點
社會系統敘述法	運用社會變遷的指標（如出生率、離婚率等），反映政府的施政績效	社會指標的選取難以價值中立，也會有主觀感受的差異
社會實驗法	採取「實驗組」、「控制組」的對照方式，以衡量政府進行某項政策行動之後，標的人口所產生的改變	以人民為實驗對象，可能產生實驗倫理的問題
社會審核法	觀察政策結果是否為不充分的政策投入所造成的；或是在提供服務的過程中，對標的人口提供的資源有所偏差	監測的成本頗高，且難以避免價值判斷的問題
社會研究累積法	運用調查研究對政策投入、過程、產出和影響予以評估，以衡量機關的生產力	調查結果可能有信度與效度的問題

UNIT *6-18*
政策執行的問題

政策執行的結果不一定會達到預期的目標，公共政策中有以「政策失靈」（policy failure）一詞來形容公共政策未能解決問題的窘境。全鍾燮（J. S. Jun）認為行政機關政策執行不力的原因在於以下幾點：

（一）政策設計依據的理論錯誤

在政策設計中應使用恰當的理論，才可減少執行時所遭遇的問題。

（二）太多的層級

政策的設計應力求簡單，使管理的工作愈少愈好，若層級節制愈複雜，愈有可能導致行為權限的爭議及程序的混亂。

（三）缺乏交互主觀性與對話

政策執行中行為者交互主觀性的程度可能影響其執行的意願與承諾；若不同價值觀的行為者無法消除彼此的歧見，必將造成政策執行的障礙。而其他妨礙交互主觀的因素，包括政治上意識形態的限制、僵化的行政法規，以及拘泥於過去經驗、慣例的人格等。

（四）行政裁量權的問題

決策者常在短時間內通過法案，再授予行政人員執行時大量的裁量權，因而造成「有政策無法律」的窘境，進而使行政人員擁有圖利特定對象和利益團體的空間。

（五）缺乏法律的順服

政策不被標的人口順服有諸多原因，可見單元 6-15 的敘述。惟在政策過程中，缺乏民眾參與的政策容易遭致標的人口的抗拒；而過度強調參與，又容易形成「參與爆炸」或政府的「過度負荷」，實難以拿捏。

（六）課責及評估的問題

巴戴克（E. Bardach）將政策執行中的課責問題稱為「權威的漏洞」（a leakage of authority），乃因行政官員各有其目標，且會運用裁量權將上級的方案轉換為符合自己利益的指令，並要求基層官員遵行。如此則決策者的施政目的往往會和民眾所感受到的大異其趣。故政策的貫徹實需每個執行人員切實守法，並力求使機關成為「自我評估的組織」。

（七）管理技術的過度使用

天下沒有完美的理論，管理技術的使用常帶來一些非預期結果；如公部門實施目標管理（Management by Objectives, MBO）以來，雖部分機關得到效率上的提升，但亦增加大量的文書作業，並造成目標僵化、缺乏彈性的困擾。

（八）執行發展目標的問題

中央政府規劃的發展目標在地方政府付諸執行時，可能因規劃目標錯誤、標的人口冷漠或缺乏高層支持等因素，而使政策的執行無疾而終。

至此，我們可進行反向思考，既然上述八項因素會造成政策執行的問題，那麼欲使政策執行順利，就必須：❶提高政策設計專業能力，以尋求正確的理論指引；❷執行機關的層級應予簡化；❸吸納政策利害關係人參與；❹關注行政人員是否濫用裁量權限；❺監測標的人口的順服情況；❻使機關成為自我評估的組織；❼反省師法企業管理技術而可能帶來的弊病；❽政策目標的設計應謹慎考量多方意見。

交互主觀性（intersubjectivity）

交互主觀性強調共享認知與一致感，乃指一種人際間互相共同承認的意義或對情境的定義。在彼此互動間，人們對於生活中的議題建構共享的意義

彼此真誠互動

政府公務員

人民　　彼此真誠互動　　交互主觀性　　人民

政策順利執行的要素

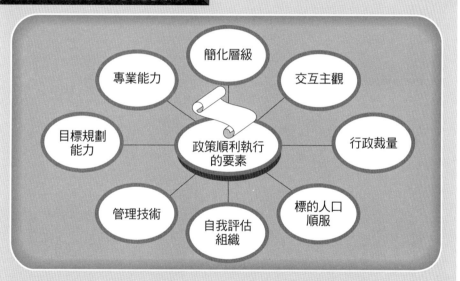

簡化層級
專業能力
交互主觀
目標規劃能力
政策順利執行的要素
行政裁量
管理技術
自我評估組織
標的人口順服

★目標管理

目標管理技術因1954年杜拉克（P. Drucker）著《管理實務》作有系統的介紹而聲名大噪。其乃是一種強調「參與管理」的管理哲學，由機關組織上下級人員共同討論確定工作人員之工作目標，並進行自我管制與自我評價，以激勵工作人員士氣，增進工作效能的一項計畫與考核的管理方法。

但目標管理往往容易產生下列缺點：

❶上司利用目標設定的機會騙取部屬的承諾，之後拿這些承諾壓迫部屬。

❷有時管理者沒弄清楚某些個人和單位的目標，是否與其他個人和單位的目標產生衝突。

❸造成累贅的文書工作。

❹可能造成只注重易於衡量的目標而不注重真正重要的目標。

❺強調目標的結果，可能激起對完成目標的固執，連環境改變也不願放棄。

第 7 章

政策評估

●●●●●●●●●●●●●●●●●●●●●●●●●●●● 章節體系架構 ▼

UNIT **7-1**
政策評估的概念

（一）政策評估的意義

　　政策評估（policy evaluation）是政府欲了解政策執行之後是否達到原先預期的效果，或是資源是否進行最有效率的運用時，而必須進行的工作。吳定教授將政策評估定義為「政策評估人員利用科學的方法技術，有系統地蒐集政策相關資訊，評估政策方案的內容、規劃與執行的過程及執行結果的一系列活動。其目的在提供選擇、修正或終結政策方案所需的資訊」。依此定義，政策評估並非侷限於執行之後的評估，在執行前與執行中，都可以進行評估的工作。

（二）政策評估的特質

　　評估的主要特質在於：藉由評估過程所產出的主張重點在「價值性」，而非客觀的「事實性」。唐恩（W. Dunn）指出政策評估有四項特質：

❶以價值為焦點

　　關注目標是否恰當的問題。

❷價值與事實互賴

　　以價值為基礎，以事實經驗進行價值的判斷。

❸目前與過去取向

　　在政策方案採取行動以後，採取回溯性評估而得到結果。

❹內外在價值的雙重性

　　內在價值乃指政策本身的價值目標；外在價值則指政策的間接目標，為政策直接目標完成之後所出現的延伸或外溢效果。

（三）政策評估的弔詭性

　　儘管學者多認為政策評估有其重要性，但實務上政府的施政常常忽略政策評估。一方面是因為民意代表比較在意政策問題的認定與政策方案的規劃，另方面首長或決策者有選舉壓力，不願將預算花在政策評估上；最後則是執行政策的行政機關往往將政策評估視為「找麻煩」，或是因權責不清而出現「球員兼裁判」的現象。因此即使進行政策評估，也往往是為了符合經費使用上的規定草草了事，或是進行公關、炫耀績效，甚至是為了規避責任、攻擊政敵，使政府政策評估報告的可信度大受質疑，失去了政策評估應有的功能。

　　因此，學者認為欲提高評估結果的可使用性，必須將方案的執行與評估做緊密的結合。惟評估者與方案主導者走得愈近的話，評估者就愈可能採取偏私的立場，為方案主導者粉飾政策執行結果，因此評估者想要達成科學的客觀性似乎是不可能的。再者，實際上的政策行動往往並非尋求一個最佳替選方案來解決問題，而是對已經被採取的行動與分配利益尋求支持。因此評估也許不是追求客觀的事實，而應試圖去發現行動所能滿足的社會需求。

向權力說真理

1970年代以降，政策評估受重視的程度甚至高過政策規劃與執行，但政策評估也一直是政策活動中備受爭議的一環，回顧1980年代，政策評估活動呈現三大問題：

❶	方法論過於薄弱（weak methodology），難以產生放諸四海的知識理論
❷	欠缺關聯性（irrelevance），即評估的結果若不是缺乏適時性，就是未對決策造成不同的影響
❸	評估結果未被使用（underutilization），即有關評估結果的資訊未被廣為傳播，或接收到資訊卻未被使用

欲避免政策評估不受重視的現象，魏達夫斯基（Wildavsky）在1979年出版的《向權力說真理:政策分析的藝術與技巧》，指出組織本質在追求穩定，但評估必然帶來變動，因此組織多半不喜歡從事評估工作。在此兩難矛盾下，為能實現「向權力說真理」，最理想的評估組織乃是「自我評估的組織」（the self-evaluating organization），即組織身兼評估者與被評估者的雙重角色，以降低組織對評估結果的排斥程度。

惟政府要做好「自我評估」的工作，必須具備三個條件：

❶	政府評估的主事者要有道德勇氣，無懼批評與反彈，不鄉愿、不苟且
❷	評估者的地位要有周延的保障，例如美國負責考核政府預算執行的聯邦主計局（General Accounting Office, GAO）首長，任期長達十五年
❸	評估機構的層次要高，應是超部會、跨部會的組織

政策評估的主體

政策評估的主體可分為「政府」與「民間」二者，政府評估又稱為官方評估，評估者包括：

政府行政機關	政府部門應勇於自我評估
成立委員會	美國總統常下令徵求民間專家成立委員會，以研究實質的問題、研究政府的組織設計、研究公共政策，或進行政策評估，俾求得集思廣益之效
立法機關	運用國會控制預算的權力對政策進行評估

至於民間的評估者，則包括智庫與一般個人。

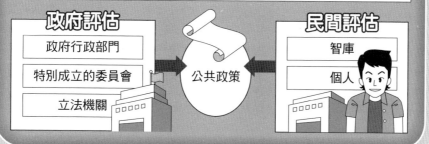

UNIT **7-2**
政策評估的功能與目的

（一）政策評估的功能

行政學者羅聖朋（D. H. Rosenbloom）認為透過政策評估可以了解政策是否達成預期的影響，更可以檢視政策執行是否適當，因此無論從管理、政治或是法律層面，政策評估都有其功能：

❶就管理層面而言

政策評估應從效能（effectiveness）、效率（efficiency）和經濟性（economy）的「3E標準」來衡量政策執行的成敗，是屬於科學理性方面的考量。

❷就政治層面而言

政策評估可以檢視公共政策是否具有代表性（representativeness），指民眾參與政策的程度；回應性（responsiveness），指政策符合民意的程度；課責性（accountability），指行政部門或官員對政策負責的程度；皆是屬於政治或倫理方面的考量。

❸就法律層面而言

政策評估所欲檢視的是程序正義、平等保障、人民權益等等是否受損，是屬於政策合法性的考量。

政策學者唐恩（W. Dunn）指出，政策評估有三項主要功能：

首先，政策評估最重要的就是提供有關政策績效的資訊，使人們得知，藉由政策行動的採行，將造成何種價值與需求、獲得何種程度的滿足。因此政策評估可以呈現特定目標的達成程度。

其次，政策評估有助於澄清及批判政府所選擇目標的價值；在質疑目標與目的之適當性時，可以檢視社會中是否還有其他價值觀點，並思索這些價值背後的基礎。

最後，政策評估有助於其他政策分析方法的應用；例如當發現政策方案未能充分解決問題時，可用問題建構法重新建構政策問題。

（二）政策評估的目的

吳定教授將政策評估分為「消極目的」與「積極目的」，其內涵如下：

❶消極目的

政府機關在從事評估工作時，動機可能不甚純正，此即為政策評估的「消極目的」；其包括：①為遲延做成決定：首長利用評估的進行，作為延遲做出決策的藉口；②為規避責任：首長利用評估的結果，掩飾其作為或不作為的立場；③為進行公眾關係：首長或執行政策的官僚利用評估的結果，作為炫耀工作績效的手段，以博取公眾支持或爭取經費；④為符合經費補助的要求：原政策計畫中已訂有評估經費，故不得不執行；⑤為偽證、掩飾與攻擊的需要：首長以評估來掩飾政策的失敗或錯誤，甚至去破壞或攻擊某一政策。

❷積極目的

政府機關從事評估，應以「積極目的」為依歸，包括：①作為比較各替選方案優先順序的根據；②作為改善政策實施程序的參考；③作為增刪特殊政策執行策略與技術的參考；④作為繼續或停止政策實施的參考；⑤作為其他地方推動類似政策的參考；⑥作為分配各競爭政策所需資源的根據；⑦作為接受或拒絕政策所涉及途徑或理論的基礎；⑧作為累積政策研究相關知識的根據。

政策評估應用的障礙

在現實的公共政策制定過程中，政策評估的功能往往未見發揮，以至於難以達成預期目的。學者認為，主要是下列三種因素，使政策評估的資訊未被決策者採納：

因素	內容
系絡因素	任何政策分析總必須存在於政治系絡當中，但大部分的政策評估忽略政策的真正問題。例如我們在評估教育改革政策的成果時，常未能清楚說明「教育」的真正目的。此外，「政治可行性」往往是決策者首先考量的重點，而這卻是偏重效率問題的政策評估研究最容易忽略的地方
技術因素	此反映政策分析中所使用的研究方法是否恰當的問題。影響政策評估的技術變數，包括評估研究的規模、時機，以及研究方法的適當性等等。通常評估的時機愈恰當、評估的焦點愈小、分析人員及組織的可信度愈高，則評估的結果愈有可能被採用
人的因素	影響評估報告是否被採用的最後一個因素便是「使用者（決策者）的特質」。決策者的決策風格、本身的偏好與動機、發現問題的能力、應用知識的能力、對問題的詮釋，以及是否有一個清楚的目標等等，都會影響決策者對於評估報告的使用程度

國內學者對政策評估功能的看法

李允傑教授認為政策評估在現代社會中，一方面可累積社會科學知識應用在政策問題之知識成果，另方面亦可提供決策者政策資訊，以擬定適當的政策方案。歸納言之，其功能如下：

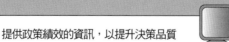
提供政策績效的資訊，以提升決策品質

重視檢視政策目標與政策執行的妥適性

釐清政策責任之所屬

作為擬定政策建議及分配政策資源的依據

提供決策者、執行人員與相關民眾政策資訊

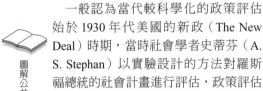

UNIT **7-3**
第一代的政策評估方法

（一）政策評估方法的演進

　　一般認為當代較科學化的政策評估始於 1930 年代美國的新政（The New Deal）時期，當時社會學者史蒂芬（A. S. Stephan）以實驗設計的方法對羅斯福總統的社會計畫進行評估，政策評估才發展成一門有系統的科學。

　　美國政策學者古巴與林肯（Guba & Lincoln）在 1989 年發表《第四代評估》（*Fourth Generation Evaluation*）一書，將政策評估的方法分成兩大階段、四個時代：第一個階段是「實驗評估階段」，以量化的方法為基礎，包括第一代的「實驗室實驗」、第二代的「實地實驗」，以及第三代的「社會實驗」；第二階段是「質化評估階段」，以利害關係人的需求為基礎，為第四代的「回應性評估」。本單元從第一代評估開始，陸續介紹政策評估的演進過程。

（二）第一代政策評估：實驗室實驗

❶時間

　　約為 1910 年至第二次世界大戰。

❷重點：效率評估

　　第一代政策評估的角色，在於提供技術性測量工具，重點是效率的問題；不僅重視革新性管理技術對生產力的影響，更重視管理策略對小團體與管理策略之間互動的影響。

❸特色：實驗室實驗

　　此時期的政策評估即為實驗室實驗；實驗室實驗是指科學家在封閉的實驗室環境中設置一個「實驗組」，控制各種變項及測量工具，就像心理學家常使用的心理測驗方式一樣，如行政學中有名的「霍桑實驗」就是一例，故舉凡智商、學習成效等的測量，皆是此時期研究代表的典型。

　　最早期的政策評估檢定基準與理論推展首著重於政策的效能與效率能否有效達成預期目標。欲有效測量效能與效率，必須仰賴實驗設計、準實驗設計與相關統計方法的分析。

❹主要活動：強調「衡量」（measurement）

　　由於實驗室實驗法非常重視測度、測量的問題，所以本階段的評估又被稱為「測量評估」。

❺評論

　　實驗室實驗的重點在效率的測量，然而過分強調評估者測量角色的扮演，反而導致測量的無效率。此外，這種實驗控制雖然最符合科學的嚴謹方法，但真實的社會中，有太多不可控制的因素，所以並不符合真正的政策評估需求。

❻舉例

　　在小學教育中，若想知道原有的九九乘法表比較有用，還是「建構式數學」比較有用，研究者可設計兩個班，一個是採原先的九九乘法表教學，一個是採用新的建構式數學，兩相比較來作為日後教育政策變革的依據。

政策評估的演進

古巴與林肯將政策評估的方法分成四個時代,比較如下:

	第一代	第二代	第三代	第四代
主要活動	測量	描述	判斷	協商(回應的─建構性)
時　間	1910~WWⅡ	WWⅡ~1963	1963~1975	1975迄今
理論基礎	實證論	實證論	實證論	自然論
活動內容	工具導向	目的導向	決策導向	公平、公正
評估角色	技術人員	描述者	判斷者	技術人員、描述者、判斷者、協力者、變革推動者

基本實驗設計

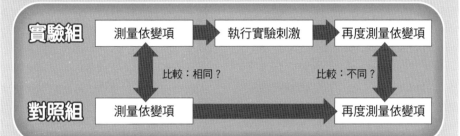

第一代政策評估的效度問題

效度(validity)指某項測驗或其測量工具確實能夠測出其所要測量的特質或功能之程度。第一代政策評估因採實驗室設計,在封閉的體系內進行實驗,可以排除許多干擾因素,並由專家來操縱自變項與測量工具,以求精準的實驗結果,故內在效度(internal validity)頗高。但內在效度愈高,代表實驗室控制的愈精密,也就愈不符合多變的真實環境需求,故外在效度(external Validity)反而偏低了。

效度的類型	意義
內在效度	內在效度指決定實驗研究所獲得的結果或研究發現,的確歸因於實驗本身的程度
外在效度	外在效度指實驗研究所得到的結果或研究發現,可使研究人員類推適用至其他類似情況的程度。如果可類推性程度高,就表示該項研究的外在效度高

然而,在實驗室評估中,內在效度也並非沒有問題。丘昌泰教授認為內在效度會受到下列因素影響,也是第一代評估的限制:

因素	意義
需求彈性	被實驗者一旦知道他是被實驗的對象,實驗的操縱過程就容易被扭曲,得不到真實結果。1927年起的霍桑實驗即為著名實例
實驗者誤差	實驗者本身的情緒與主觀判斷也會影響客觀實驗的進行
測量工具的人為化	測量工具受到人為控制的影響,所得結果往往不夠精準

UNIT **7-4**
第二代的政策評估方法

圖解公共政策

（一）從第一代評估到第二代評估

由於實驗室情境中等人為因素干擾，以及實驗情境的過分人工化，使第一代的實驗室實驗所得到的結論難以直接推論到一般的日常生活情境，欠缺外在效度。為了彌補上述缺失，第二代政策評估者主張必須在現實環境中進行實驗，如學校、工廠或戰場等。最有名者莫過於史都華（Stoufler）運用社會及心理研究方法，分析軍隊的宣傳政策對部隊士氣的影響，爾後美國戰爭資訊局再運用抽樣調查評估美國的民心士氣。而大規模的評估研究計畫紛紛運用在都市發展、科技與文化教育、職業訓練與醫學等政策之上。

（二）第二代政策評估：實地實驗

❶時間

約為第二次世界大戰至 1963 年。

❷重點：田野實驗

實地實驗即為田野實驗（field experiment），主要是在現實生活中進行調查，例如學校、工廠、街頭或戰場等，研究地點為實驗室外的現實環境。其主要的研究焦點為個人人格與態度的議題，如李文（Lewin）以田野研究調查社會對待少數民族的態度，以及住宅計畫對居民士氣的影響。

❸特色：使用取向

本階段的評估學者倡議應重視如何使評估報告建設性地改善決策者、執行者、使用者與評估者之間的互信不足，並避免決策者批評評估報告不能提供有用資訊，而研究者卻抱怨他們的研究未受尊重的窘境。

❹主要活動：著重「描述」

除了仍維持測量的特性外，轉而加強描述功能的發揮，認為測量只是評估的手段之一，評估者更應扮演描述者的角色。因此第二代評估主張政策評估即實地實驗，強調評估者身歷其境的重要性。

❺評論

實地實驗講究在真實的環境中進行實驗，這種評估方法雖然有助於了解真實情境中政策的執行結果，故有助於政策的運作與改進。但與第一代剛好相反的是，由於面對太多難以控制的變項，往往難以確定標的團體的改變是何種因素所造成的；故而外在效度雖提升了，內在效度卻偏低。

❻舉例

美國著名社會學家寇樂門（J. S. Coleman）在 1957 年開始以兩年的時間進行一項青少年社會研究。他選擇伊利諾州位於社區大小不同的 10 所高中 39 個班級作為具體調查及觀察的現場。研究期間，寇樂門及其研究團隊在新學年的開始及結束時，都親自走訪這些學校，並以焦點團體及個別面談的方式訪談學生、校長及教師。另外，寇樂門研究團隊還製作了兩份學生問卷，於第一年及第二年進行調查研究。其研究結果於 1961 年以《青少年社會》（The Adolescent Society）的書名正式出版。該研究報告描述了有關青少年價值觀和心態的一些發現，例如當時的青少年不論其生活的社區狀況如何，在職業理想上都已一味地羨慕模仿大眾傳媒中的主題和英雄形象，而很少是教師讓他們仿效的英雄形象。

田野調查概述

田野調查是來自文化人類學、考古學的基本研究方法論，即「直接觀察法」的實踐與應用。田野調查涉獵的範疇和領域相當廣，舉凡語言學、考古學、民族學、行為學、人類學、文學、哲學、藝術、民俗……等，都可透過田野資料的蒐集和記錄，架構出新的研究體系和理論基礎。

田野調查是要到現場實地記錄與工作，而這些紀錄成果可以帶回，或再次轉換成為研究展示的成果，這種透過田野調查的實地採訪和記錄，便是第一手寶貴資料的取得，典型的資料蒐集型態涵蓋四大項目：

項目	內容
採訪記錄	藉由受訪者的口述、操作或表演者示範的錄製，所蒐集到最直接的影音紀錄，若再摘錄寫成為文字稿，並再經過嚴謹內、外考證之後定稿，此份文稿即是最忠實的田野採訪紀實。
拍攝記錄	針對現場實地的拍攝記錄，其蒐集到第一手的影像圖照資料，是不可缺少的佐證圖像來源
翻製記錄	田野過程中若徵得原收藏者同意，翻印或翻拍傳世祖譜、古籍、圖稿、劇本或老照片等珍貴資料，更是日後進一步研究的基本材料
測繪記錄	有關空間現場的實地測量，或以模擬方式繪製的簡圖或描圖等，均可方便日後資料整理和現場復原的模擬

第二代政策評估示意圖

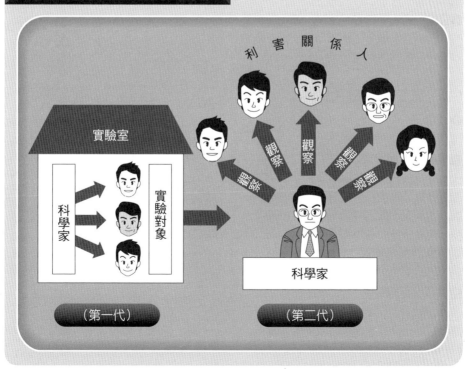

利害關係人

實驗室

科學家

實驗對象

觀察 觀察

科學家

（第一代） （第二代）

UNIT **7-5**
第三代的政策評估方法

（一）從第二代評估到第三代評估

由於受到前述兩種實驗類型的啟發，自 1960 年代起，政策評估在學術領域及政治環境上皆有大幅進展。在學術發展上，薩曲門（Suchman）於 1967 年著有《評估研究》一書來說明政策評估的研究方法；在政治環境上，政策評估成為當時美國政府在公共投資大幅增加之後，最重要的課題，其理由包括：

❶國會有感於政府績效不彰，公務員違背倫理的行為日益增加，開始重視政策評估，以增加控制權。

❷地方政府認為聯邦政府公共計畫的良法美意往往無法落實，因此必須加強對政策的評估與控制，以提升自主性。

❸不少公共管理者都認為，基於政策管理上的需要，必須加強政策的追蹤、管制與評估。

❹公共計畫的問題日益浮現，社會批判的聲浪與日俱增，社會民眾與學術界開始重視政策的過程與結果。

（二）第三代政策評估：社會實驗

❶時間

約為 1963 年至 1975 年。

❷重點：社會實驗

社會實驗的研究焦點在於評估當時的社會行動計畫能否有效解決社會問題，並將實驗研究法用於一般的社會情境中。由實驗研究結果支持的政策，在法案審查時較易過關，人民較為容易接納，執行效果也較有保障。

❸特色：批判取向

第三代評估對政策推行的價值與成敗，透過一套有效論證來做周延而審慎的判斷與分析，以期國家能因推動合適的政策而實現預期目標。因此，作為一位評估者，必須有能力判斷何種目標是值得追求的？以及如何去追求？使政策評估進入「判斷」的時代，對於政策目標本身的價值應進行判斷與評論。

❹主要活動：著重「判斷」（judgment）

著重在描述功能的第二代評估研究此時深受質疑，強調價值評估的第三代評估除了維持過去測量、描述功能的評估特性外，更將重點置於社會公平性的議題上，強調「評估者即判斷者」，以及「政策評估即為社會實驗」。

❺評論

政策評估此時不僅在社會科學中成為一門獨立的學科，更成為社會科學中成長最快的領域。但由於實驗對象為開放的空間，太多因素可能影響政策評估結果的精確性，故內在效度仍然偏低，因為實驗情境無論如何設計，都不可能像實驗室實驗那般精準；所以結果往往只能作為參考之用。

❻舉例

以美國教育政策為例，當 1957 年蘇聯發射第一枚人造衛星時，震撼了美國教育界；美國的這些專家咸認為過去的教育方式不能培養優秀的科學人才。根據他們的分析，美國教育失敗的原因在過度強調價值中立性，並未考慮教育政策目標的價值問題。

社會實驗的限制

要將社會實境變成一個可以控制的實驗室，幾乎是不可能的事。總括來說，社會實驗面臨的問題包括：

項目	內容
變項複雜，難以控制的問題	在社會情境之中，各種變項複雜且不可能完全控制。過度控制的實驗研究，在社會情境中，其價值也相對減弱；因為推論性減低（低外在效度），因此誤差的控制與推論性，就成為難以控制的兩難
實驗效果常常受研究者影響	實驗者期望對實驗研究的影響，在社會情境下尤其明顯。這是因為社會問題往往牽涉到個人價值判斷的問題，因此，研究者的價值觀念或堅持，會表現在實驗的進行過程中
資料保密的問題	這與研究倫理有關，在社會情境下的實驗研究，牽涉到受試者資料的保密問題，也就是受試者的隱私權是否受到侵犯的問題
研究倫理的問題	關於社會學中的實驗研究，其受試樣本往往是人，因此必然會牽涉到研究倫理的問題。故許多社會議題基於研究倫理的考量，不適宜使用實驗研究法
難以排除的政治因素	由於社會實驗結果常具備強大的說服力，使得它在政策推行上的地位特殊，也因此無可避免地時常受到政治力量的干擾

第二代評估與第三代評估的比較

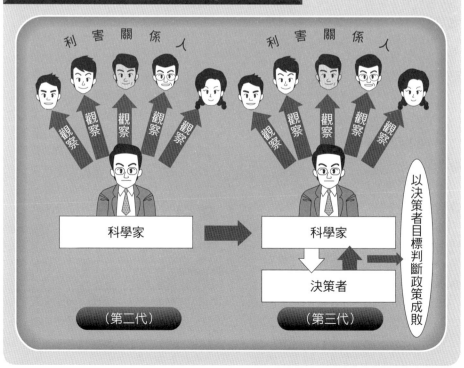

217

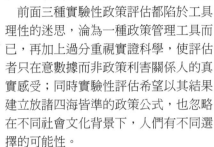

UNIT 7-6
第四代的政策評估方法

（一）從第三代評估到第四代評估

前面三種實驗性政策評估都陷於工具理性的迷思，淪為一種政策管理工具而已，再加上過分重視實證科學，使評估者只在意數據而非政策利害關係人的真實感受；同時實驗性評估希望以其結果建立放諸四海皆準的政策公式，也忽略在不同社會文化背景下，人們有不同選擇的可能性。

鑑於上述實驗評估的根本缺失，第四代評估首重政策利害關係人的感受，了解他們的心境，並界定利害關係人的主張與關切的議題，不再只從政策規劃者的角度思考問題。接著在評估方法上，也必須營造質化評估的系絡，和被評估者建立良好的互動氣氛，在不同意見的標的人口之間凝聚對評估問題的共識，並持續地溝通協商，以取得人性化的評估結果。

故第四代評估一反過去三代屬於「量化評估」的實驗設計基礎，而走向「質化評估」的階段。

（二）第四代政策評估：建設性的回應評估

❶時間

1975 年迄今。

❷重點

評估者應扮演問題建構者的角色，透過與利害關係人的反覆論證、批判與分析過程，建構出利害關係人對問題的共識。

❸特色：多元性與回應性

第四代評估重視多元風貌的回應性評估方法的建構，認為以往的評估僅重視科學的線性因果關係，不恰當地簡化真實世界中不易測量的特性。再者，傳統評估過於強調描述與判斷的功能，固然符合科學的要求，卻不能滿足複雜且多元的社會問題解決。故第四代評估著重認知與思考的探討，強調利害關係人的內心感受。

❹主要活動：著重「建設性的回應評估」

「建設性的回應評估」（the responsive constructive evaluation）的主要活動如下：

①認清所有在政策評估中的利害關係者；②針對每個利害關係團體，尋求其對評估項的構想及其相關的訴求（claims）、考量（concern）與爭議（issues）；③藉由系絡與方法論（詮釋的和辯證的）的提供，使不同的構想、訴求、考量與爭議，得以被了解、批判和說明；④盡可能使許多的構想和相關的訴求、考量與爭議能夠形成共識；⑤針對沒有（或不完全）共識的項目，擬定協商的議程；⑥蒐集和提供協商議程所需資訊；⑦成立和設置利害關係者代表可以協商的論壇；⑧發展每個利害關係團體得以溝通的報告（盡可能有數種報告），以利構想和相關的訴求、考量及爭議更進一步獲致共識；⑨經由不斷的評估，以處理仍未被解決的構想和相關的訴求、考量及爭議。

❺評論

近期的政策評估則受到後行為主義的影響，由價值、倫理面向出發，去質疑「效能效率究竟是為了誰？」的基本問題，注重正當性、民主性、公道性與社群性的價值考量，強調利害關係人的訴求、考量、爭議的回應性觀點的表達。由於其強調利害關係人的內心感受，也更有利於政策制定。

建設性回應評估的進行步驟

古巴（Guba）與林肯（Lincoln）指出，「建設性的回應評估」的步驟如下：

訂定評估契約

組織評估團隊

認清利害關係人

發展利害關係人團體的辯論結構

介紹各種新資訊給利害關係人團體

整理已達成共識的訴求、考量與爭議

將無共識的訴求、考量與爭議列為優先議題

蒐集上述議題的相關資訊

準備談判議程

進行談判

完成評估報告

反饋循環

UNIT **7-7**
再論量化評估

（一）量化評估的意義

政策評估常以量化的方式進行，亦即將蒐集到的資料轉換成數字形式以進行研究分析，並以統計資料做成因果關係的推論與解釋。前述政策評估方法的演進過程中，前三代均重視實驗，皆屬於量化評估。

（二）量化評估的設計

量化的政策評估通常採取問卷、訪問、觀察等，以標準化的測量工具，蒐集評估所需的資料，再以數值表示，然後進行描述或推理的分析解釋。理想上，研究者希望能將「政策方案執行後的實際結果」與「若未執行該政策方案的可能結果」相比較，以了解因該方案所造成的影響。欲了解方案執行結果有五種途徑：

❶分別測量方案執行前、後的情形，以進行比較。例如我們可以用中小學生施打 H1N1 疫苗前，中小學停課的班級數與施打疫苗後停課的班級數做對照。

❷以方案執行前之時間趨勢預估資料與方案執行後之實際資料相比較。例如我們可以推測如未全面施打 H1N1 流感疫苗的話，到 2011 年可能因 H1N1 流感而死亡的人數，與實際上全面施打疫苗後的死亡人數進行對照。

❸與非該方案服務對象的地區或人口進行比較。例如我們可以用已施打 H1N1 流感疫苗的學校和尚未施打疫苗的學校進行比較，看感染人數是否有差別。

❹比較計畫中的預期績效與實際達成的績效，以了解執行成果。例如我們預期全面施打 H1N1 流感疫苗之後，因新流感而死亡的人數可以降低到某個程度，再與實際的死亡人數進行比較。

❺採取控制的實驗方式；也就是設立實驗組與控制組，進行比較分析。

上述五種途徑中，以第五種最具有解釋力，但也最昂貴、最難實施；本書單元 7-8 至單元 7-11 將介紹此種方式的內涵及其運用。

（三）量化評估的限制

❶實驗倫理的問題

「人」是否可以作為被實驗的對象，一直是社會科學關注的問題。當政府企圖用控制的實驗方式了解政策績效時，哪些人是被實驗的「白老鼠」？他們究竟是幸運還是不幸？讀者可回想教改剛開始的時候，那些被迫或自願接受新式教法的學生，他們有可能再重新選擇嗎？

❷被評估者的地位通常被忽視

量化的方法強調評估者本身對於測量、統計分析與實驗設計等量化方法的客觀運用，而被評估者卻完全不能參與政策評估的工作。

❸陷於工具理性的思維

量化評估過分重視管理手段，但管理手段終究只是一種工具理性，而評估者應當追求的是政策目標的澄清，方可兼顧實質理性。

❹忽視社會的多元價值

以數值評估政策績效僅適用於單一價值的政策，例如單純的計算成本效益；但社會呈現的通常是多元價值的衝突與並存。

第 7 章 政策評估

量化研究的步驟 （吳定教授）

主要步驟　　　　　　　**主要任務**

規劃階段

問題定案
- ❶ 研究問題的定義與範圍
- ❷ 主要變數的操作性定義

抽樣歷程
- ❸ 研究母體的界定
- ❹ 決定樣本大小
- ❺ 選取樣本個案

行動階段

問卷設計
- ❻ 研究工具的建構
- ❼ 預定分析程序
- ❽ 問卷測試
- ❾ 問卷修訂
- ❿ 研究人員選訓

資料蒐集
- ⓫ 訪談、觀察、郵寄問卷
- ⓬ 追蹤

分析階段

資料整理
- ⓭ 表列與編碼
- ⓮ 建立分類系統
- ⓯ 輸入電腦

資料分析
- ⓰ 統計分析
- ⓱ 詮釋結果

結論報告

實驗設計的基本觀念

在政策評估研究的前三個階段，都以量化的研究方法以驗證政策方案是否達到預定的目標。而在第三階段「社會實驗」中，最具有代表性的論著即為坎培爾（D. T. Campbell）和史坦萊（J. C. Stanley）在 1963 年所著的《實驗與準實驗設計》（*Experimental and Quasiexperimental Designs for Research*）一書。他們將實驗設計分為三種：前實驗設計（pre-experimental designs）、真實驗設計（true-experimental designs）與準實驗設計（quasi-experimental designs）三種，本單元先介紹最基本的實驗設計觀念，之後再依序介紹三種實驗方法。

（一）控制組與實驗組

所謂「實驗組」（experimental group）是指被研究人員操控作為研究對象的一組，亦即接受政策服務的標的團體代表；「對照組」（comparison group），亦稱「控制組」，則是未曾接受政策服務者。基本上，這兩個組別的成員性質應儘量相似。

（二）前測、實驗變項與後測

所謂「前測」是指在政策實施之前先進行測量，以了解原先的狀態。經由前測的實施，研究者對於實驗操弄後必須比較的項目才會有一概念和方向。

在前測實施後，研究者便將實驗變項導入實驗組中，而不會將實驗變項同時導入另外一組（對照組）中，如此研究者才能看出自變項對依變項所造成的影響。

一旦研究者將所有的受試者置入研究情境中之後，研究者便可開始對兩組受試者再次比較而施予「後測」。在第二次的比較中，其目的是希望可以找出實驗操作後兩組的相關差異，惟後測必須與前測相同，否則研究者將不會知道實驗後兩組的差異，是源自於所施予的測驗的不同，或真的是因為實驗變項而受影響。

（三）實驗中影響內在效度的威脅因素

內在效度是指研究的設計沒有內部的錯誤存在。要建立良好的因果關係，必須符合三個條件：❶原因發生於結果之前；❷原因和結果的情境必須相關；❸其他或相反的解釋應該被排除。

影響內在效度的威脅如下：❶概念不明確、理論不清楚，或概念及變項未依理論架構給予操作化定義；❷成熟（maturation）：在長時間的實驗中，因受試者身心發生變化而改變實驗結果的效應；❸歷史（history）：在研究期間發生的意外或事件（如戰爭、罷工）會影響研究結果；❹測驗（做測驗的學習）：由於實施前測，使得個人變得敏感，也可能使受試者在以後的測驗表現中，較為熟練；❺不穩定性（instability）：時間序列中的因素，如抽樣誤差、獲取資訊的程序等，造成政策結果的不穩定；❻選樣（selection）：由於選樣的誤差（未隨機分配），造成研究結果偏誤；❼受試者亡失（mortality）：受試者在長期的研究中，可能死亡或退出而影響內在效度；❽強亨利效應：實驗研究情境中，因控制組不甘示弱，表現在一般水準之上；❾實驗者的偏見：實驗者無意中對受試者產生影響；❿統計的結論：對統計方法不熟悉，難以獲得正確結果。

實驗設計圖的代號

實驗設計圖中，我們會看到以下符號：

符號		
	「X」	表示實驗處理（即實施政策的時間點）
	「O」	表示測量的實施
	「R」或「—」（實線）	代表對實驗組和對照組的研究對象實施隨機分配
	「---」（虛線）	代表對實驗組和對照組的研究對象並未實施隨機分配
	「E」	代表實驗組
	「C」	代表對照組（控制組），未接受實驗處理

實驗研究法之基本實施程序

實驗研究法之基本實施程序
❶將受試者分為實驗組及控制組
❷原則上對兩組皆施予前測
❸將實驗變項導入實驗組中
❹對兩組同時施行與前測相同的後測
❺比較後測的結果以判定實驗變項的影響是否存在

在單元7-3中的「基本實驗設計」圖，即依上述程序呈現，讀者可將兩者交互參照：

實驗組	步驟一 前測	→	步驟二 實驗情境	→	步驟三 後測
	↕ 比較：相同？			比較：不同？ ↕	
對照組	前測	→			後測

實驗中影響外在效度的威脅因素

在實驗設計中，外在效度可分成兩種，一種是指由「樣本」研究得到的結論推論應用至「母群體」的正確性，稱為「母群體效度」；例如我們欲了解某大學學生的上課行為，而以臺大的一個班做實驗，其結果能推論至臺大其他學生的程度。另一種則是指在其他實驗條件下，仍能獲得相同結果的程度，亦即實驗不受特定環境的制約，稱為「生態的效度」；例如我們將之前的實驗結果推論到其他的大學，仍能符合的程度。這兩種外在效度的意義及主要威脅因素如下：

推論：生態效度	樣本	推論：母群體效度
環境 威脅： ❶新奇性與破壞效應：新奇的實驗使受試者過度熱衷而造成破壞 ❷霍桑效應：指受試者因獲知自己參與實驗而引發改進表現的動機 ❸研究者未能完整描述實驗情境		**母體** 威脅： ❶樣本的代表性不足 ❷實驗的可接近母群體與標的母群體之間的推論性薄弱 ❸心理學變項與處理效應的交互作用：指實驗組與對照組所能代表的群體在心理因素上並不相同

UNIT **7-9** 實驗設計的評估方法（一）
——前實驗設計

圖解公共政策

前實驗設計（pre-experimental designs）不算有效的實驗設計，只是比較簡易。如果研究者無法獲得像真實驗設計那樣類似實驗室的情境，得以完整控制自變項時，前實驗設計通常是研究者第一個考慮到的方法。但由於無法確認自變項與依變項的關係，因果推論較缺乏根據，也無法控制外在因素的干擾，故不論內在效度與外在效度均屬不足，實驗的結果無法反映政策的真實狀況。

前實驗設計的類型有三種：

❶單組後測設計（one-group posttest-only design）

①方法：研究者選擇一些受試者為對象，施予實驗處理（X），然後觀察（O），直接判定依變項的變化是來自於自變項。

②優點：實行容易、節省成本，可用以試探或發展新觀念或新工具的效果。

③缺點：欠缺測定政策實施前的測量（前測），也欠缺控制組，故無法確定 X 的實施是否造成 O 的改變；往往只用在發展新的觀念和工具。

❷單組前測後測設計（one-group pretest-posttest design）

①方法：研究者選擇一些受試者為對象，在施予實驗處理（X）前，先增加一項觀察（O₁）。實驗處理後觀察或施以後測（O₂），應用適當的統計檢定決定依變項的變化是來自於自變項。

②優點：實施前測，可使同組的受試者在接受處理的「前」、「後」表現得以比較。又若接受前、後測的受試者相同，也對於「選樣」與「受試者亡失」的變項，提供了控制的作用。

③缺點：

Ⓐ欠缺控制組，無法確定後測（O₂）與前測（O₁）之間的改變是否為實驗處理（X）所造成的。

Ⓑ歷史或臨時事故：前後測間，除了實驗處理外，可能有其他事情發生，也足以影響依變項。

Ⓒ成熟：前後測時間間距拉長，此時受試者身心皆更成熟。如此，依變項的差異是否來自自變項即難以論定。或受試者較疲倦、沒熱忱，或較不注意，都有可能影響實驗結果。

Ⓓ測驗效應：參加前測的經驗會使後測成績比前測好。因為前測的經驗可能會提升動機、改變態度、導入學習意向或激發自我步調。

Ⓔ改變的效應：測驗、計分、觀察或晤談技術等的改變，都可能造成前測與後測的差異。

❸靜態組比較設計（the static-group comparison design）

①方法：研究者將被研究者分成兩組，但僅對實驗組施予實驗處理（X），然後對兩組皆施以後測（O₂），藉以比較實驗組與控制組的差異情形。

②優點：本項設計另增控制組，可進行比較。

③缺點：Ⓐ雖有實驗組與控制組之分，但因未隨機分派，兩組無法事先確定是等量的關係，有可能被研究者選擇的偏誤所影響；Ⓑ由於缺乏控制情境，內、外效度均差。

前實驗設計是所有實驗設計中，效果最差的一種，其主要的限制在於缺乏控制組；或即使有兩組，但無法提供與實驗組等量的控制組。

前實驗設計的類型與舉例

（一）單組後測設計

例如：給一群學生閱讀新編寫出來的數學參考書，然後對他們施以數學測驗。

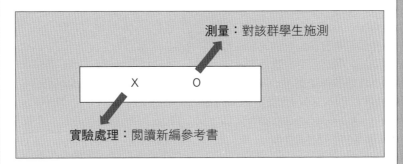

測量：對該群學生施測

X　　　　　O

實驗處理：閱讀新編參考書

（二）單組前測後測設計

例如：先給一群學生進行數學測驗，再給他們閱讀新編寫出來的數學參考書，然後對他們施以數學測驗。

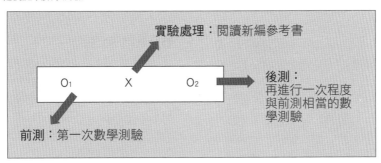

實驗處理：閱讀新編參考書

O_1　　　X　　　O_2

後測：
再進行一次程度與前測相當的數學測驗

前測：第一次數學測驗

（三）靜態組比較設計

此種實驗設計共有兩組，但只有實驗組有接受實驗〔X〕，控制組則沒有，作為觀察原始的比對。

例如：研究者找來兩群學生，一組讓他們閱讀新編寫出來的數學參考書（實驗組），然後施以數學測驗；另一組則直接進行同樣的數學測驗（控制組）。

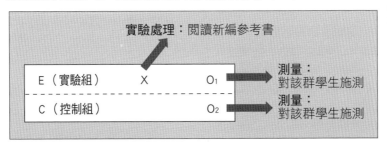

實驗處理：閱讀新編參考書

E（實驗組）　　X　　　O_1

測量：對該群學生施測

C（控制組）　　　　　O_2

測量：對該群學生施測

UNIT **7-10** 實驗設計的評估方法（二）
——真實驗設計

（一）真實驗設計的意義

真實驗設計（true experimental design）使用隨機分配，也具有實驗組和控制組的設計，是最符合實驗室條件的實驗設計方式，也最能解釋公共政策是否達成預期目標；惟這種實驗設計也是最昂貴且最難實施的。

（二）真實驗設計的類型

❶實驗組控制組前測後測設計（pretest-posttest control group design）

①方法：在實驗前採取隨機分配的方式，將受試者分為能力相同的兩組並予以前測。在實驗組成員接受某項政策影響之前，先對實驗組與控制組進行前測，之後再進行後測，如果實驗組在某項指標上產生改變，而控制組沒有產生改變，則可推論此項改變是該政策發揮效果所致。

②優點：此種設計可以說是「單組前測後測設計」的延伸，但精確度大為提升，是真實驗中最常運用的一種。

③缺點：

Ａ易受到前測反作用效果的影響而產生內在效度的威脅，即內在效度威脅中的「測驗」威脅（見單元 7-8）。

Ｂ易產生實驗倫理的問題，且成本頗高，在政策評估中實不易實施。

❷實驗組控制組後測實驗設計（posttest only control group design）

①方法：隨機化的目標在於使導入自變項以前的實驗組與控制組，在統計上可以趨於相等，若是在隨機化安排之後各組相等時，實施前測並不一定是必要的。在實驗設計上，後測控制組設計除了不需要對依變項施予前測以外，都與前測後測控制組設計沒有差別。

②優點：

Ａ不實施前測，比較節省經費，也比較便利。

Ｂ沒有進行前測，不致於使受試者有所警覺而改變真實狀態。

Ｃ受試者的身分可受到保密，比較適合用於不易進行前測的公共政策。

③缺點：

Ａ沒有前測，無法查核是否有差異存在。

Ｂ統計的數據不像前一組具有精確度。

Ｃ無法確定有無差異沒被發現的狀況。

❸所羅門四組設計（Solomon four groups design）

①方法：所羅門四組設計係結合前面兩種實驗設計，故其中共有兩個實驗組和兩個控制組；兩個實驗組均接受相同的實驗處理，惟在實驗結束的時候，四組都必須接受後測。

②優點：所羅門四組設計是最嚴謹、正確性最高的實驗設計方式；在設計上兼採前述兩種設計方式，在實驗組、控制組上均採隨機選取的方式，並可比較有無進行前測所造成的影響。

③缺點：成本過高，參與者過多，在實際情境中難以執行，故並不常見。

（一）實驗組控制組前測後測設計

❶步驟：

按照隨機分派的方式，將所有的受試者分派至實驗組或控制組之中

對依變項施予前測，再對實驗組的受試者進行處理

經過一段時間後，再對兩組實施後測，比較每組之前測與後測之間平均分數的差異

比較前測與後測之間的差異，以確定實驗處理產生的變化

❷舉例：

將一個班級的同學隨機分派（R）到兩組，兩組都先做相同程度的數學能力檢定（O_1、O_3），然後給實驗組同學閱讀新的數學參考書（X），控制組則沒有，最後兩組都再做另一份相同程度的數學測驗（O_2、O_4）。

$$R \quad \frac{\text{E（實驗組）} \quad O_1 \quad X \quad O_2}{\text{C（控制組）} \quad O_3 \quad\quad\quad O_4}$$

（二）實驗組控制組後測實驗設計

❶步驟：

按照隨機分派的方式，將所有的受試者分派至實驗組或控制組之中

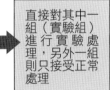
直接對其中一組（實驗組）進行實驗處理，另外一組則只接受正常處理

兩組均接受後測

❷舉例：

將一個班級的同學隨機分派（R）到兩組，直接給實驗組（E）同學閱讀新的數學參考書（X），控制組（C）則沒有，然後兩組都做一份相同程度的數學測驗（O_1、O_2）。

$$R \quad \frac{\text{E（實驗組）X} \quad\quad O_1}{\text{C（控制組）} \quad\quad O_2}$$

（三）所羅門四組設計

將上述兩種實驗設計相結合，即成為所羅門四組設計。

$$R \quad \frac{\begin{array}{llll} \text{E1（實驗組）} & O_1 & X & O_2 \\ \text{C1（控制組）} & O_3 & & O_4 \end{array}}{\begin{array}{llll} \text{E2（實驗組）} & & X & O_5 \\ \text{C2（控制組）} & & & O_6 \end{array}}$$

UNIT **7-11** 實驗設計的評估方法（三）
──準實驗設計

（一）準實驗設計的意義

準實驗設計（quasi-experimental design）中的實驗組與控制組「並非以隨機方式產生」，因此實驗結果的準確性與穩定性不如真實驗設計，外在效度也不高。但準實驗設計所反映的是真實社會情境中，因為社會中多數是自然而完整的團體，研究者幾乎不可能隨機選取或分派受試者，而只能遷就既有的事實，應用現有的團體做實驗分組，例如教育情境中的班級、學校。由於實驗室情境不易建立，實驗變項難以控制，再加上實驗倫理道德的因素影響下，準實驗設計是研究者所能建構的較理想實驗方式。因此，公共政策的實驗情境通常充其量只能符合「準實驗設計」。

（二）準實驗設計的類型

❶ 時間數列設計（time-series design）

①方法：在實驗設計中，受試者在接受實驗處理（政策實施）之前和之後，重複接受測量，而非僅在處理前後各接受一次測量，謂之「時間數列設計」。特別適用在對被研究者進行長時間的觀察，然後在這段時間之內，採取一種突然的或顯著性的處理。這種設計由於採行一系列的事前觀察與事後觀察，可以較準確地評估穩定與變化。運用本設計的時機為：Ⓐ每次觀察的時間間距相等，並依相同程序進行；Ⓑ導入的處理必須是明顯的、具有干擾性的；Ⓒ每次接受觀察的受試者，應都是相同的。

②優點：藉由多次的測試和檢核以提高內在效度，適用於縱貫研究的設計。

③缺點：本設計會因為「成熟」、「不穩定工具」、「測驗」與「受試者亡失」等因素而降低內在效度。

❷ 多重時間數列設計（multiple time-series design）

①方法：在「時間數列設計」中增加一個控制組，控制組與實驗組均由一個完整的團體組成，後者接受實驗處理（政策實施）時，前者沒有接受處理。

②優點：解決可能發生臨時事故的問題，也有控制組可以和實驗組加以比較。

③缺點：缺乏隨機分配，其結果可能受到研究者操縱，也可能產生實驗倫理的問題。

❸ 不相等實驗組控制組設計（nonequivalent design）

①方法：本設計與真實驗設計中的「實驗組控制組前測後測設計」唯一不同處，在於本設計的受試者未經隨機化取得。

②優點：由於只進行一次觀察，較能控制「成熟」、「不穩定工具」、「測驗」與「受試者亡失」等因素。

③缺點：

Ⓐ控制組無法確保不會受到「歷史」、「前測」、「成熟」與「工具」造成的錯誤影響。

Ⓑ未採隨機分配，容易誤將實驗組與控制組的差異，歸因於實驗處理。

真實驗設計與準實驗設計之差異

比較項目	真實驗設計	準實驗設計
受試者	能隨機抽樣、隨機分派受試者	無法隨機分派受試者
干擾變項的控制	較能完全控制無關干擾變項的影響	無法完全控制無關干擾變項的影響
內在效度	研究結果較為精確，故內在效度高	研究結果易受干擾變項之影響，故較不精確，內在效度較低
外在效度	研究之結果只能推論實驗室情境，故外在效度低	研究之結果可以推論至條件類似的其他情境，外在效度較高

準實驗設計的類型與舉例

（一）時間數列設計

❶步驟：應用於長時間的觀察研究，藉觀察到的紀錄判斷政策是否產生效果。

❷舉例：長期記錄機車騎士未戴安全帽的車禍死亡率，然後當強制戴安全帽政策實施後，再長期記錄機車騎士車禍死亡率的改變。

O_1　O_2　O_3　O_4　　　　　X　　　　　O_5　O_6　O_7　O_8

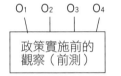
政策實施前的觀察（前測）

政策實施

政策實施後的觀察（後測）

（二）多重時間數列設計

❶步驟：將前述時間數列設計分為實驗組與控制組實施，但未採用隨機分配的方法。

❷舉例：對兩個不同的都市進行觀察，長期記錄機車騎士未戴安全帽的車禍死亡率，然後當強制戴安全帽政策在其中一個都市實施後，再長期記錄機車騎士車禍死亡率的改變。

強制戴安全帽

E（實驗組）　O_1　O_2　O_3　O_4　X　O_5　O_6　O_7　O_8

C（控制組）　O_9　O_{10}　O_{11}　O_{12}　　　O_{13}　O_{14}　O_{15}　O_{16}

（三）不相等實驗組控制組設計

❶步驟：與多重時間數列分析相似，但只分別進行一次的前測與後測，避免因頻繁的測量而影響受試者。

❷舉例：同上例，但只在政策實施前後分別進行一次觀測。

E（實驗組）　O_1　　X　　O_2

C（控制組）　O_3　　　　O_4

UNIT 7-12
再論質化評估

當政策評估進入第四代時，便進入質化評估的階段，強調「被評估者」的優勢地位；評估是為標的人口所做的，因此評估報告不能只是充斥數字與公式的量化分析。在評估方法上，捨棄過去的科學調查方法，改採「自然調查法」，即評估者應深入情境、將心比心，使政策評估趨向「人性化」。此外，質化評估亦主張評估者應設法建構利害關係人心中的關切議題，以反映真實的利害關係人需求給決策者，制定符合利害關係人需求的政策。

依佩頓（M. Q. Patton）與吳定教授的看法，需要採取質化評估的時機有：

（一）過程評估

過程評估主要在了解方案執行的動態狀況，包括：方案的優缺點、方案服務對象的表現與互動，以對方案進行最詳細的描述。因此評估者可以透過訪談、實地觀察等方法，了解參與政策的公務員和人民最切身的感受。

（二）評估個別性結果與個案研究

許多政策方案關心的是個別性（individualization），即政策方案是否迎合個別服務對象的需求。由於不同的對象會有不同的需求，因此難以發展標準化的量表來進行評估，所以需要評估人員去記載個別對象的執行結果，以了解標的人口對政策執行的滿意程度。例如社福政策或教育政策就常需要採用這種評估方法。

（三）執行評估

評估政策方案執行的一項重要方法，就是蒐集並描述方案執行的資訊，以了解標的人口接受到什麼服務、執行人員到底做些什麼事。

（四）描述方案在不同地點執行的差異

中央規劃的政策方案往往還是交由地方政府落實執行，而地理位置、人文風俗與經濟發展的差距往往使中央規劃的政策標準不適用於地方。此時對不同地區的標的人口進行整體性的了解，掌握地方執行上的獨特性及對比性，才能了解方案在執行上為何偏離原先的目的。

（五）形成性評估

形成性評估（formative evaluation）是指以改善方案執行為目的所進行的評估，在評估的過程中，需要了解不同參與者對方案執行的看法，以作為改善執行品質的參考依據，因此標的人口與執行人員的意見相當重要。

（六）評估政策品質

方案執行的品質常無法以量化的方式表達，例如在教育政策的評估中，學生與老師互動的次數雖然可以測量，但互動時的品質，以及師生互動後對學生行為的改變，卻必須評估者貼近師生觀察才能了解。

（七）立法監測

立法監測重視方案的傳輸系統（delivery system）的價值，也就是公共服務遞送的過程。過程的價值往往難以量化方式精確表示，諸如「分權」、「解除管制」、「委託外包」等概念是否確實被執行？執行的結果是否讓標的人口滿意？這都需要評估人員進行質化的評估。

量化評估與質化評估的比較

比較面向	量化評估的研究方法	質化評估的研究方法
方法論	邏輯實證論（logical positivism）	現象主義與詮釋學
知識論	客觀的	主觀的
研究目標	尋求社會現象的事實與因果	從行為者本身的指涉架構來理解人類行為
研究情境	人為控制性的觀察	自然的、排除人為控制的觀察
評估者與當事人的距離	遠離資料	接近資料
假設命題	印證取向的	發現取向的
研究性質	實證的、化約主義的和假設推演的	探討性的、描述性的、歸納性的
觀察重點	成果取向的	過程取向的
選擇資料的標準	可信的、硬體的和可複製的資料	有效的、實際的和深度的資料
累積的知識	通則化和多重個案研究的	非通則化和單一個案的
獲致的成果	個別的	整體的

量化評估與質化評估的互補

量化評估可以用一組有限的問題測量群眾的反應，以進行資料的比較與分析，得到精簡、廣泛而一般性的研究發現；質化評估則能對少數個案進行分析，產生深入而詳細的資訊。故兩者各有優點，應使用多元化的評估方式，以產生相互檢證的效果。

促使質化評估者產生興趣而進行田野研究

質化評估 ← → 量化評估

互相強化

❶形成量化評估所欲考驗的假設
❷形成量化評估所欲建構的量表與指標
❸質化資料可以增強量化資料的分析

UNIT **7-13**
政策評估的經濟效益分析

政策評估的方法有許多種，但最受人注意的，還是政策方案的經濟效益。因為經濟效益往往以金錢作為衡量單位，最容易讓人了解，並有深刻的感受。經濟效益的評估方式主要有「成本利益分析」（cost-benefit analysis）與「成本效能分析」（cost-effectiveness analysis）兩種：

（一）成本利益分析

成本利益分析在 1930 年代後期曾用於分析美國著名的大型公共政策方案「向貧窮宣戰」（War on Poverty），它是指方案或計畫的成本與結果（outcomes）間的關係，通常以貨幣加以表示。成本利益分析強調在一定條件下尋求最低的「投入」或最高的「產出」。就政府事務而言，成本利益分析就是將私人企業的投資理論應用於政府事務的處理，按照投資報酬率的高低，將政策替選方案排定優先順序，而選擇價值最大的方案。

任何一個方案在進行成本利益分析之前，必須具備的條件為：❶該政策有獨立的經費；❷政策已經執行，而且效果非常顯著；❸政策的影響幅度可以有效地估計；❹政策帶來的效益可以化約成金錢價值；❺決策者的考量非僅限於原定政策計畫。

再者，所謂成本是指任何投進某一方案的資源，通常包括執行成本、社會成本與機會成本；同時也需注意時間因素對幣值的影響（如通貨膨脹因素）。利益是指任何由方案的運作所產生的可用市場上價格衡量的產品、服務、金錢等。成本利益分析的結果，通常以「益本比」（利益除以成本）及「益本差」（利益減去成本）加以表示。

（二）成本效能分析

成本效能分析起源於 1950 年代美國著名的智庫「蘭德公司」，至 1960 年代獲得美國政府的廣泛運用；它是評估一項政策在實現既定目標上所發揮的功效，以及因此所需投入的成本。成本效能分析和成本利益分析一樣，目的在比較各替選方案的成本與效能之比率，以選擇最佳的方案。兩者相同之處在計算成本部分均以貨幣價值計算，但成本效能分析在計算效能時係以每單位的財貨、服務或其他有價值之「效能」列為衡量的基礎，亦即政策分析人員如果採取成本利益分析，所選擇之方案「益本比」必須大於一；但是成本效能分析則隨個案而有所不同。換言之，成本效能分析是找尋最有效能的方案，並非最有效率的方案。

進行成本效能分析時，由於各方案的效益不見得能化約成共同的單位（如：貨幣），因此無法鑑定政策的絕對價值，故常以其他目標類似的政策方案所達成的成果來進行比較。

（三）兩者的比較

成本利益分析考量的主要是效率（efficiency）問題；成本效能分析主要是探討目標達成（goal attainment）的問題。故前者是討論「手段」的問題；後者是討論「目標或目的」的問題。

成本利益分析的例子

（一）益本差的計算

益本差的計算方法有很多種，其中較為常用的方法且透過例子說明如下：

❶若某政府考慮興建焚化爐來取代過去的掩埋場，焚化爐的運作費用為一年200萬元，掩埋場的運作費用為一年250萬元，同時政府必須另負擔100萬的經費作為空氣汙染防治之用，則該政府是否應興建焚化爐？

單位：萬元

成本	空氣汙染防治費／年	利益	淨值
-200	-100	+250	-50

由於分析結果為負值，故應拒絕興建焚化爐的提案。

❷若有A、B兩種焚化爐的方案，政府需從其中選擇一種，以成本利益分析方法的考量如下：

單位：萬元

	A型 （欠缺空氣清淨設備）	B型 （包含新式空氣清淨設備）
成本	-100	-150
利益	+250	+250
政府負擔（空氣汙染防治費）	-100	0
淨值	+50	+100

根據分析的結果，若預算足夠負擔B型的成本，應選擇B型焚化爐。

（二）益本比的計算

以第一個例子而言，益本比的計算方式如下：

單位：萬元

成本	空氣汙染防治費／年	利益	益本比
-200	-100	+250	250／（200+100）＝0.83

根據分析的結果，益本比未大於1，故應拒絕興建焚化爐的提案。

成本效能分析的例子

若某政府有50萬元的滅蚊預算，有兩種消滅蚊子的方案可供選擇，A方案是僱工挨家挨戶噴灑殺蟲劑；B方案是請村里長發放蚊香，其計算方法如下：

方法	每戶成本	成功率	能處理戶數 （總預算／每戶成本）	實際發生效果的戶數 （處理戶數×成功率）
A案	80元	90%	500,000/80＝6,250	6,250×0.9＝5,625
B案	30元	40%	500,000/30＝16,667	16,667×0.4＝6,667

根據分析的結果，應選擇B案。

UNIT **7-14** 政策評估的類型（一）
──依評估進行的時間來區分

政策評估不只是在執行之後才進行的工作，國內政策學者吳定將政策評估的種類分為預評估（pre-evaluation）、過程評估（process evaluation）、結果評估（outcomes evaluation），分別在不同的政策階段發揮不同功能。

（一）預評估

預評估主要指在政策規劃階段進行的評估，目的在了解該方案的「預期影響與效益」，以便在方案執行前就能對資源配置進行初步預估，或在方案執行一段時間後進行探測性的評估。預評估又可概分為三種：

❶規劃評估

在政策規劃階段，針對各替選方案的可行性、執行成本、結果影響等進行評估，以便在執行前能對政策資源進行較佳的調整與配置。

❷可評估性評估

在政策執行一段時間後，去了解政策是否能被評估？評估有沒有價值？可評估性評估包括兩個階段：①計畫分析：從政策目標、行動內容及利害關係人的認知等評估技術面考量政策方案是否需要評估；②可行性分析：從決策面考量該政策是否需要進行全面性的評估，包括由誰評估及如何評估的問題。一項值得評估的政策方案必須有三個要件：①政策方案的明確範圍；②能產生清楚而明確的政策後果；以及③政策行動與目標達成之間有明確的因果關係。

❸修正方案評估

在政策執行過程中，若及早發現過去規劃的缺失與不足，或為了提升方案的執行效率，擴大政策利害關係人的範圍，往往會設計修正方案。修正方案評估即在針對這些修正方案進行評估。

（二）過程評估

過程評估是對政策方案的整個過程，包含對於問題認定、政策規劃、政策合法化、方案執行過程進行評估。評估的焦點諸如問題認定是否正確？規劃過程是否吸納各方參與者的聲音？是否考量了足夠的相關因素？方案執行的資源、人員、程序是否適當？執行機關是否配合？等等。此外，在過程評估中通常透過對當事人進行滿意度調查以了解前述問題是否發生。

（三）結果評估

結果評估是去評估方案的最後執行成果，仍包括兩個部分：產出評估（output evaluation）與影響評估（impact evaluation）。

❶產出評估

產出評估重視的是數量的計算，例如執行機構對標的人口給予多少次的服務、多少錢的補助，或產出的公共財貨數量等等，偏重於「效率」的衡量。

❷影響評估

影響評估指對於政策執行的最終結果所產生的有形與無形影響予以衡量，以了解政策最終產生的效果。例如了解政策實施是否使標的人口的行為產生預期的改變？原先的問題是否已得到舒緩？通常影響評估比產出評估難處理，但重要性卻更高。例如警政署想知道年度春安工作實施的狀況，可以衡量警察動員的人數或效率（產出評估），也可以設法了解民眾對治安信心改善的程度（影響評估）。

預評估、過程評估與結果評估的示意圖

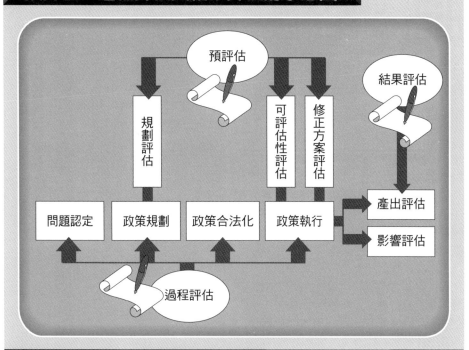

政策評估的邏輯程序與內容

政策學者費雪（F. Fischer）認為政策評估應涵蓋技術印證（technical verification）、情境確證（situational validation）、系統驗證（systems vindication），以及理性的社會選擇（rational social choice）四者的分析，才能形成批判性的政策評估。其邏輯程序與內容如下：

邏輯程序	基本觀念	主要內容
技術印證	以邏輯實證論的觀點，利用成本利益分析、作業研究等方式來測量政策是否有效達成目的	❶政策目標 ❷經驗結果 ❸非預期的影響 ❹備選的政策方案
情境確證	政策目標的實施應符合社會情境的實況	❶政策相關性 ❷情境系絡 ❸多元目標 ❹決策規則的優先性
系統驗證	政策目標應為社會產生價值	❶整體系統的綜合影響 ❷政策的公道性
理性的社會選擇	探討一個良善的社會應有的標準	❶理念意識的衝突 ❷另一種社會秩序的追求

UNIT **7-15** 政策評估的類型（二）
——依評估的基礎來區分

唐恩（W. Dunn）將政策評估分為虛擬評估（pseudo-evaluation）、正式評估（formal evaluation）與決策理論評估（decision-theoretic evaluation）三種，說明如下：

（一）虛擬評估

又稱「假評估」，是用描述性的方法，如準實驗設計、問卷調查、隨機抽樣、統計方法等科學技術，以產生關於政策結果的資訊，至於該結果是否吻合個人、組織或整個社會的「價值」，則不在評估範圍之內，評估者只以科學方法說明政策的結果。但在多元社會中，若欠缺對評估價值的質疑，所得的結果充其量只能滿足某種偏見，實不足採之，故以「虛擬」名之。例如我們以核電發生意外的機率比坐飛機低，就說核電很安全，恐怕欠缺說服力。

（二）正式評估

又稱「形式評估」，亦使用描述性分析方法，以產生有效與可信的政策結果資訊。但正式評估係以決策者所宣布的正式目標作為評估政策價值的有效基礎。其評估方式可包含數種：

❶總和評估（summative evaluation）

總和評估適用於結構良好的政策問題，針對執行結束後的結果進行裁判。可再依控制方式分為「實驗評估」（experimental evaluation）與「回溯性結果評估」（retrospective outcome evaluation）。茲以貓空纜車的凱蒂貓活動為例說明：

①實驗評估：對政策輸入過程進行「直接」控制，以監測和評估政策產出，即「控制性實驗」。例如可在「凱蒂貓」結束後舉辦「哆拉A夢」活動，看何者較能吸引人潮。

②回溯性結果評估：只進行非直接控制，不操控政策輸入與過程。例如凱蒂貓活動結束後，統計帶來多少收益。

❷形成評估（formative evaluation）

形成評估係針對政策做持續的監測與評估，而非僅在執行後才進行評估。形成評估可再依控制方式分為「發展評估」（developmental evaluation）與「回溯性過程評估」（retrospective process evaluation）。

①發展評估：著重在逐漸發展、修正，用以了解政策初期的缺點，有利未來良好的政策執行。教育上常用於新式教學方法與教材的評估，以獲得立即的修正。例如北捷可計算每日搭乘人數，決定是否延長假日營運。

②回溯性過程評估：對已執行一段時間的政策，進行監測與評估，以了解執行的瓶頸。可透過資訊管理系統以協助評估，提供過程與產出之訊息。例如可測試派出凱蒂貓人偶表演，是否能吸引更多遊客。

（三）決策理論評估

在政策規劃與執行階段讓利害關係人加入，並以他們的目標作為評估準則。其包含兩種方式：

❶ 可 評 估 性 評 量（evaluability assessment）

一項可被評估的政策應有清晰的計畫、清楚的目標及明確的假定；亦即「行動」與「預期結果」間明確的邏輯關係。

❷ 多屬性效用分析（multi attribute utility analysis）

探究多元利害關係人對政策結果的主觀判斷，以揭露環境中既存的多元衝突目標。

唐恩的三種途徑之比較

	虛擬評估	正式評估	決策理論評估
目標	以描述方法產生有效可信的資訊	以描述方法產生有效可信的資訊；而這些結果已被宣稱為政策目標	突顯利害關係人多元的目標與價值
假設基礎	評估的價值不證自明，沒有爭議，故不討論價值問題	決策者的目標是價值評估的基礎	包含利害關係人的多元價值及決策者所宣稱的價值
形式	社會實驗、社會監測等	發展評估、回溯性過程評估、實驗評估、回溯性結果評估	可評估性評量、多元屬性效用分析
技術	圖示法、表列法、指數法、間斷時間序列分析、控制序列分析等	目標樹、價值區分、價值批判、目標限制圖、交叉影響分析等	腦力激盪法、政策德菲法、使用者調查分析等

正式評估方式的說明

		對政策過程的監測導向	
		形成評估	總和評估
對政策行動的控制	直接控制	發展評估	實驗評估
	非直接控制	回溯性過程評估	回溯性結果評估

形成評估

形成評估是「對政策做持續的監測與評估」，其方式包括：

發展評估
以教育方法為例，分析人員首先不斷將新教材與教法呈現至學生面前，觀察學生的反應，並進行系統性的監測與評估。接著分析人員依據評估結果對方案進行多次反覆修正。

回溯性過程評估
此種評估不對政策輸入與過程進行操控，只提供執行過程中的相關資訊。

總和評估

總和評估是「檢測政策方案實行一段時日後的成果」，其方式包括：

實驗評估
運用真實驗或準實驗方法對政策結果進行觀測。

回溯性結果評估
一樣對政策結果進行監測與評估，但不對政策輸入與過程進行操控，其方法包括：❶縱斷面研究：例如對選民投票行為進行五到十年的長期觀察，以了解長期變化的情形；❷橫斷面研究：設置實驗組與控制組兩相比較，據以進一步解釋推論。

UNIT *7-16*
社會指標與政策指標

評估總是需要一些客觀的測量標準，亦即統計上的「指標」。在政策評估中，通常運用「社會指標」（Social indicators）與「政策指標」（Policy indicators）。

（一）社會指標

社會指標是指以量化的方式及統計資料來反映社會的發展與趨勢；它往往是一種時間數列性資料，能進行長時期的比較分析。社會指標源於人生週期模型，選取探討人類一生福祉相關的項目，亦即將生命所歷經的重要階段，包括家庭、求學、事業、婚姻、人際關係、退休、生病……等，擇選適用之指標予以呈現，如結婚率、離婚率、就學率、失業率、生育率、死亡率……等等。我國行政院自 1979 年起依聯合國「社會及人口統計系統」架構，出版《社會指標統計年報》，為我國公共政策運用社會統計指標之始。經過多次修改，至 2006 年時內容包括人口、家庭、健康、教育與研究、就業、所得與支出、住宅與環境、公共安全及文化與休閒等九個主要領域，及運輸通信、社會安全及社會參與等三個輔助領域。

爾後由於國際組織著重發展更全面性的指標以衡量國民福祉及社會進步，我國亦自 2014 年起改為發布《國民幸福指數年報》。但在考量統計各項業務的成本效益之後，又於 2017 年起停止發布。惟行政院主計總處仍持續更新各項主要指標資料，彙整成「福祉衡量指標統計表」，提供各界參考。

社會指標有助於政策分析人員了解社會變遷，並發掘社會問題，但指標的選擇往往受到研究者主觀偏見的影響，同時社會指標畢竟只是社會整體趨勢的一種參考指數，其變化未必與特定政策有直接關係。例如當我們看到國人平均餘命（壽命）增高，不見得代表特定醫療或衛生政策所達到的結果；所以在 1980 年代便有學者推出更具政策代表性的「政策指標」觀念，來解釋公共政策的因果關係。

（二）政策指標

麥克瑞（D. MacRae）在 1985 年出版《政策指標》（*Policy Indicators*），他主張政策指標應反映政策利害關係人的三種價值：經濟利益、主觀福祉及分配公平性。這種指標與社會指標的主要差別在於：

❶社會指標是反映整體社會的變遷趨勢，政策指標則直接與政策相關；例如女性勞動參與率是一種社會指標，但我們若想了解兩性平權政策的執行成果，就必須更進一步觀察兩性薪資結構、企業人事制度等更具體的政策指標。

❷社會指標強調統計數字是客觀且科學地反映社會變遷的實際狀況，而政策指標需經常納入民眾與決策者的偏好與價值。例如我們要衡量治安狀況的改變，就得考量人民最在意的汽機車與住宅竊案發生率。

❸社會指標為了達成某一政策目標而設計，但政策指標不僅是目標取向，更是問題解決取向，關係政府施政的優先順序。所以政策指標在政策評估中，較社會指標更能反映政策執行後所帶來的改變。故政策分析人員應針對特定政策領域，邀請專家與利害關係人共同訂定政策指標，才能進行更有公信力的政策評估。

社會指標的舉例

多數社會指標都會與政策相關，同時表達主觀與客觀的社會狀態。唐恩（Dunn）以美國常見的社會指標說明其特性：

領域	指標
健康與疾病	公立精神病院的病患人數
公共安全	害怕獨自夜行的人口數
教育	超過 25 歲的高中畢業人口數
就業	婦女參與勞動的比率
收入	低於貧窮線的人口百分比
居住	每戶家庭平均居住空間
休閒娛樂	平均每年花費於休假的時間
人口	實際人口數與估計人口數
政府與政體	公共行政的品質
社會價值與態度	生活滿意度與疏離感

❶ 上述指標多數被設計用來監測客觀的社會狀態，其中有些指標有賴於被觀察者的主觀回應（如：害怕獨自夜行的人口數）。
❷ 多數指標會依時間序列呈現以進行比較，並可針對不同標的人口進行交叉分析。
❸ 多數指標反映目前的狀況，但亦可用於表達未來的目標；如政府希望在未來數年內將「低於貧窮線的人口百分比」控制在某個數字以下。
❹ 這些指標往往和公共政策的輸出或影響息息相關。

政策指標的形成

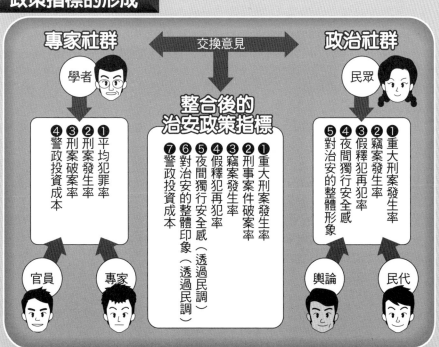

UNIT *7-17*
政策評估的一般性標準

圖解公共政策

我們究竟以哪些標準來評估政策？在學理上並沒有標準答案，最常見的說法，是依據唐恩及波伊斯特（Poister）的看法，將政策評估的標準分為六項：適當性、效能性、效率性、充分性、公正性及回應性。

（一）適當性（appropriateness）

適當性是指政策目標的價值應符合社會的主流價值觀，這是評估政策方案最重要的標準。一個不符合社會價值觀的政策方案，無論再怎麼好，都會遭到社會的抗拒。不過社會的價值觀並非永遠不變，政府可以透過各種社會化（socialization）的方式，引領社會價值觀的提升。例如前法務部長王清峰女士因主張廢除死刑而下台，可見唯有人民觀念先改變，政策才能順利推行。

（二）效能性（effectiveness）

所謂效能性是指政策方案實施後，達成預期目標的程度，也就是了解政策是否已達成期望的結果或影響。例如政府推動節約用電，常以當月的用電量與去年同月份的用電量相比，看是否有明顯的效果。

（三）效率性（efficiency）

效率性是指政策方案所生產的產品或公共服務所消耗的成本，通常以每單位成本所產生的價值，或每單位產出所需的成本作為評估基礎。與效能性重視結果的觀點不同，效率性在乎的是執行政策的方式是否經濟有效。例如政府宣傳節能減碳的方式，透過舉辦記者會、引起傳媒注意，就比在電視上購買廣告時間要節省成本，符合效率性的要求。

（四）充分性（adequacy）

政策方案多是基於人民關心的公共問題所產生的，充分性即是指政策目標達成後，原來的問題被解決的程度。例如當用電量降低之後，我國溫室氣體的排放總量是否因此降低，而能有助於環保的提升。

（五）公正性（equity）

公正性是指政策執行後，導致相關的社會資源重新分配的公平合理程度；此標準常見於評估政府的社會福利政策。例如政府對計程車給予油價補貼，以控制計程車費率調漲，就被人批評為是拿納稅人的錢照顧特定行業與富人，不符社會公正原則。當然，政策結果最好是使每個人的福利都得到提升；如果不行，基於社會公平正義，政府應儘量照顧弱勢者的利益。

（六）回應性（responsiveness）

政策能否滿足特定標的團體的需求、價值或偏好，此即為回應性的標準。一個政策方案儘管符合前述的標準，但若未能回應標的團體的需求，仍會被評為失敗的政策。例如在政府安置原住民時，儘管政府提供國宅、貸款等諸多優惠，但未從原住民的生活習慣考量，依舊得不到原住民的支持。

政策評估的標準

標準的形式	意義
適當性	適當性標準應優先於其他標準，指政策目標的價值如何、對社會是否合適
效能性	指某政策達成預期結果或影響的程度。亦即將實際達成者與原訂的預期水準相比，以了解政策是否產生所期望的結果或影響
效率性	指政策產出與使用成本間的關係，著重以較佳方法執行政策，而非著重於以有效的途徑達成目標
充分性	指目標達成後，消除問題的程度
公正性	指政策執行後導致與該政策有關的社會資源、利益及成本公平分配的程度
回應性	指政策執行結果滿足標的團體需求、偏好或價值的程度

政策評估標準的設立原則

上述六個標準，是按照此處的十個原則所推演出來的：

設立原則	內容
清晰性 （clear）	政策評估標準應清晰明確，使每位執行人員均能了解
一致性 （consistent）	政策評估標準的內涵必須一致，避免「又要馬兒好，又要馬兒不吃草」的窘境
廣博性 （comprehensive）	評估標準的設計應儘量能衡量政策執行後，所產生的不同影響的程度
有效性 （valid）	評估標準要能確實衡量到其所欲衡量的政策影響；即實驗設計中「效度」的觀念
可靠性 （reliable）	在設計評估標準時，應考慮該標準在同樣情況下重複進行評估工作的話，仍能得到相同結果；此即實驗設計中「信度」的觀念
合時性 （timely）	評估者所需的評估資訊應能及時蒐集，以免使評估成為昨日黃花
客觀性 （objective）	評估標準應儘量使評估者的偏見不會涉入太深，以免影響評估的結果
操作性 （operational）	評估的標準應力求具體並可以量化，方能為大眾所遵循
獨特性 （unique）	各種政策面對的情境不盡相同，應針對利害關係人的特殊性與環境的情況，設計若干彈性的標準
功能性 （functional）	在認定評估標準時，應考慮該評估標準可能對執行人員產生的正、負功能： ❶正功能：該評估標準可提升工作人員的執行意願 ❷負功能：該評估標準可能將工作人員導向錯誤的工作方向，例如過度強調依法行政，可能產生「目標錯置」的現象

UNIT **7-18**
政策評估的問題與陷阱

在本章一開始的時候說到，政府機關所進行政策評估有時是十分可議的，諸如為了攻擊政敵、官官相護、草草了事、推諉責任等等，因此許多學者根本不相信政府的政策評估報告。美國著名政策學者戴伊（Thomas R. Dye）認為政府政策評估失敗的根本原因在於：

（一）政策評估可能引發衝突

全面性的政策評估可能揭露社會目標的不一致性，迫使政府必須重新檢討社會基本目標，如果民眾真的無法凝聚共識，政策評估的進行可能引發更大規模的政治衝突；如我國的主權或兩岸政策就有這種特性。

（二）政策本身較重視象徵性的意義

政府本來就不喜歡揭露一項沒有實質效率或效能的計畫，而使得自身難堪，甚至降低政策的象徵性功效。像過去政府推動的「以臺灣名義加入聯合國」，就不太可能進行評估。

（三）行政機關抗拒評估的心態

基層行政機關不喜歡被評估，就如同一般學生討厭考試一樣，因為行政機關往往認為若評估的結果不佳，會妨礙機關的既得利益，比如影響下年度預算、考驗執行人員能力等；同時，機關也必須從既有的人力與經費中分一些出來進行評估，造成日常業務的壓力。

（四）實驗評估本身不易進行

在科學上較具說服力的實驗評估本來就不容易進行，因為真實生活的變數太多，不易形成實驗室那種不被其他變項干擾的情境，像政府在股市低靡時常有刺激股市的護盤政策，卻會因剛好遭遇美國金融危機或中東戰爭導致油價上漲等因素影響而失去效果。而且基於人民權利的考量，由誰來做「控制組」或「實驗組」？可能衍生更多的政治與法律爭議。

除了上述問題，政策評估還有一些不可避免的限制。首先，政策常會有非預期後果，也就是副作用，例如福利政策雖然照顧窮人，卻也可能降低他們的工作意願，這種隱形的副作用確實存在，卻很難評估。此外，政策所造成的長期影響本身就很難評估，例如政府教育政策的改變，可能影響到孩子未來找工作的競爭力，卻不是這些孩子當時的考試成績可以看出來的。最後，回歸到政府與企業不同的本質，那就是無論政策短期的產出或長期的「政策影響」，都有可能無法以金錢或任何形式的數字來衡量，諸如民心士氣、社會安定、政治穩定，以及價值觀的改變等等，因此政策評估確有其困難所在。

政策評估難以克服的問題

丘昌泰教授亦列舉了七項政策評估容易失敗的原因,亦頗值得學習:

原因	說明
政策目標 不易釐清	民主社會中的目標常是多元價值取向,甚至根本難以排列優先順序。 像經濟發展與環保,常是難以兩全的問題
政策成敗標準 不易界定	政策成敗的標準會因不同的評估者所抱持的不同標準或立場,甚至是 意識形態而異
公共政策 的副作用	許多公共政策會形成意想不到的反效果,例如開放多元師資培育管道的 結果,固然廣開教師來源,卻製造了許多流浪教師
缺乏資訊	目前政策評估最大的困難就在於缺乏完整的資訊,以至於難以進行科 學的判斷。例如H1N1疫苗的注射效果與副作用的問題,即呈現資訊不 足的狀況
評估方法論 的問題	量化評估與質化評估各有優點也各有其限制,難以對政策評估提供一 致性的滿意方法
政治敏感性	政府擔心政策失敗的政治責任與行政責任,常隱藏真實資訊,例如警 察吃案;或對評估出現情緒性的反應
評估成本太高	政策評估往往需要大量經費,必須設法降低成本

「非預期影響」與「外部性」的區別

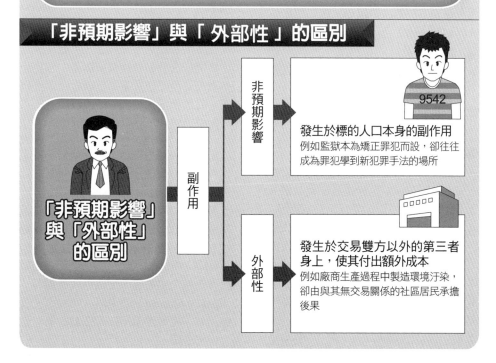

「非預期影響」與「外部性」的區別

副作用

非預期影響

9542

發生於標的人口本身的副作用
例如監獄本為矯正罪犯而設,卻往往
成為罪犯學到新犯罪手法的場所

外部性

發生於交易雙方以外的第三者
身上,使其付出額外成本
例如廠商生產過程中製造環境汙染,
卻由與其無交易關係的社區居民承擔
後果

UNIT *7-19*
政策變遷

公共政策的五個階段是一個循環過程，因此政策評估的完成並非一定是政策的結束，而是政策可能朝向另一個階段發展；故政策評估的結果，通常標示著政策變遷（policy change）。

（一）政策變遷的方式

政策變遷是指一項或多項既有的政策被其他政策取代或進行若干調整的現象，包括以下四種方式：

❶政策創新（policy innovation）

在特定政策領域上制定新的法律或計畫，以取代原有的法律或計畫。例如政府規劃實施的「碳稅」，就是一種環保的創新方法。

❷政策賡續（policy succession）

在現行政策基礎上作小幅度修正，是一種漸進式的改變，通常是以新的方法來達成原先的政策目標。例如務實外交的做法，儘管在不同時期有不同的樣貌，但在大環境的現實之下，政經分離、維持邦交國數目的基本原則並沒有太大改變。

❸政策維持（policy maintenance）

維持現有政策，不做改變。

❹政策終結（policy termination）

舊的公共政策完全結束，代之以新的政策；具體的現象可能包括機構裁撤、基本政策的轉向、財政資源的緊縮等等。通常政策終結並不容易實現，因為政策終結等於承認過去的失敗，或使得政策中既得利益者遭受損失而串聯抗爭。近年政府推動的廢除軍公教退休金18% 優惠利率、取消軍眷用電半價、軍教課稅案等等，雖然都符合社會公平，但仍遭到既得利益者反彈而一波三折，這都是要終結過去政策所需付出的代價。

（二）政策變遷的型態

Guy Peters 曾指出政策變遷具有四種型態：

❶ 直線型

指現行政策被其他政策直接取代；例如 1999 年精省後，原有省政府機關幾乎都被中央政府機關取代，而成為中部的分支機構。

❷強化型

將某些過去的舊政策併入新政策中，以強化新政策的內涵；許多社會福利政策、交通與都市規劃都是如此。

❸分離型

將某項政策或計畫分成兩種以上的內涵；如 1974 年美國原子能委員會分立成核能管制委員會與能源研究發展處兩個單位，政策也各自分立。

❹非直線型

此為較複雜的改變模式，可能是成立新機構或在許多舊政策或計畫中制定另一套新的政策或計畫，呈現一個新舊政策參雜的情況；我國的教改政策近年來一向缺乏定向，就呈現這種特性。

傳統的公共政策制定相當保守，多半以漸進的方式進行，因此政策會趨向延續，形成政策慣性（policy inertia），不易形成政策終結。然而近年來由於新治理觀念的興起，公共政策不再是強勢利益團體與專家的特權，公民社會參與的增加，往往造成新的政策內容與原有政策大相逕庭，形成「政策翻轉」（policy reversal）的現象。換言之，政策創新、政策賡續與政策終結的情形愈加受到重視。

所謂政策循環，係指事件或現象依相同秩序，有規律地出現。依朱志宏教授的歸納，其類型有四：

（一）獲得支持的政策循環

某個政策付諸實行且經過評估之後，認為能達成目標，且獲得人民持續的支持。此種政策形成的循環稱為「單純且不時產生支持的循環」。

（二）須逐步調整的政策循環

某個政策付諸實行且經過評估之後，認為欲達成目標尚須漸進地調整修正；此種政策循環稱為「漸進調整循環」。

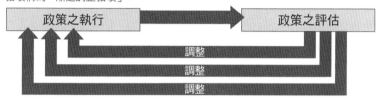

（三）必須改弦易轍的政策循環

某個政策經評估後必須徹底改變，形成下圖兩個回合以上的循環：

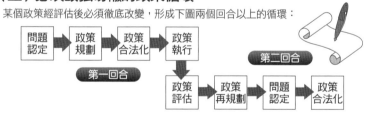

（四）產生新問題或合併其他問題的政策循環

某項政策在經過政策評估後，也許獲得利害關係人的支持，也許因產生新問題而必須進行調整。例如新流感疫苗的施打，可能因為出現太多副作用的個案而在評估之後需要調整，但又不能知道調整之後的結果為何，只能執行之後再進行評估並做調整。

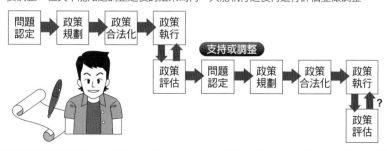

UNIT **7-20**
我國政府機關的政策評估工作架構

我國政府機關的績效考核工作包含兩個部分：一為組織層面的「機關施政績效評估」；另一為個別計畫（政策方案）層面的「個別施政計畫評核」：

（一）機關施政績效評估

本評估係以部會整體為考核對象，要求各部會需訂定機關之「業務」、「人力」及「經費」三個面向之績效目標及衡量指標，以作為施政之策略引導。各部會每年亦需提報年度施政計畫及年度績效報告，以作為行政院衡量各機關施政績效及獎勵之客觀依據，以有效結合策略管理與績效管理。

我國機關施政績效評估有五大特色：

❶強調成本、結果導向及顧客導向。

❷強化策略管理及績效管理。

❸著重對部會整體策略績效管考。

❹各機關皆需建立以衡量指標為主體之施政績效資訊系統，以利決策參考。

❺各部會的年度績效報告需上網公告，接受社會大眾的檢視，以促使各部會落實績效管理制度。

惟此種評估偏向公共管理的組織績效評估，故本書不予多加討論。

（二）個別施政計畫評核

本評估係以年度列管施政計畫為對象，依政策方案之計畫管理、執行績效等面向的評核指標，分別辦理評核作業。計畫評核之目的在透過具體的評鑑過程，檢討各項工作辦理成效，並透過評核結果，了解計畫是否達成既定目標及績效，作為繼續執行或改進該項施政計畫的參考。

個別施政計畫評核以行政院訂頒之《行政院所屬各機關個案計畫管制評核作業要點》為依據，以年度個案計畫管制為評核對象，並依計畫列管級別分別辦理評核。

行政院國發會每年會邀集相關機關會商下一年度「院管制計畫」之評核指標及資料格式，達成共識後，即訂定院管制計畫評核指標及資料格式，並納入相關作業說明，以使各部會辦理院管制計畫評核作業有所依循；至於「部會管制」及「自行管制」計畫之評核作業規定及指標內容，由各主管部會依評核作業要點另行訂定。

各部會於年度終了，應就年度列管之施政計畫，依「行政院列管計畫」、「各部會列管計畫」及「部會所屬機關自行列管計畫」，分別辦理評核。其中行政院列管計畫之評核指標由行政院定之，評核程序分為：主辦機關自評、主管機關評核及評核結果公告。部會列管計畫之評核作業區分為主辦機關（單位）自評、主管機關評核等兩個程序，並由各部會依機關特性及業務性質，自訂評核指標及作業模式，或參考院列管計畫之評核指標、衡量標準及資料格式辦理評核。至於自行列管計畫評核作業則由各計畫主辦機關自行辦理評核，其作業規定由各部會統一訂定或授權由計畫主辦機關自訂規範辦理。

現今在政府資訊公開的要求下，所有規劃、管制、評核的資訊皆已上網公告。讀者可上「行政院政府計畫管理資訊網」自行參閱。

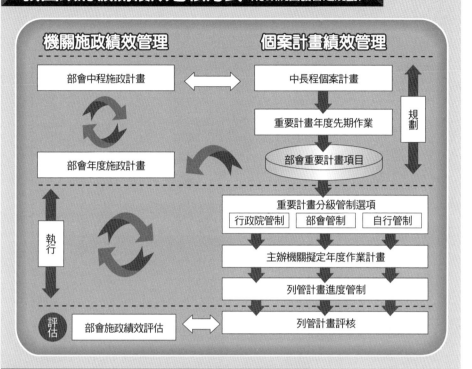

我國政府機關績效考核方式（行政院國發會之規劃）

機關施政績效管理　　　　**個案計畫績效管理**

部會中程施政計畫　⟷　中長程個案計畫

重要計畫年度先期作業

部會重要計畫項目

規劃

部會年度施政計畫

執行

重要計畫分級管制選項
行政院管制　部會管制　自行管制

主辦機關擬定年度作業計畫

列管計畫進度管制

評估　部會施政績效評估　⟷　列管計畫評核

第7章 政策評估

施政計畫評核流程（行政院國發會之規劃）

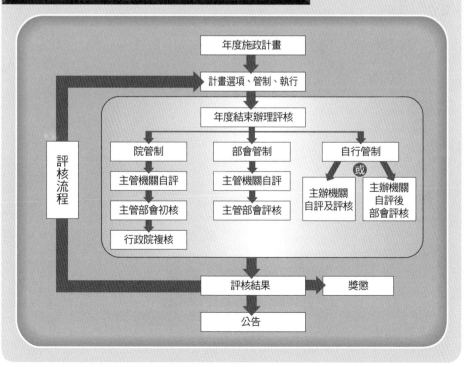

年度施政計畫

計畫選項、管制、執行

年度結束辦理評核

評核流程

院管制	部會管制	自行管制
主管機關自評	主管機關自評	或
主管部會初核	主管部會評核	主辦機關自評及評核／主辦機關自評後部會評核
行政院複核		

評核結果　➜　獎懲

公告

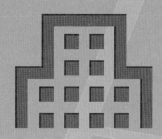

第 8 章
公共政策新觀念

UNIT **8-1**
民意與公共政策

圖解公共政策

民調界有句話:「民意如流水,東漂西泊無定向;民意如月亮,初一十五不一樣。」可見真正的「民意」是十分難以掌握的。在「政策合法化」的討論中,曾介紹過關於民意調查、公民投票等與民意有關的議題,而在本篇中,將介紹「審慎思辨民調」與「公民會議」等不同於傳統的民意調查方式,本單元先從民意的總論談起。

(一)民意的意義

民意(public opinion),或稱輿論,乃是指某一群人,在某一段特殊時間內,對某一特定公共事務所表示的意見。換言之,民意的形成會受到一定的人員、時間及空間等因素所限制。

(二)民意的特性

民意是很抽象的,吳定教授認為民意具有下列特性:

❶複雜性

一個公共問題可能會產生許多不同的意見;一個意見可能有人贊成,有人反對,也有人表示中立,而其表示的強度又各不相同。例如核能電廠的興建,即有人贊同,有人反對,而反對者中有人和平地靜坐、有人不會以具體行動表達,但有的人卻會誓死抗爭。

❷多變性

對某一公共問題或政策形成的民意,往往會隨著時間及空間的推移,而改變其支持的方向及強度。例如「非核家園」的主張,隨著環保團體的大力推廣與民進黨執政的影響,受到愈來愈多的人所認同。

❸不普及性

社會中並非人人均關心政治以及了解問題,通常只有少數的政治熱衷者或研究者會全面性的關心各種政治議題,而多數人只關心與自己切身相關的問題;所以有許多人對問題往往不表示意見。像兩岸經濟合作架構協議(Economic Cooperation Framework Agreement, ECFA),這個大家耳熟能詳的名詞,真正了解的又有幾個人?

❹不一致性

在社會上,有許多人對於相關問題或類似的問題所表示的意見,往往前後不一致。同樣如核能電廠的興建,原本可能有許多人反對,但隨著經濟發展的需求,或者暖化氣體造成的氣化變遷問題(尤其是火力發電),可能會使部分原本反對的人改變其態度。

❺不可靠性

有許多人可能在民調時不願表示真正的意見,甚至口是心非、言行不一,因此他們所表示的意見並不可靠。例如大家都覺得「節能減碳」是好事,口頭上都會支持,但真的願意犧牲個人方便而身體力行的人恐怕有限。

❻潛在性

社會中往往存在著某些平時未表現出來的潛在民意,只有在某種事件發生後,或是在政府採取某種政策後才會表現出來。像是美國帶骨牛肉的進口,其民意反彈之大,是政府事先根本未曾預料到的。

❼容忍性

由於真正的民意乃是多元性的,故民主的社會應學習容忍其他不同意見的表達。故西諺云:「我誓死反對你的意見,但我誓死捍衛你表達意見的權利。」

民意在公共政策中的角色

政策階段	民意的角色	功能說明	具體做法
政策問題形成	扮演公共問題的提出者	提出問題，促請社會及政府機關注意，以將問題列入政策議程	❶向政府機關遊說 ❷向民意代表陳情 ❸透過媒體形成輿論壓力
政策規劃	扮演政府機關設計政策方案的引導者	不同的民意提出各種替選方案，並且競爭方案被政府機關考慮的優先順序	❶透過立法機關提案 ❷透過政黨影響政策 ❸透過民調或公聽會傳達意見
政策合法化	扮演競爭、批判與壓迫的角色	不同民意的表達者採取各種手段，使偏好的政策方案在行政機關或立法機關取得合法的地位	❶透過立法機關提案 ❷透過政黨影響政策 ❸透過民調或公聽會傳達意見 ❹透過遊行或公投表達意見
政策執行	扮演配合、監督、批評政策執行情況的角色	對於已執行的政策，基於本身立場，或為利害關係人代言，而提出支持或反對的看法	❶透過立法機關質詢 ❷透過民調或公聽會傳達意見 ❸透過遊行或公投表達意見 ❹透過媒體形成輿論壓力 ❺透過本身的順服態度表達支持或反對
政策評估	扮演評估、批評及建議的角色	當政策執行一段時間後或是在預定的評估期間，從事正式或非正式的評估及批評，並提出改進建議請有關單位參考	❶透過立法機關質詢 ❷透過民調傳達意見 ❸透過遊行表達意見 ❹透過媒體形成輿論壓力

民意影響公共政策的途徑

中介途徑

民意 → 選舉／政黨／利益團體／大眾傳播媒體／社會運動（遊行、抗議等）／各種民意調查／公聽會、說明會、座談會 → 影響 → 公共政策

UNIT **8-2**
參與式預算審查

圖解公共政策

（一）參與式預算的意義

參與式預算制度（Participatory Budgeting）強調公民參與的實踐，藉由公聽會等相關方式使社區居民共同參與預算的分配。亦即地方政府針對部分社區預算的支用，允許社區公民對於資源該如何支用扮演更直接的角色，形塑更透明的公民社會，有助於提升預算透明度，減少政府無效率與貪污。

（二）參與式預算的興起背景

參與式預算源於新英格蘭的鎮民會議（town meeting）傳統，惟在 20 世紀初期強調專業的「行政預算」興起後，各級預算多交由行政機關編列，再由議會行使同意權，公民再無直接參與的機會。而當代參與式預算的復興始於巴西榆港市，再擴及歐陸、英、美，甚至中國大陸等許多城市；由於實施參與式預算後在下水道、學校、國民住宅等公共設施獲得顯著改善，各國推行參與式預算的規模逐年增加，參與式預算占總預算的比例也持續上升，儼然蔚為一股潮流。

（三）參與式預算的陷阱

實施該制度固然有助於直接反映民眾的需求，並促進公民的理性思辨，頗有「審議式民主」的優點，然其偏向直接民主的運作方式，亦有其風險：

❶預算切分過細缺乏使用效益

若過度推動參與式預算，則將一個都市劃分成許多不同的區，將限制整個都市政策網絡的形成，預算支用難以發揮規模經濟的效益。

❷直接民主的先天缺陷

直接民主的前提，是存在多數理性的公民，但此點往往是被質疑的。隨著審議會議的頻繁舉行，社區的參與者代表可能變得更常缺席，或是出席會議之目的只為了特定政策建議案的投票。表決時人數較多的團體可能犧牲少數人的利益；少數社區領袖也可能利用這種與政府官員的接近管道，圖謀個人利益。而參與者在欠缺足夠技術去衡量社區需求的情形下，容易受到激情的訴求所左右，或受到社區領袖所支配，這也是為什麼「里長」能否出席參與式預算的審議，在臺灣會成為爭議的原因了。

❸公民教育的成效有限

參與式預算的目的之一是透過政府提供的財務資訊，教育民眾有關預算的財政知識。然而，這也可能導致參與者完全依賴政府的資訊作判斷。此外，若是參與式預算所討論的支出計畫涉及利益或成本的集中，往往會形成利益團體，這些人的積極參與，很可能左右沉默的群眾，影響最終的結果，因此必須慎防決策過程被利益團體左右。

❹慎防團體動態的問題

在團體的互動過程中，經常產生許多團體動態問題，如可能出現團體盲思（Group-think）、多數暴政（強迫少數服從多數）、團體偏移（Group-shift）等問題，而使結果背離了原來的美意。

實施參與式預算的成功條件

就經驗上來說，參與式預算的順利推動，大致需滿足「人」、「財」與「事」等三個面向的條件：

面向	內容
關於「人」的部分	市長的支持：首長要有改革的企圖，願意支持新制度的實驗，作授權的決策，提供必要的資訊與財務資源給參與式預算
	議會的包容：參與式預算制度會削弱立法部門傳統法定的預算審議權力，因此民意機構的包容與支持是不可或缺的
	公民的能力：有公民的積極參與，才能合理化政府的改革
關於「財」的部分	財政資源的彈性：參與式預算需要地方政府有餘裕的資源去支應與執行公民選擇的方案，若是地方政府的財政吃緊，公民就沒有什麼選擇的機會
	預算的透明度：政府預算有許多專業術語與統計技術，計畫方案的成本效益分析更是複雜，一般民眾不容易接近與了解，因此有賴政府機關的協助與輔導，同時加強預算的透明度。例如採用「預算視覺圖表化」的方式，易於使預算分配一目瞭然
關於「事」的部分	傳播媒體的協力：參與式預算的進行需要各項資訊的傳播，客觀公正的傳播媒體扮演著教育者的角色，對於事實的揭露與知識的傳遞相當重要
	實施範圍的考量：選擇哪些地區或哪一類的公共支出計畫來進行公民參與預算決策的嘗試，須視不同都市的經濟、社會與城市發展特性而定。通常初期可從與居民日常生活息息相關的社區營造計畫或公益性社會服務項目做起

實施參與式預算的方式

參與式預算的實施沒有一定的步驟，原則上掌握公民審議的精神即可，簡略敘述如下：

由社區公民參與會議確定支出優先順序與選出公民代表 ➡ 公民代表們透過專家的協助研擬特定的支出計畫建議 ➡ 再由社區全體公民對於支出計畫建議方案進行投票，並確定預算 ➡ 由政府機構執行列為參與式預算的支出項目，並由公民代表監督計畫的執行

UNIT **8-3** 公民會議

圖解公共政策

近年公民參與政府決策的需要如雨後春筍般在我們的社會出現，但若單純以民意調查或是公聽會的參與模式，已難以滿足人民參與的需求，故丹麥以「公民會議」（citizen conference）的參與模式來取代傳統的民調。

公民會議是由主辦單位隨機抽選 12 位到 18 位自願而不具專業知識的民眾，針對具有爭議性的政策議題，在主辦單位的協助下，事前閱讀相關資料並經過彼此討論後，設定議題領域中欲進一步探查的問題，並在公開的論壇中，針對這些問題詢問專家。最後，他們對於該議題的相關知識及不同觀點有一定的理解後，經過辯論後做成判斷，並將他們討論後的共識與歧異觀點，寫成正式報告，向社會大眾公布。公民會議之目的在於提高一般公民對於公共政策的參與，讓一般公民能夠在具備充分資訊的情況下進行審議討論，並促成社會公眾對於議題進行廣泛與理性的辯論。林水波教授將公民會議的屬性（優點）歸納為下列十一個向度：

❶**多元對話性**：公民會議可促成參與者的真誠對話，以達到相互影響的效果，進而整合出一定的價值和意義。

❷**公民參與性**：公民參與是民眾自發性的參與公共政策形成的行為，人民基於公民主體性的認知與實現，吸收公共事務的相關資訊與知識，透過平等、公開的參與管道，貢獻自己的情感與意志於公共事務當中，是最佳的公民參與表現。

❸**公民教育性**：公民會議具有教育功能，能使公民從互動中認識治理的複雜性和多元性，並培養公民的道德性格。

❹**交流網絡性**：公民會議可將各階層的公民聚集在一起，透過公共討論與對話，形成政府與民間的聯繫網絡。

❺**形成共識性**：公民會議強調取得共識，而共識的形成，必須經過深思熟慮的討論，故為一種理性的共識。即使最後不一定達成共識，也可經由多數決方式做成決策，並將多數與少數意見共同呈現，這將使決策結果較易於被接受。

❻**提供資訊性**：公民會議的主要精神，就在於使大眾利用此一討論平台，進行資訊相互交流，進而使所有關心的人民得以獲取完整的政策資訊。

❼**決策品質提升性**：政府能透過舉辦公民會議，讓公民發揮治理的影響力，避免政府及代議機關做出不良的決策。

❽**議程設定性**：公民會議可以擴大問題的壓力，使政府不只察覺、辨明問題的存在，更可聚焦公意，提供政府可能的解決方案。

❾**決策延遲性**：公民會議的運行可以使決策的爭議回歸理性、全面的討論，結論亦可能對政策再加以評估，甚至重新擬定。

❿**治理連結性**：公民會議可以連結代議民主與行政體制的分離地帶，強化民主機制，使政府決策更合乎公民治理的方向。

⓫**投票影響性**：若政府的決策違背公民會議的結論，可能會引發人民在選舉中對執政者的反制，甚至進行罷免投票。

儘管如此，公民會議在我國的政策決策過程中並不普遍；即使舉行，也不見得能發揮影響力。一般認為，其成本高、決策效率低、參與者代表性不足，再加上欠缺法律基礎，都使這種歐美新興的民主參與機制在臺灣仍處於「實驗」階段。

公民會議的功用

林水波教授認為，公民會議可以促成政策形成、強化民主參與深度、形塑知情（資訊充分）的公民，以及營造對話與討論的公共空間，甚至為政府帶來組織的革新與轉型。上述內容可以圖示如下：

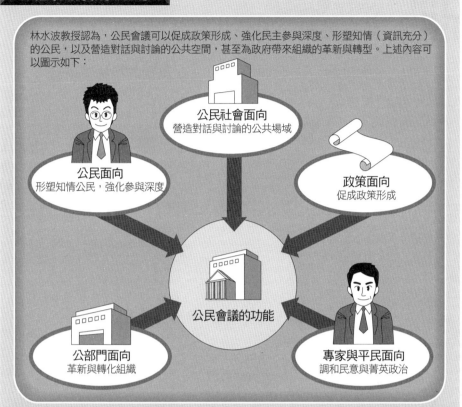

公民社會面向
營造對話與討論的公共場域

公民面向
形塑知情公民，強化參與深度

政策面向
促成政策形成

公民會議的功能

公部門面向
革新與轉化組織

專家與平民面向
調和民意與菁英政治

公民會議的步驟

臺灣已經將公民會議應用於一些有重大爭議的政策上，例如二代健保曾在2002年，針對「全民健保給付範圍」舉辦公民會議，屬於試驗性質；「代理孕母」是臺灣第一次就公共政策問題所進行的公民會議；高雄跨港纜車是臺灣第一次就市政議題召集公民會議；各個社區大學在2004年陸續舉辦各項議題（溫泉博物館、都市更新、親水公園、稅制改革）的公民會議，9月中召開的青年國事會議，採取「修正版」的公民會議，融入公共討論的精神。本文以2005年7月在臺灣大學召開的「稅制改革公民共識會議」為例，說明其程序：

公民會議發起
財政部委託
世新大學辦理

遴選公民小組成員
從自願報名者中
選出20人

第一個預備週
專家授課、
討論重要問題

第二個預備週
公民小組提出重要問題、
詢問專家、再提出核心議題

正式公開會議
專家回答公民小組的提問、
公民小組與專家交叉對話、
提出結論共識報告書

舉行公開記者會，公布共識會議報告書

UNIT **8-4**
新右派思潮與公共政策

新右派（the New Right）認為市場的角色愈強愈好，政府的角色愈弱愈好；簡言之，就是一種「市場好、政府壞」的假定。這種意識形態是對於二次大戰後「福利國家」觀念的反動，同時主導了 1980 年代之後以英國與美國為首的政府改革，臺灣近年的政策走向亦仿效之。本單元及接續的民營化、BOT、治理、社會資本、全球化等議題，均為新右派思潮下的課題。

由於新右派的政治思潮具有實踐的經驗，可用具代表性的政治領袖來說明其公共政策方向：

（一）英國保守黨

英國前首相柴契爾夫人（Margaret Hilda Thatcher）於 1979 年出任首相直至 1990 年，她的主要政策方針在於：減稅、民營化、解除經濟管制、精簡政府、減少支出等等。她的繼任者梅傑（John Major）基本上延續這種政策方針，推出「公民憲章」（Citizen's Charter）以改善公共服務的品質。

（二）美國的雷根政府

曾經擔任演員的雷根（Ronald Wilson Reagan）於 1981 年至 1989 年出任美國總統，他奉行「供給面經濟學」，任內將所得稅降低了 25%、減少通貨膨脹、降低利率、解除經濟管制，使美國經濟在 1982 年開始了非常茁壯的成長。他的政策方針與同一時期的英國頗為相似，就是讓自由市場機能自動修正所面臨的問題，政府儘量減少干預。一如他在就職演說的名言：「政府並不是解決問題的方法，政府本身才是問題所在。」

（三）美國的柯林頓政府

柯林頓（Bill Clinton）在 1993 年上任時所面臨的問題與英國類似，都是在新右派市場路線改革後，未能克竟全功地縮減政府赤字，以及政府規模太小所面臨的治理難題。他在 1993 年推動著名的「國家績效評鑑」（National Performance Review, NPR），主張將企業精神注入公部門，延續新右派的「顧客」、「品質」、「鬆綁」等等市場路線，但又稍微向左偏移，關注更多社會問題，如全民健保等。

總體來說，新右派基於個人自由和效率的理由，大力倡導在公共事務的決策和運作上，應讓民眾個人擁有最大的選擇權，故應採民營化、委託外包、解除管制等政策以減少政府對市場的干預。此外，政府應重視個人的權利與責任，減少稅收與社會福利支出，使市場發揮最大效率。同時新右派亦強調個人責任及社區參與，以彌補政府縮小後所產生的治理能力缺口。

新右派的經濟思想基礎

新右派的經濟思想內涵包括四大學派：

學派	內涵
芝加哥學派 （The Chicago School）	芝加哥學派經濟學強烈批判凱因斯主義，代表人物如1976年諾貝爾經濟學獎得主傅利曼（Milton Friedman），此派學者認為要達成社會目的，市場比政府更有效率。他們主張限縮政府對市場的干預，使用抵用券（voucher）來取代政府的直接供給
奧地利學派 （The Austrian School）	奧地利學派比芝加哥學派更加強烈地主張自由經濟，其代表人物海耶克（Friedrich Hayek）為柴契爾夫人的思想導師。此派學者極度重視個人經濟上的自由，由於和資本主義的觀念相當接近，又被稱為「新古典經濟學」，其經濟上「無國界貨幣」的主張，就是現今「歐元」的啟蒙觀念
公共選擇學派 （The Public Choice School）	公共選擇學派是政治經濟學的主流學派，假定政治行動者均為理性自利的個人，以突顯政府規模擴大的弊病。相關內容請見2-13、2-14單元
供給面經濟學 （The Supply-side Economics）	此派學者認為政府的效率不如市場，故其角色不在干預市場，而在降低稅賦以鼓勵投資並提供工作誘因，生產力與稅率呈現反比的關係；因此縮小政府規模、推動民營化才是政府的正確方向

新右派的各項政策導向

政策面向	政策導向
經濟	❶國營事業民營化 ❷尊重市場機制 ❸減稅 ❹推動自由貿易，並成立世貿組織（WTO）
財政	❶控制貨幣，維持物價穩定 ❷平衡預算、減少赤字
社會福利	❶縮減社會福利，以社區關懷代替國家福利政策 ❷推動國民年金制度 ❸以高額助學貸款搭配高學費政策
勞工	限制工會的力量
教育	❶以抵用券取代教育補助 ❷增加高科技投資
內政	❶公共服務民營化與委託外包 ❷將企業管理原則應用於公部門 ❸進行政府績效評估。 ❹續階計畫（The Next Steps）*

＊續階計畫為柴契爾夫人在1988年推動的中央政府改革，她將中央各部負責執行功能的單位獨立出去，成為「政署」（Executive Agency），此即後來「行政法人」的起源。

UNIT **8-5**
民營化政策

圖解公共政策

民營化（privatization）一詞最早出現於杜拉克（P. Drucker）所著《斷續的年代》（1969）一書，係指公營事業之所有權與控制權由政府部門轉移到私人部門的一種過程，故早期稱為「公營事業民營化」。實務上公營事業民營化的潮流始於1979年英國柴契爾（Thatcher）政府所推動的民營化政策，其目的在於藉由開放社會大眾對公營事業股份的持有，將公營事業納入市場自由競爭的規範，以促進公共服務效率和品質的提升。

爾後，民營化的涵義逐漸擴大，學者薩維斯（Savas）認為，民營化意謂著減少政府干預，增加私有機制的功能，以滿足人民之需求。所謂私有機制包含市場、志願團體及家庭、宗族及個人。因此，當代的民營化定義是：「在各類公共活動及資產所有權上，政府角色的縮減。而私部門角色的增加。」所以民營化政策具有四項特質：

❶民營化是指公共服務的提供由公部門轉移到私部門。
❷民營化涉及所有權或經營權的轉移；國營事業的完全民營化就是將所有權與經營權都轉移出去，工作的委託外包則是政府將特定工作的經營權轉讓出去，但保留所有權。
❸民營化有程度之別，完全的民營化就是政府完全退出市場，例如國道客運的經營，從過去的「臺灣省政府公路局」到完全民營的「國光客運公司」；部分的民營化就是委託外包，從機關內部的清潔、設備維修保養、機關安全維護（交由保全公司）、大型活動承辦，到中華電信、中華郵政的公司化、BOT的臺灣高鐵等等，都屬於民營化的範圍。

❹民營化意味政府在某項工作的角色從「實際執行」變成「領航監督」，或從「生產者」變成「購買者」；但政府仍負有公共責任，必須確保該項服務是被提供的。

至於達成民營化的策略，薩維斯認為包括下列四種：
❶政府應鼓勵市場與自願性組織（voluntary organization）提供財貨與勞務。
❷政府仍必須以其他型態介入市場財貨與勞務的提供，包括特許權、抵用券與簽約外包等方式。
❸儘量對使用者收取費用，以反映該財貨與勞務提供的成本。
❹政府應以解除禁令與限制的方式，儘量使市場打破原有的獨占狀態，以競爭市場提供該財貨與勞務。

民營化可以為政府節省大量公帑，使社會大眾獲得企業提供效率更高、品質更好的公共服務，同時使民間賺取利潤，活絡市場動能，可說是一舉數得的政策。但民營化政策不可無限上綱，一般來說，涉及主權行使的業務，如戶政、徵稅、警政等等的業務就不適合。

此外，攸關國民生計的重大事項，民營化時也要格外謹慎，如交通運輸、社會福利、能源提供等等，因為企業經營重點在將本求利，而非公共利益；如臺灣每每遇到風災青菜欠收之時，學童營養午餐的承包商往往不提供足夠的蔬菜，或要求政府補貼；當汽油價格上漲時，民營公車業者也常常要求政府提高票價或提供補貼，否則即減少班次。這種廠商挾「政策」以令「政府」的情況，在民營化政策中屢見不鮮，臺灣高鐵BOT案即為明顯例子。

民營化的意義

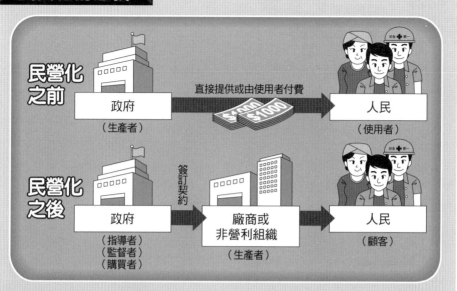

民營化的類型

薩維斯認為民營化有撤資（divestment）、委託（delegation）及替代（displacement）三種類型：

類型	方式	意義	舉例
撤資	出售或無償移轉	售予民間或贈予民間	中華電信
	清理結算	關閉	中央信託局
委託	簽約外包	政府將部分貨品或服務委請民間提供，這是最普遍的民營化方式	營養午餐
	特許權	由政府提供業者經營權，但保留「價格率之核准權」，而費用由使用者付費	公車
	補助	政府透過免稅、低利貸款、直接補助等方式，形成「誘因操作」	購買節能家電補助
	抵用券	由政府核發給有資格使用的民眾，以指定消費某類貨品，社會福利常透過此種方式實施	糧票、教育券
	強制	政府以命令方式要求私部門支付強制性之服務	失業保險金
替代	功能不足	政府無力提供足夠的公共服務，民間企業趁勢興起，向使用者收費	保全公司取代部分警察工作
	退離	因應私人企業規模及市場占有之逐漸擴張，公部門縮減規模及資源之投入，以利於企業之發展	國營銀行
	解除管制	經由法令之修訂，允許私有企業，對原本公有獨占之市場環境挑戰	石油

UNIT **8-6**
BOT 政策

BOT 屬於廣義的民營化方式之一，是近年來新右派市場機制的改革模式中，最具特色，但也最受爭議的一種方式。近年來我國透過《獎勵民間參與交通建設條例》、《促進民間參與公共建設法》，以及《大眾捷運法》等法規的鼓勵，從中央到地方政府均有大量之 BOT 案。

（一）BOT 的意義

所謂 BOT（Build-Operate-Transfer, BOT）分成三個部分：

❶興建（Build）

由民間企業負責出資興建某種原本屬於公共財的建設。

❷營運（Operate）

由於政府不負擔建設費用或僅出資一小部分，故政府以契約和該企業約定，在該公共設施興建完成後，可由該企業營運一定之時間以賺取報償。

❸移轉（Transfer）

由於該建設的本質仍屬公共財，故在契約期滿後，企業必須將該建設交還政府經營。

總而言之，BOT 就是由民間籌措資金進行建設，在政府特許年限內由特許公司獲得經營權，以回收投資成本並獲取合理的利潤，特許年限期滿再將所建設的資產交還政府回收經營，而未具完全自償者，則可由政府補貼或投資建設所需之部分經費。

（二）BOT 模式的優點與限制

❶優點

先進國家自 1980 年代以來普遍受到財政赤字增加及民眾需求日增的雙重壓力，若 BOT 實施得宜，可帶來下列好處：①建設成本完全由民間負責，可充分減輕政府之財政負擔；②政府可在有限資源及較短間內，同時推動多項需求迫切之建設計畫；③在政府監督下，藉由民間管理技術可以提升公共建設計畫之進行效率。

❷限制

國際間已有許多 BOT 失敗的經驗，故有外國媒體戲稱其為「企業的公開詭計」（Business Open Trick, BOT）。BOT 的可能限制包括：①由於民間承擔建造期及營運期風險，因此需有足夠之誘因，如投資報酬率高、政府能提供稅賦減免、土地開發或費率補貼等，始能吸引民間投資；故只有「有利可圖」的政策才行。但在企業獲利導向原則下，企業營運期間能否顧及公共利益，則容易被打上問號，例如高鐵的票價是否合理，一直受到質疑；②政府必須承擔民間企業可能於中途倒閉的風險。例如高鐵鉅額虧損，政府卻背負「高鐵不能倒」的政策壓力，頻頻「法外施恩」，高鐵公司甚至向政府提出將契約營運期程從 35 年展延至 99 年的誇張要求（最後於民國 104 年商訂展延至 70 年），不免予人臺灣高鐵公司「綁架」政府的印象；③政府議約能力是 BOT 成功的關鍵，也是保障公共利益的重要防線；然而，政府一向缺乏這種能力，反而容易產生官商勾結的問題；④在企業營運期間，無論政府主管機關或議會，均沒有直接監督的權力。合約期滿後，政府是否有能力接手經營，也是一個問題。

BOT政策結構說明

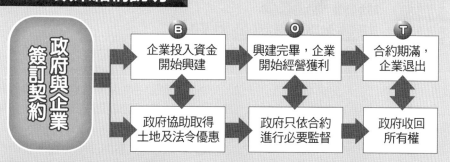

政府與企業簽訂契約

B	O	T
企業投入資金開始興建	興建完畢，企業開始經營獲利	合約期滿，企業退出
政府協助取得土地及法令優惠	政府只依合約進行必要監督	政府收回所有權

BOT的衍生類型

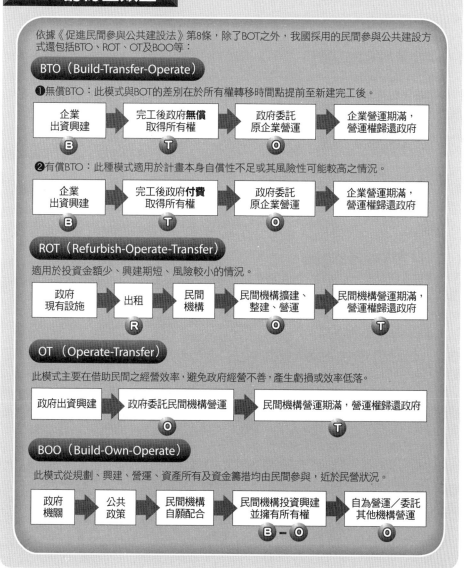

依據《促進民間參與公共建設法》第8條，除了BOT之外，我國採用的民間參與公共建設方式還包括BTO、ROT、OT及BOO等：

BTO（Build-Transfer-Operate）

❶無償BTO：此模式與BOT的差別在於所有權轉移時間點提前至新建完工後。

企業出資興建 (B)	完工後政府**無償**取得所有權 (T)	政府委託原企業營運 (O)	企業營運期滿，營運權歸還政府

❷有償BTO：此種模式適用於計畫本身自償性不足或其風險性可能較高之情況。

企業出資興建 (B)	完工後政府**付費**取得所有權 (T)	政府委託原企業營運 (O)	企業營運期滿，營運權歸還政府

ROT（Refurbish-Operate-Transfer）

適用於投資金額少、興建期短、風險較小的情況。

政府現有設施 (R)	出租	民間機構	民間機構擴建、整建、營運 (O)	民間機構營運期滿，營運權歸還政府 (T)

OT（Operate-Transfer）

此模式主要在借助民間之經營效率，避免政府經營不善，產生虧損或效率低落。

政府出資興建	政府委託民間機構營運 (O)	民間機構營運期滿，營運權歸還政府 (T)

BOO（Build-Own-Operate）

此模式從規劃、興建、營運、資產所有及資金籌措均由民間參與，近於民營狀況。

政府機關	公共政策	民間機構自願配合	民間機構投資興建並擁有所有權 (B－O)	自為營運／委託其他機構營運 (O)

UNIT 8-7
非營利組織與公共政策

一般國家都由三個部門組成，分別是政府（第一部門）、企業（第二部門）及非營利組織（第三部門）。政府負責規劃並執行公共政策，企業扮演市場機能的角色，非營利組織（Nonprofit Organization, NPO）則處理社會需要而政府與企業未能涵蓋的事務，此三者緊密結合，才能使人民得到最好的照顧。

（一）非營利組織的意義

丹哈特（Denhardt）將 NPO 定義為：「法律禁止利潤分配給成員的組織」。伍夫（Wolf）認為 NPO 是指「合法組成的非政府實體，以公共服務為目的，並享有免稅待遇，其要件為：❶具有公共服務使命；❷為不營利或慈善的法人組織；❸禁止自利或營私的管理；❹本身享有免稅優待；❺捐助者的捐款可列入減稅」。

（二）非營利組織的興起

美國自立國以來，一向以民間自發參與公共事務為主，因此 NPO 在美國特別興盛。學者探討 NPO 的興起，往往以四種不同層面觀察：

❶以「志願服務理論」說明參與者的動機

NPO 基於志願主義（voluntarism）的精神，積極投入於社會福利、慈善救助等工作。然而志願工作者的動力並非來自有形的金錢或物質報償，而是源於積極奉獻的利他主義（altruism）使然。

❷以「社群主義」說明非營利組織的優勢

社群主義（communitarianism）者期望建立共同體成員之間的信賴關係，不同意任由市場機制作為公共財的分配手段，因為市場機制乃以「利己」為運作的基本價值。並認為透過公民自發結社的力量，以及志願者的公共關懷，可使人民不必事事依賴國家的干預。

❸以「市場失靈與政府失靈」說明非營利組織的必要性

就市場機制而言，NPO「不分配盈餘」之屬性，有助於提升民眾對其信賴，就像消基會的資訊比企業廣告更能取信於消費者。同時當政府介入市場後，往往因官僚化與政治因素而出現政府失靈的現象，但 NPO 低度官僚化與不受選舉影響的屬性，可彌補政府不足之處。

❹以「第三者政府論」表彰非營利組織的地位

薩拉門（L. Salamon）提出「第三者政府論」（third party government theory），指出 NPO 能在公共服務上提出多元、創新與彈性的做法，以取得民眾信賴。政府只需扮演資源提供者與服務監督者的角色，相關的執行事項應委由民間執行，兩者形成「協力關係」（partnership）。

（三）非營利組織影響政策制定的策略

NPO 可以透過彼此聯盟來壯大聲勢（如：反國光石化聯盟）；也會主動提供有效的資訊，協助政府訂定更理性的政策（如：消基會）；有時也揭露政府不良的決策、發動社會輿論、或透過媒體形塑民意，或對議員遊說以形成政策壓力（如：董氏基金會促成菸害防制法）。又或者透過訴訟管道，可在爭訟過程中對政策價值給予不同的解釋（如人權團體對停止執行死刑的影響）。

我國的非營利組織類型

依據我國民法的規定，凡「基金會」（財團法人）必為非營利性質，而社團法人中名為「協會」者，通常亦為非營利組織。

私法人 → 社團法人 → 營利社團法人（商號）／中間社團法人（同學會、同鄉會）／公益社團法人（協會） → 非營利組織

私法人 → 財團法人（基金會） → 一律為公益性質

社團法人與財團法人的區別

	社團法人	財團法人
組成主體	多數人之集合體	財產之集合體
成立基礎	社員總會	捐助章程
存在目的	公益或營利	公益
設立行為	公益法人需經許可	需經許可
章程變更	社員總會之決議	聲請法院必要之處分
解　　散	隨時依社員決議解散	目的不能達到始能解散
性　　質	自律法人	他律法人

社團法人各項事務的主要決定權在於社員大會，故性質上為自律法人；財團法人之行為多受主管機關及法院約束，故性質上為他律法人。

市場失靈、政府失靈與第三者政府論

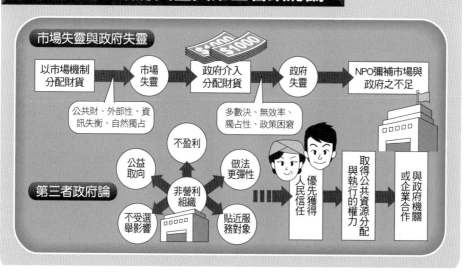

市場失靈與政府失靈

以市場機制分配財貨 → 市場失靈 → 政府介入分配財貨 → 政府失靈 → NPO彌補市場與政府之不足

公共財、外部性、資訊失衡、自然獨占

多數決、無效率、獨占性、政策困窘

第三者政府論

公益取向／不盈利／做法更彈性／不受選舉影響／非營利組織／貼近服務對象 → 優先獲得人民信任 → 取得公共資源分配與執行的權力 → 與政府機關或企業合作

第
8
章

公共政策新觀念

263

UNIT 8-8
社會資本與公共政策

圖解公共政策

集體行動一直是人類生活的重要範疇，大至洶湧澎湃的跨國性革命運動，小至個人原初的家庭生活，都是以集體行動的方式呈現。社會學者常認為人類集體行動的基礎在於相互信任的社會意識、互惠互利的合作行為與密切互動的社會網絡。基此，社會學者提出了「社會資本」（social capital）的觀念，論者咸認為這種以彼此相互信任為基礎的無形資本對於各項社會活動而言實為一種潤滑劑，可以減少交易成本與衝突摩擦。而社會資本中的要素如「信任」、「規範」、「網絡」等，亦具有自我增強的累進效果。

（一）社會資本的意義

福山（Fukuyama）認為社會資本就是「信任」，他對社會資本的定義為：「促使團體成員合作的共通非正式價值或規範。當團體成員預期其他成員的行為都是誠實可靠的，自然就能彼此信賴，而信賴是任何團體或組織運作順暢的潤滑劑」。

（二）社會資本對公共政策的影響

社會資本的累積有助於提升公民參與，對於政策的執行能產生正面的影響，政策的貫徹與否，可用「政策對應性」、「普及度」與「貫徹力」等三個面向予以衡量，茲說明如下：

第一，政策對應性係指國家機關所推動的政策，能一一實現的程度。社會資本有助於凝聚共識，如普特南（Putnam）所言：「國家機關如果擁有豐富的社會資本，將可克服公民追求私利的困境，提升民主治理能力。」藉由公民參與，將能提高標的人口的順服意願，甚至分擔政府的工作，減少政策執行中的不確定因素。

第二，普及度係指政策能使標的人口得到實際的服務，使需求與偏好得以滿足的程度。政府如能與公民建立夥伴關係，則可從社會網絡中獲得關於民眾偏好與需求的資訊，以利於政策執行。

第三，貫徹力係指政府推動政策後能達成預期結果或影響的程度。經由貫徹力的衡量，可以掌握政策對應性及普及度，亦可明瞭資源使用的情形及政策實施後對社會造成的影響。貫徹力的指標包括下列四種：❶時效性：指政策能迅速且充分的解決政策問題的程度。當社會資本充沛，成員之間容易凝聚共識，故易於動員以配合政策，提高民主治理能力；❷回應性：指政策方案滿足標的人口的需求與偏好的程度。當社會資本充沛，成員之間較易凝聚共識，並具社會責任感，能積極投入於集體行動；❸公正性：政策的結果與影響在標的人口之間公平分配的程度。當社會資本充沛，民眾多願意遵守規範，有助於政府建立一套公平的分配規則；❹投入度：政策執行人員對政策付出足夠的時間與心力的程度。當社會資本充沛，無論行政人員或公民，都有意願投入政策執行，共同達成政策目標。

（三）社會資本的反功能

社會資本並非萬靈丹，過多的社會資本也會有副作用，包括：❶為建立和維繫無形的社會資本，必須付出相當的時間與經費等有形成本，其效益難以衡量；❷過度強調團結，有時反而壓抑個人自由與創造力，可能形成團體盲思（groupthink）或產生排外思想；❸主要團體互動過於頻繁的結果，容易形成既得利益壟斷的網絡，在政策過程中並非全民之福。

關於社會資本研究的發展

托克維爾發現美國人對於鄉鎮事務高度的熱情與關注

漢妮芬力倡恢復社區參與精神以維繫民主發展，首創「社會資本」一詞

班伯瑞研究家庭、朋友與企業所形成的社會網絡對經濟活動之影響

寇樂門認為社會資本鑲嵌於人際關係結構中，可促進集體行動

普特南認為社會資本是公共財，包括：規範、價值和網絡，累積可以提高政府績效、促進經濟發展

福山認為社會資本就是「信任」，是促成公民社會與民主政治的關鍵

醞釀期：
19世紀法國社會哲學家托克維爾（Tocqueville）對美國人生活的觀察心得。

草創期：
1916年漢妮芬（Hanifan）定義社會資本包括：善念、夥伴情誼、同情和社會交流。班伯瑞(Ben-Porath)則在1930年研究社會網絡對經濟發展的影響。

發展期：
寇樂門（Coleman）在70年代以理性選擇（rational choice）的觀點，詮釋社會資本概念中，個體互動的實際作用。普特南在80年代研究義大利經濟發展時，認為社會資本會促進經濟發展。

成熟期：
福山（Fukuyama）1995年出版《信任》，指出社會資本是「促使團體成員合作的共通非正式規範」。

社會資本的概念模式

艾德勒（Adler）與昆恩（Kwon）提出一個社會資本的概念架構，指出社會資本主要來自於市場、層級（hierarchical）、社會等三種關係所組成的社會網絡；網絡中鑲嵌的資源內容包括因行動者的社會關係網絡所創造出的資本交易機會（opportunity）、施惠者協助受惠者的動機（motivation），與個體位於網絡節點所擁有的能力（ability）等，進而形成社會資本的效益（benefits）與風險（risks），並經由任務與符號的權變（task and symbolic contingencies）以及互補的潛力（complementary capabilities）等兩個中介變項的作用後，產生價值（value）並回饋至正式結構之中。

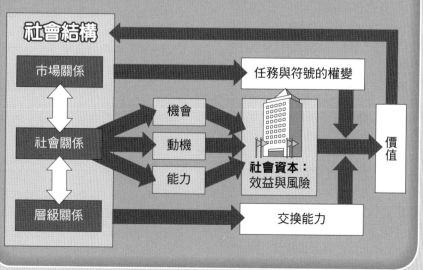

265

UNIT **8-9**
治理觀念下的公共政策發展

圖解公共政策

（一）治理的意義

世界銀行在 1989 年使用「治理危機」（crisis in governance）一詞討論非洲問題，是為治理一詞的首次出現。治理（governance）一詞源於拉丁文和古希臘語，原意是控制、引導和操縱。長期以來它與「統治」一詞互用，指涉國家公共事務相關的管理和政治活動。但自 1990 年代以來，隨著全球化與新右派思想的影響，治理被賦予新的涵義：「治理是各種公共及私人機構，管理共同事務的諸多方式的總稱。它是使相互衝突的不同利益得以調和，並採取聯合行動的持續性過程。它包括有權迫使人們服從的正式機構與典章制度，也包括由各種人們所同意或認為符合其利益的非正式體制安排」。簡言之，當代的治理觀念指處理公共事務的方式，已從早期強調政府的統治，轉而變成以市場（market）與網絡（network）為主的互動治理模式。

（二）治理的特徵

從上述的定義來看，現今治理一詞呈現下列特性：❶治理是一種共同處理公共事務的「過程」；❷治理過程的基礎是「協調」，而非「權威」；❸治理涉及公部門，亦包括私人部門（企業與非營利組織）；❹治理不是一種正式制度，而是持續的互動。

（三）治理觀念下的政策設計

由於政府力量不足以處理日漸複雜的公共議題，「治理」觀念在行政學或公共政策中已得到廣泛的認同，相較於政府直接統治，治理有五項特徵：❶治理包括政府與非政府部門的行動者；❷在處理社會及經濟議題時，責任與界線的界定不是很清楚；公、私部門的界線日趨模糊；❸在集體行動中，行動者彼此間為權力互賴的關係，政府機關不一定是主導者；❹治理所形成的網絡是一個行動者擁有自主性且自我管理的網絡，故政策參與者可能會經常改變；❺在治理的系絡下，政府機關必須運用新的政策工具或技術來指導或駕馭網絡，以達成政策目標，而非一味依賴權力或命令（但公權力仍是選項之一）。

（四）治理的實例——八八風災重建

2009 年 8 月 7 日，莫拉克颱風襲台；8 月 8 日起，南投、嘉義、臺南、高雄、屏東與臺東地區陸續出現嚴重水患，共計造成 619 人死亡。而風災期間馬英九政府救災不力、程序紊亂，充分顯示政府治理能力不足。災後，為解決高雄縣桃源鄉、那瑪夏鄉的重建問題，「政府」建立一個平台，將「慈濟基金會」以原住民需求為本的永久屋重建區計畫，和「鴻海集團」所提供之醫療遠距照顧、發展有機農業、採行節能減碳的計畫相結合，而政府則作為後盾，協助解決法律規章窒礙難行的問題。這就是現今流行的公私夥伴關係，也就是治理概念的實踐。

由上例可知，治理觀念下的公共政策已改變了傳統政策設計與執行的方式，尤其是政府機關與公民社會間關係的改變，從原本的「統治與被統治關係」變成「夥伴關係」，將使政策運作出現許多非預期的變數與創意。故一個具有治理能力的政府，除了必須充分掌握本身的內部情況外，尚須有能力有效整合治理網絡中所有的力量。

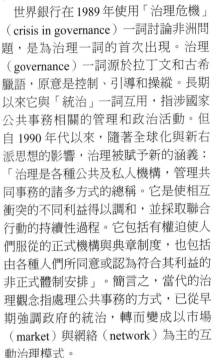

治理型態的轉變

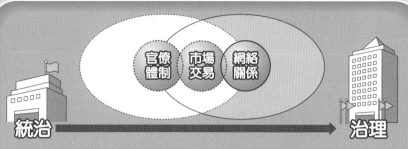

統治 ➡ 治理

	層級節制（統治）	市場	網絡（社群）
盛行時間	1980年代以前	1980年代	1990年代之後
治理基礎	命令	交易	社會資本（成員間的相互依賴及互相調適）
協調機制	權威	價格	網絡互動
優良治理要件（公共利益為何？）	由菁英（統治者）決定公共利益	個人利益的加總	發展社會建構的治理規範，形成以信念為基礎的治理規則
參與者	政府機關	生產者vs.消費者	政府、企業、民間團體
治理特質	制度（依法行政）	民營化	協商與互賴
公共行政理論	傳統公共行政	新公共管理	新公共服務

※治理雖然經歷三種不同型態，但僅代表在不同的時間點，治理所呈現的「主流」樣貌不同；事實上，三種型態永遠都是並存且互補的。

國家權力的移轉

若從傳統的權力觀念視之，當代網絡治理的現象反映中央政府權力逐漸向外移轉的現象。包括：「向上移轉」——指國際組織的出現，使國家將某些政策部門讓渡給國際機構，例如聯合國、歐盟組織；還有「向下移轉」——指國家「分權」給地區性或地方性機構，例如地方政府或社區自治組織，促進更為直接的公民參與及對政治議題的關心；以及「向外移轉」——指非政府組織、公司化與民營化，就是將權力與能力移轉給遠離政治菁英所控制的機構或組織。

治理的參與者			
		私人的	政府的	第三部門
層次	超國家	跨國企業	國際政府	國際性非政府組織
	國家	企業	中央政府	非政府組織
	次國家	地方企業	地方政府	草根團體

向外移轉　向上移轉　向外移轉
向外移轉　向外移轉
向外移轉　向下移轉　向外移轉

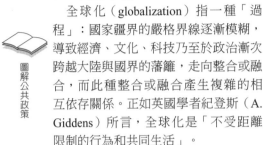

UNIT **8-10** 全球化與公共政策

（一）全球化

全球化（globalization）指一種「過程」：國家疆界的嚴格界線逐漸模糊，導致經濟、文化、科技乃至於政治漸次跨越大陸與國界的藩籬，走向整合或融合，而此種整合或融合產生複雜的相互依存關係。正如英國學者紀登斯（A. Giddens）所言，全球化是「不受距離限制的行為和共同生活」。

全球化的時代，政府已無法再扮演如民族國家全盛時期般唯一的關鍵角色。大前研一（Keichi Omhae）曾發表「民族國家的終結」（The End of the Nation State），宣稱全球化市場是一種經濟上「不分國界的語言」；且在無國界的全球化經濟體系中，民族國家已喪失了參與者的角色。但這種觀點較易引起爭議，赫爾德（David Held）等人就指出，國家的權力是「轉移」（transformation），而非終結（end）；是重要性的衰退，而非如恐龍般趨向滅亡。此外，轉型主義論者貝克（Ulirich Beck）則認為，社會的先決條件仍是「空間的國家統治」，在全球化浪潮之下，民族國家已經逐漸拆除其周邊的封殼，但無論是區域經濟組織、非政府組織或全球資本市場，仍都無法扮演國家的保護功能。

（二）全球化與公共政策

在全球化衝擊下，舉凡一國之內政、經濟、社會、文化等，均深受其他國家或地區的牽引，以致國家的自主性相對降低，國家之間的界線日益模糊。這對以往較偏重於國內問題的公共政策研究而言，至少產生了下列影響：

❶公共服務的委外化

由於官僚受到專業能力與決策時間所限，政府必須借助於許多非傳統公部門之資源或工具。例如在救災的過程中，政府即需要各慈善團體人力物力的協助，以及企業在復原建設上的支持。

❷以白手套處理跨國議題

政府可以透過產、官、學界的合作策略，並以更具彈性的方式來增加其處理跨國議題時的議價空間。例如涉及主權的國際航權談判，可透過航空公司進行。

❸非營利組織與企業的重要性增加

由於政府能力有限，且受到官僚體系的諸多約束，公部門必須與第三部門及私部門配合，且配合的成果會是未來政府在全球化挑戰下成敗的關鍵。

❹資訊分享，共同治理

資訊化時代使企業或第三部門能以最經濟的成本享有以往只有政府才能擁有之資訊，因而在某些領域得以逐漸分享政府的職能。

❺公、私組織之界線日漸模糊

「政府」、「官方」與「非政府」、「非官方」之職能犬齒交錯，挑戰傳統科層制度。

❻政府的不可治理性日漸嚴重

公共政策範圍常跨越國家邊界，但決策者受限於權力的地域性，只能治標地處理問題症狀，卻對問題的根源毫無著力點。像是政府挽救股市的種種國內政策，常不敵美國股市的走勢影響。

全球化的概念類型

一般說來，學者對全球化的看法可分成三種：
❶超全球化主義論：認為國家政府的力量必然衰退，全球經濟體系取得人類生活的主導地位，而全球化實為人類文明進步的象徵；如大前研一即屬之。
❷懷疑論：全球化只是強國維護自身利益的託詞，世界並未走向真正的彼此互賴；如美國著名學者華勒斯坦（Immanuel Wallerstein）即認為，當代資本主義全球化的結果，使世界範圍和各國國內的收入分配都變得非常偏斜——世界人口中10%高收入人群，特別是1%的頂層，其收入大幅度增加，而世界人口中其他人群的實際收入大多下降了。
❸轉型主義：認為全球化過程中，國家的力量未必瓦解，而是轉而擔負不同功能的角色，像是治理功能的整合者，而非統治者。貝克即為代表人物。

面向　　意識形態	超全球化主義論者	懷疑論者	轉型主義論者
主要特徵	全球資本主義、全球管理、全球公民社會	世界互賴程度低於1980年代	密集型全球化
國家統治權力	衰退或腐蝕	強化或提高	復甦與重建
全球化的驅力	資本主義與技術發展	國家與市場	各種現代勢力的結合
階級型態	舊階級體系崩潰	南方國家利益逐漸邊緣化	世界秩序的新階級體系
中心思想	多國籍企業	國家利益	政治社群的轉型
全球化的概念化	全球化是人類行為架構的重新安排	全球化是國家化與區域化	全球化是國際關係與遠距離行為的重新安排
歷史軌跡	全球文明化	區域集團與文化衝突	含糊而不確定；全球整合與分裂
簡要結論	民族國家型態結束	仰賴國家默許與支持的國際化	全球化促使國家權力與世界政治的轉型

「二律背反」與「全球在地化」

「二律背反」是指一種「內在矛盾性」；因為全球化的過程中，包含一體化、同質化的趨勢，又包含分裂化、異化的傾向。政府唯有透過「全球在地化」（glocalization）的思維來設計政策，亦即以全球化的視野思考問題，以在地化的行動追求利益，方可化解這種矛盾。

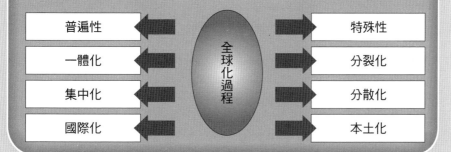

全球化的二律背反

	全球化過程	
普遍性	← →	特殊性
一體化	← →	分裂化
集中化	← →	分散化
國際化	← →	本土化

UNIT **8-11**
全球治理下的公共政策

全球治理（global governance）的概念源於 1992 年聯合國成立「全球治理委員會」（Commission on Global Governance），該委員會在 1995 年發表〈我們的全球夥伴關係〉（Our Global Neighborhood），指出：「治理在世界層次上一直被視為政府間的關係，如今則必須看到它與非政府組織、各種公民活動、跨國公司和世界資本市場有關。」所以，全球治理與全球化的環境絡有關，意指各國政府為因應全球化的趨勢，與國際政府組織、跨國企業、國際非政府組織，以及國內的地方政府、企業和非政府組織共同協力，而做出的種種回應與努力。

政治學者羅西諾（Rosenau）提出「權威場域」的觀念，將全球事務概念化為兩個部分的系統來治理，其中一個是以國家及其政府構成的跨國家（interstate）體系，另一個則是由其他多樣的集合體所組成的多核心（multicentric）體系。這兩個體系的範圍建構了權威場域的界限；而當這兩個體系中的集合體展開合作以促進特定議題領域的利益時，便形塑出一個充滿可大可小、可能正式或非正式、跨越經濟或社會、包含政治與文化、國家級或跨國性、國際或國內、實施自由或獨裁等各式各樣行動者的全球治理複雜體制，現今許多成功的全球治理措施都仰賴這種由國家中心的跨國體系與多核心體系的整合，因此全球體制已漸成為國家與非國家行動者的協商結果。

例如艾格蒙聯盟（The Egmont Group of Financial Intelligence Units）是全球治理觀念下相當成功的範例，1995 年 6 月，美、英、法、比利時等 24 個國家、七大工業國金融行動工作小組（Financial Action Task Force, FATF）、國際貨幣基金組織（International Monetary Foundation, IMF）等八大國際組織，有鑑於打擊洗錢犯罪，唯有透過國際合作，加強彼此情報交換及人員訓練，才能事半功倍，在比利時布魯塞爾的艾格蒙宮（Palais d'Egmont-Arenberg）集會，決定成立艾格蒙聯盟（The Egmont Group），結合各國洗錢防制專責單位，成立金融情報資訊中心（Financial Intelligence Unit, FIU），受理金融機構疑似洗錢交易報告，並透過聯盟網路進行國際洗錢犯罪資料合作。1998 年 6 月，我國法務部調查局經艾格蒙認可為代表臺灣的金融情報資訊中心，成為艾格蒙聯盟會員。美國 911 事件之後，許多國際恐怖組織都透過全球化方式洗錢，使艾格蒙聯盟成為追查恐怖組織洗錢的重要組織。

在全球治理下的公共政策研究，勢必面臨某些議題之建構同屬「國際」與「國內」的，或政策之論述與執行在國內進行，但評估時卻受到國際組織、跨國企業或來自他國力量之干預。因此傳統重視國家內部的公共政策勢必與國際事務產生關聯性。在此種趨向全球化的治理架構中，政策制定過程必將充滿許多政府與國際組織、國內外企業及公民社會的互動協商，政策網絡的研究也必然加入全球化的因素。

「國際關係」與「全球治理」的比較

	國際關係	全球治理
意識形態	民族國家中心主義	全球主義
研究對象	國家（中央政府）	行動者（政府、企業、非政府組織）
國家角色	國家是唯一的行動者	國家是重要的行動者，而非唯一
主權觀念	主權不可讓渡	主權可讓渡給國際組織（如：歐盟）
決策過程	中央政府由上而下	網絡互動
全球事務的權威場域	跨國家體系：國家或政府機關之間的互動，即「外交關係」	多核心體系：國家或政府、非政府組織、公民運動、多國公司、全球資本市場、全球傳媒

Covid-19疫情帶來的全球性治理危機與契機

Covid-19 是一個全球性的危機，其所造成的各種影響，也要靠全球治理的思維才能克服。

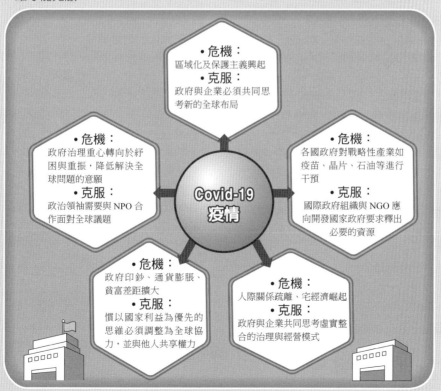

- 危機：
區域化及保護主義興起
- 克服：
政府與企業必須共同思考新的全球布局

- 危機：
政府治理重心轉向於紓困與重振，降低解決全球問題的意願
- 克服：
政治領袖需要與 NPO 合作面對全球議題

- 危機：
各國政府對戰略性產業如疫苗、晶片、石油等進行干預
- 克服：
國際政府組織與 NGO 應向開發國家政府要求釋出必要的資源

Covid-19
疫情

- 危機：
政府印鈔、通貨膨脹、貧富差距擴大
- 克服：
慣以國家利益為優先的思維必須調整為全球協力，並與他人共享權力

- 危機：
人際關係疏離、宅經濟崛起
- 克服：
政府與企業共同思考虛實整合的治理與經營模式

UNIT **8-12**
地方治理下的公共政策

在全球化趨勢下，為提升競爭優勢，城市或地方政府往往穿透國家機制，成為全球化的國際社會中積極的行為者，亦促使地方治理概念萌芽。

（一）地方治理的意義

所謂地方治理（local governance），是指有關全國性政策與地方性事務的釐定和執行中，決策主體不只侷限於中央與地方政府兩者間單純的互動關係，還包括其他的公、私組織和志願性團體等互動所形成的一種複雜的網絡關係。

（二）地方政府角色轉變的原因

地方政府的角色從統治變成治理，其原因可由以下四個層次觀察：

❶新右派改革理念的影響

經過新右派市場化潮流，地方政府已不再堅持為公共服務的獨占性供給者，其角色可以是公共服務的購買者，也可以透過公私合夥的方式生產公共服務。

❷府際關係朝向分權化演變

在國家財政壓力下，授權地方成為一種節省中央政府開支的手段，中央政府與地方政府變成「府際關係網絡」，成為資源互賴的夥伴關係。

❸地方政府必須設法提供公共服務

在財政與資源困窘的情況下，統治模式已無法因應人民需求，必須仰賴企業或志願性團體的分工，才能提供足夠的公共服務，因此地方政府必須與其他社會活動主體發展出更活絡的網絡結構。

❹對全球化趨勢的回應

地方政府也要面對全球化所帶來的挑戰，故地方政府必須經常穿透國家界線，與其他國家的城市或地方發展出各種競合關係。

（三）地方治理下公共政策的特徵

劉坤億教授認為在公共政策變革的途徑上，地方治理的共同特徵包括：

❶多層次的治理（multi-level governance）

在公共政策的發展上，中央或地方政府不再是地方治理的唯一行動者，其他地方政府、非營利組織、媒體和非組織性公民運動，以及企業等更為多元的社會行動者，將依不同的政策議題參與各種治理行動；甚且，國際組織、他國之中央或地方政府、跨國企業，以及國際非政府組織、全球傳媒和全球性公民運動等，也會直接或間接涉入地方治理的運作。

❷多元化的治理關係

隨著地方治理走向多層次化，行動者之間的治理關係也更形複雜。在地方治理的實務上，層級節制、交易契約和社群夥伴等三種關係是同時並存運作的。

❸資源的相互依賴

從政策網絡的概念重新理解地方治理，其中的行動者除了政府機關，還包括其他私部門和志願團體，這些行動者之間具有資源互賴（resources-dependence）的關係，任何治理結果的產出都必須藉由行動者之間的磋商和資源交換而完成。

❹政策網絡的管理

地方治理的過程中，會形成一種「自行組織的網絡治理」。各類行動者會依不同政策議題、不同的時間而自組成不同類型的政策網絡，地方治理即是對這些自組化的政策網絡加以管理。

地方政府所面臨的多層次治理結構

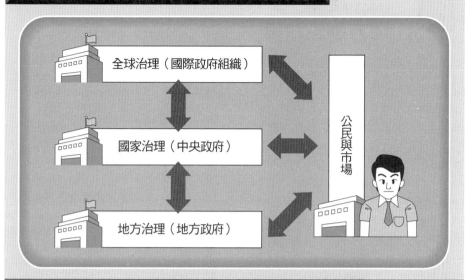

全球治理（國際政府組織）

國家治理（中央政府）

地方治理（地方政府）

公民與市場

三種治理型態在地方治理中反映的現象

三種治理型態指的是「科層」、「市場」與「網絡」（見8-9單元），地方治理亦不脫此三種型態，其意涵如下：

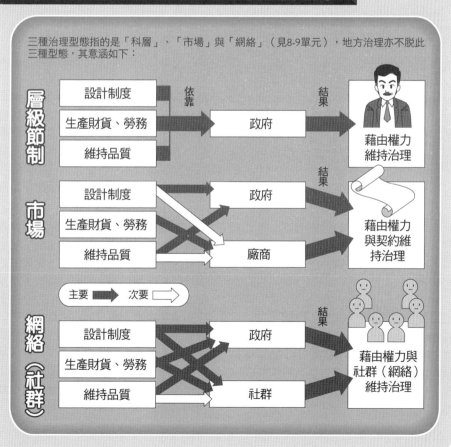

層級節制

設計制度 ── 依靠 ──→ 政府 ── 結果 ──→ 藉由權力維持治理
生產財貨、勞務
維持品質

市場

設計制度 ──→ 政府 ── 結果 ──→ 藉由權力與契約維持治理
生產財貨、勞務
維持品質 ──→ 廠商

主要 ■■■▶　次要 ▷

網絡（社群）

設計制度 ──→ 政府 ── 結果 ──→ 藉由權力與社群（網絡）維持治理
生產財貨、勞務
維持品質 ──→ 社群

UNIT **8-13**
地方創生政策

圖解公共政策

　　地方創生（local revitalization）是藉由地方自發性思考，建構在地永續經營發展的團隊，期待透過「設計翻轉，地方創生」計畫及循序漸進的作業流程，整合在地與旅外優質人力，促使在地產業發展。

（一）地方創生的緣起

　　地方創生的概念源自日本 2013 年《中央公論》期刊出現「2040 年地方消滅」的言論；而 2014 年日本政府的人口調查報告指出，至 2040 年日本將有 896 個地方政府可能消失，其中有 523 個消失的可能性極高；同時國土交通省發表的《2050 年國土計畫》也提出類似的結論。「地方消滅論」促使安倍晉三內閣成立「城鎮、人、工作創生本部」，以回應人口負成長及超高齡化社會造成的勞動力減少，人口向東京首都圈過度集中，以及地方發展困境等問題，從國家的整體發展，推動跨部會的「地方創生」政策，並通過〈地方創生法案〉、〈地域再生法改正案〉，以「資訊支援」、「人才支援」及「財務支援」等「三支箭」，整合國家資源，藉由國家政策促進地方自治體自發性的發展創生事業，創造在地就業機會，吸引人口回流，打造適合年輕人創業、成家及生育的環境。

（二）我國的地方創生政策

　　我國的地方創生政策幾乎完全仿傚日本，先是行政院國家發展委員會在 2018 年 8 月的《中華民國人口推估報告》顯示，我國總人口將於 2065 年降至 1,735 萬人，減幅超過四分之一。但六都人口占總人口比率至超過七成，區域人口分布不均的問題將更形嚴重。因此行政院為推動「均衡臺灣」，即根據地方特色，發展地方產業，讓人口回流、青年返鄉，積極推動「地方創生」政策。

　　我國的地方創生號稱有「五支箭」，分別是「鼓勵企業投資故鄉」、「科技導入協助創生事業」、「整合部會創生資源」、「鼓勵並誘導社會各界參與創生」及「建立地方品牌形象」。而在推動架構上，依行政院《地方創生國家戰略計畫核定本》，分為兩種：

❶中央與地方府際合作架構

　　以「行政院地方創生會報」為決策核心，國發會驅動各部會的資源與支援，一同協助地方政府提出創生計畫，而產業界、學術界、政府部門、研究機構以及地方社會一同參與協助創生事業的執行。地方政府分為「縣市政府」與「鄉鎮市區公所」兩個層級，前者研擬跨域型創生計畫、協助創生事業體提案並媒合資源，以及成立地方創生專戶，統籌來自各界的投資款項；後者發掘地方特色、帶領區域內利害關係人發展共識並形成地方創生願景，結合事業規劃以提出地方創生計畫。

❷地方政府與利害關係人公私協力提案

　　提案主體是以鄉（鎮、市、區）為主軸尋找社會或社區力量、地方大學或研究機構及在地或外地企業協助發掘事業提案的 DNA，凝聚共識以及形成願景完成事業提案企劃。過程中縣市政府扮演協助者的角色，協助與輔導地方事業提案企劃的完成。待確認事業提案成功後，企業、學研機構及社區單位依據事業提案內容，向縣市政府以及中央機關提請資源需求以落實事業提案內容。

我國地方創生發展優先推動區的類型與模式

依我國行政院《地方創生國家戰略計畫核定本》（2019）的規劃，地方創生的類型與發展模式包括：

農山漁材

分布於中南部山區及沿海，農漁業雖蘊藏豐富，但人口規模過小且青壯人力不足，致產業發展不易。

對策上應朝輔導青年返鄉創業，發展產業六級化，改善聯外交通，強化高齡照護設施，完善地方基本生活機能等方向辦理。

中介城鎮

介於都市與農山漁村（或原鄉）間之地方型生活及就學核心，零星分布於中南部都市邊緣，惟地方街區老舊沒落，產業提升動能不足。

對策上應朝強化中介服務功能，鏈結都市與農山漁村（或原鄉），活化既有老舊街區，提升地方商業活動機能等方向辦理。

原鄉

屬原住民族地區，主要分布於中央山脈及東部地區，土地發展受限，青年就業機會不足，公共服務水準不佳。

對策上應朝協助當地就業或創業，媒合專業人才發展產業，強化教育、醫療照護及聯外交通等公共服務或設施等方向辦理。

從社區營造政策到地方創生政策

我國地方創生政策融合「地域營造」與「地方振興」兩種途徑的基礎。前者是早期從「文建會」到「文化部」的社區營造政策；後者是經濟部協助各地方政府推動的地方產業發展政策。

地域營造途徑——社區營造	• 社區發展工作期（1965-1992）：在各地成立社區發展協會，作為推動社區事務的基層組織 • 社區總體營造期（1993-2001）：尋找社區文化的共同記憶與地方文化特色，凝聚以公共利益為基礎的社區意識 • 健康社區六星計畫（2002-2007）：在人文教育、產業發展、社福醫療、社區治安、環保生態及環境景觀等六大面向鼓勵民眾共同參與，帶動政府與民眾協力合作的風潮 • 村落文化發展（2008-）：結合各機關資源及民間團體活力，提供文化參與的多元會及管道，提升在地文化及藝術活動的參與意願	我國現階段地方創生政策
地方振興途徑——地方產業	• 地方特色產業輔導工作（1989-）：在全臺各鄉鎮挖掘當地特色產業，以形成「一鄉一特產」（One Town One Product, OTOP） • 社區小企業輔導工作（1994-）：協助地方發展特色傳統產業與塑造特色風格之社區，活化地方與社區產業發展，建構臺灣在地的特色產業	

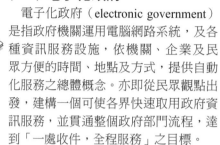

UNIT **8-14**
電子化政府與數位政府

（一）電子化政府

電子化政府（electronic government）是指政府機關運用電腦網路系統，及各種資訊服務設施，依機關、企業及民眾方便的時間、地點及方式，提供自動化服務之總體概念。亦即從民眾觀點出發，建構一個可使各界快速取用政府資訊服務，並貫通整個政府部門流程，達到「一處收件，全程服務」之目標。

此外，由於電子化政府帶來資訊與知識分享、增加政策透明程度、鼓勵內部討論、促進公民參與等特質，可以拉近政府與民眾的距離，塑造公開和負責的政府形象。

（二）數位政府

依我國的電子化政府計畫，自 2017 年開始的第五階段電子化政府目標即為「數位政府」，2021 年起的第六階段則是延續數位政府的「服務型智慧政府 2.0」計畫。數位政府乃以巨量資料（big data）、開放資料（open data）、個人資料（my data）為工具，透過巨量資料分析並彙集民眾需求，以開放資料作為政府透明公開之基礎，並妥善運用個人資料完備為民服務需求，而所有的服務則盡可能以公私協力方式完成。巨量資料、開放資料、個人資料等三者對數位政府的意義如下：

❶巨量資料

網際網路中的數位資料具有大量、迅速以及多元的性質，此即所謂「巨量資料」（Big Data），簡稱「大數據」。巨量資料分析可以讓研究者直接觀察母體最細緻的地方，例如全家便利商店整合天氣資訊與店頭銷售資訊去計算關東煮的備貨量、臺北市和臺中市透過數億筆公車乘車刷卡資訊重新規劃公車路線與班距等，都是大數據運用的成功經驗。

❷開放資料

大數據分析必須以「資料公開」為前提，所以「開放政府資料」（Open Government Data, OGD）強調「政府資訊的主動揭露，並讓所有人都能夠在線上近用、再利用、無限制地再分配資料」。其源於美國前總統歐巴馬（B. Obama）2009 年簽署的〈透明與開放政府備忘錄〉，倡導透明、參與、協力等價值。例如常見的公車候車 APP 程式，就是地方政府將掌握的公車衛星定位資訊即時分享給民間程式設計者的成果。

❸個人資料

個人資料（My Data）指的是能依照個人需求提供民眾下載個人資料，或是透過線上服務授權，由民眾授權政府機關或民間業者取得其個人資料，以提供個人化服務，建構以民為本的數位服務個人化創新服務，並讓民眾在生活上能有更準確的決策依據。例如美國的 Blue Button 計畫，提供民眾下載個人醫療資料進行健康管理；而美國的氣喘藥廠透過氣候資訊、GPS 定位與個人藥品使用時機交叉分析得出每位氣喘病患的發病風險，發送客製化簡訊以提醒病患預防發病。我國也提供民眾用健保卡申請並下載自己的「健康存摺」，讓民眾可以查詢個人就醫紀錄，做好自我健康管理。

電子化政府與數位政府的差異

現階段「數位政府」與過去的「電子化政府」有明顯的不同；就其核心理念而言，「電子化政府」係以資通訊科技將政府對內及對外服務流程標準化、資料結構化之後，把實體服務轉為網路服務，提供政府公務人員、企業，以及民眾使用。但是，「數位政府」係將所有事務、流程均以「資料」（Data）的方式呈現，並以資料傳遞的角度重新設計政府服務樣態。換言之，在根本精神上，「電子化政府」是服務導向的政府型態；而「數位政府」是資料導向的政府型態。

	電子化政府	數位政府
重點	**合理化及最佳化：** ❶提供一個更便利以獲得政府資訊與服務的管道。 ❷以線上作業取代內部作業，強調線上與後台作業的結合，以提供一個更緊密及有效的互動。	**開放及改造：** 主張所有的資料必須數位化。從資訊流暢與有效分享的觀點，重新設計業務程序與顧客經驗。
範圍	**服務遞送：** 強調線上服務的遞送。	**服務遞送及營運：** 強調內部營運與服務遞送，而且模糊它們之間的界線。譬如提供可得的開放資料，能使個人或群體直接參與服務的遞送。
方法	**服務導向：** 著重於將特定的服務線上化。	**資料導向：** 強調以資料為中心，不再以應用程式為重心，將重點放在應用程式與服務賴以建立的資料上。

知識補充站 ★政府運用大數據的個案──北京市的「APEC藍」

2008年北京奧運期間，北京市曾透過限制汽車入城的方式改善空氣品質，但效果不彰且代價太大。2014年APEC期間，北京市政府與IBM合作，透過衛星即時訊息、近郊工廠分布地圖與氣候變遷歷史資訊等交叉分析，精準計算出北京市未來24小時的空汙情形，而能加以事先預防，於是在一萬家企業限停產、四萬多處工地停工的政策要求下，亞太經合會期間創造出「APEC藍」。

UNIT **8-15**
電子治理與電子民主

圖解公共政策

（一）從電子治理到電子民主

建構電子化政府之目的在達成「電子治理」（electronic governance），又稱 E 化治理（e-governance）。其乃指應用資訊通信科技所施行的治理。E 化治理涵蓋整個政策過程，如公共問題的建言、決策者決策時所需的資訊系統、政策合法化過程的表意管道或投票系統、政策執行的監測與監督、政策效果與顧客滿意度的評估等等。透過進步的資訊科技，先進國家不僅在推動「電子化政府」，更試圖達成「電子民主」的理想；也就是使公民透過網際網路，直接進入政府提供的資訊系統，並與該部門對話。因此有人認為未來的民主政治將是按鈕式民主（push-button democracy），電子民主下的公民則是網路公民（netizens）。

（二）電子民主的反思

即便許多資訊專家對電子民主的願景充滿樂觀，認為網路科技所帶來的「近似」直接民主的效果可以克服代議民主的缺失而成為新的主流，但亦有許多政治學者持比較保守的看法，認為資訊科技只能取代民主政治「技術面」的部分，而非一種新的政治型態，因為：

❶民主政治的實質內容是無法以科技來取代的，如正義、公平等價值觀的論辯，唯有透過面對面的對談才能「將心比心」，達成「互為主體的認知」。

❷資訊科技是中產階級的產物，對於講究全民參與的民主政治來說，電子民主背後的「數位落差」問題，反而使民主的管道被科技菁英壟斷。

❸網路參與多為「匿名性」的參與，參與者的意見是否屬實？又有多少代表性？

（三）網路投票

隨著數位時代的來臨，網路投票（i-voting）儼然成為一種趨勢，臺北市長柯文哲從競選過程開始，到上任後部分首長的任命，甚至公共政策的決定，都採用過網路投票。論及網路投票的優點，最顯著的就是它是一種非常有效率的民眾參與方式。在現今上網如此方便的時代，透過網路參與政策，比起傳統投票的舟車勞頓，民眾付出的成本相對低廉許多，投票率能因此提高，因此能帶來更有效率的參與，讓投票結果更能反映整體的民意。

然而，網路投票也面臨許多限制，首先仍是「數位落差」的問題，對於那些不會使用、無法使用，以及不想使用資通科技的人們來說，全面性的網路投票等於剝奪參政權。而且資通設備愈高級的人，能享有更多、更快的資訊，無異也是一種貧富差距的後遺症。其次就是資訊設備軟硬體的安全問題，投票結果如何避免駭客的干預？投票者的資訊能否完全保密？除了政府的伺服器必須安全外，個人所使用的上網工具也必須是安全的。而網路與電力等設備是否均能足夠使用？相信很多人買票時都經歷過網路塞車、當機的問題。

所以，結論仍是強調，資訊科技只是民主的工具，不能代表民主的結果；公民素養的提升才是王道。

電子治理的三種面向

電子治理是在資訊化的環境系絡下產生的，政府必須應用資訊科技以提升績效。其中包括透過資訊科技蒐集民意、擴大民眾參與的「e民主」；運用資通科技傳輸公共服務的「e服務」；以及應用數位工具進行組織內部事務各種管理的「e管理」。

面向	內涵	舉例
e民主 （e-democracy）	透過資訊科技的應用，達到反映民意、民眾參與決策的目的	線上公民會議（2015全國能源會議採全程網路直播，並設有網路文字牆將網友於直播時之留言即時投影至大會現場）；線上滿意度調查、線上投票等
e服務提供 （e-service provision）	透過數位網絡與數位媒體傳輸公共服務	應用簡訊傳遞停車費繳納通知、使用APP公告即時氣候與空氣品質、線上申報所得稅等
e管理 （e-management）	應用數位工具進行公共組織內部事務的各種管理、分配資源、傳遞訊息、輔助決策、績效考核、監控政策的執行	利用組織內部網路傳遞公文書和各種訊息通知、利用電腦進行財務管理與人事管理等、運用決策支援系統預測政策的結果等

網路投票（i-voting）的方式——以臺北市政府為例

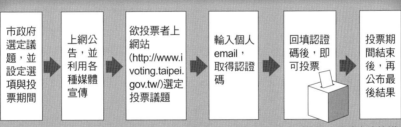

| 市政府選定議題，並設定選項與投票期間 | 上網公告，並利用各種媒體宣傳 | 欲投票者上網站（http://www.ivoting.taipei.gov.tw/）選定投票議題 | 輸入個人email，取得認證碼 | 回填認證碼後，即可投票 | 投票期間結束後，再公布最後結果 |

以這種設計方式來看，可說相當簡單，但尚不足以應付重要的大型投票，因此表決的議題通常也是比較不涉及重要決策，如「公民會館吉祥物命名」、「世大運徽章設計」、「圖書館公用電腦可否用於遊戲」等。

知識補充站 ★公共政策網路投票實例——公館徒步區

2015年1月，臺北市政府交通局對公館徒步區是否持續辦理，進行兩種投票表決，一是任何人皆可參與的網路投票（i-voting），另一則是對當地居民和店家進行問卷調查。第一階段開放20個小時上網登記，成功登記後會在投票前收到手機認證碼，在隔日凌晨12點至下午4點登入網站認證碼投票，選項有「贊成」、「無意見」及「反對」，結果於投票當日公布。結果，共有1,485人上網投票，其中有1,129人贊成，支持「續辦公館徒步區」者達76%。然而，這個投票結果備受質疑，首先是上網登記投票取得認證碼的人數有3,441人，但最後上網投票率只有43.16%，投票率連五成都不到，明顯宣導不力；且過程未篩選投票者，連遠住新竹的人都來投票，數據的參考價值恐怕有限。再加上北市府一開始就表示網路投票的結果「僅供參考」，也被譏為根本「多此一舉」。

第二階段問卷調查在網路投票結果公布後的隔天進行，採現場公民投票的方式，由經過身分認證的當地住戶與店家至當地投票所投票，結果是29%贊成續辦，71%反對，因此公館徒步區正式宣告結束。而實體公投的結果，竟與網路投票的結果「完全相反」！可見網路投票的用途與效果頗值得再檢討。

UNIT **8-16**
新制度經濟學與公共政策

2009年諾貝爾經濟學獎得主威廉森（O. Williamson）以「新制度經濟學」（The New Institutional Economics）聞名於世。新制度經濟學相信人性自利，但更進一步採納有限理性、資訊不對稱及環境不確定性等因素對人類的互動與集體結果的影響。新制度經濟學主張制度是影響個人與集體行動的重要變數，也是人們為了規範彼此間的互動，以及克服交易成本、外部性、代理人問題等集體行動障礙所設計的遊戲規則。制度決定了參與者的資訊、誘因與限制，進而影響其工作動機與表現，以及整個組織的績效。為了提高資源使用效率，將不斷地修正各種正式或非正式的制度。

新制度經濟學的研究雖以企業組織為主要對象，但其觀念亦可用於分析公共行政上的諸多現象，例如其中的「交易成本理論」以及「委託人—代理人理論」，已被廣泛用於公共政策的討論。

（一）交易成本理論
（transaction cost theory）

交易成本理論的基本觀念來自另一位諾貝爾經濟學獎得主寇斯（Coase）在1937年所寫的〈廠商的本質〉（The Nature of the Firm）一文，他認為在一個專業分工與交換的經濟體制下，會產生事前成本（如搜尋資訊、契約協商和簽訂之成本）和事後成本（監督契約執行之成本），這些為了使契約順利簽訂並履行的成本，統稱為交易成本。

威廉森認為組織的運作就是一連串的簽訂契約，交易成本就是經濟體系運作的成本，這些成本發生在組織簽定契約的過程上，包括：因應合作需要而產生

的交易所引起的調適不良成本；雙方企圖要矯正合作狀況不佳時所引起的討價還價成本；當爭議發生時必須訴諸一些治理機構來解決，它必定需要一些設立與經營的成本，以及為了有效確保雙方的承諾所必須投入的約束成本等等。交易成本理論的基本主張，就是制度的發展是為了節省交易成本，所以制度的改變與演進亦反映了交易成本的特性以及減少交易成本的方法。

對政府部門而言，為了減少交易所構成的行政成本，可設法將公共事務簽約外包給民間部門，並且提供適當的競爭以降低交易成本。

（二）委託人—代理人理論
（principal－agent theory）

委託人—代理人理論（簡稱「代理理論」）認為企業組織的委託人（股東）與代理人（經理人）都是自利且有限理性的個人，但代理人擁有組織中較多的資訊，激發代理人出現「道德危機」（設法擺脫委託人監控），並隱藏資訊使委託人出現「逆向選擇」（有利於代理人而不利於自己的錯誤決策）。所以代理理論主要探討雙方的契約設計與課責問題，以設法避免代理人的自利行為造成組織損失。

對政府部門而言，官僚便是人民的「代理人」，故在制度設計上應設法降低其自利行為。但由於受到人事法規約束，機關往往無法提供有效的激勵誘因（如：績效獎金），若能將具市場性的公共服務民營化或簽約外包，才能更有效率。或者儘量模仿企業，縮減規模並與員工簽訂契約，這些制度安排都是公部門應該可以採行的改革策略。

交易成本的觀念運用於民營化政策的邏輯

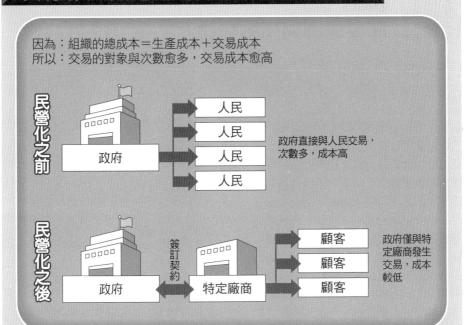

因為：組織的總成本＝生產成本＋交易成本
所以：交易的對象與次數愈多，交易成本愈高

民營化之前

政府 → 人民／人民／人民／人民

政府直接與人民交易，次數多，成本高

民營化之後

政府 ←簽訂契約→ 特定廠商 → 顧客／顧客／顧客

政府僅與特定廠商發生交易，成本較低

代理理論應用於公共政策的邏輯

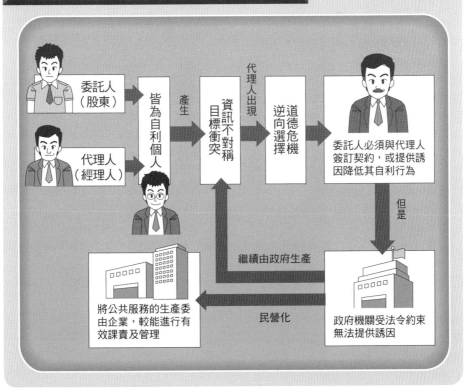

委託人（股東）
代理人（經理人）

皆為自利個人 →產生→ 資訊不對稱目標衝突 → 代理人出現 逆向選擇道德危機 → 委託人必須與代理人簽訂契約，或提供誘因降低其自利行為

但是

政府機關受法令約束無法提供誘因

繼續由政府生產

民營化

將公共服務的生產委由企業，較能進行有效課責及管理

UNIT **8-17**
制度變遷與斷續均衡

（一）制度

制度經濟學家諾斯（North）將制度視為人類社會中形塑互動的「遊戲規則」，也就是存在於政治或經濟體制中的那些正式或非正式的程序、慣例、規範、規則與習俗。因此制度具有一種結構化的客觀特徵，反映出人類行動的持續性、安定性與可預測性。但是人類制度的歷史顯現出來的內容卻非直線式的靜態過程，反而有時充滿著驚奇與讓人難以理解的演變，原因在於人類行動的主觀意願有時能打破客觀結構的藩籬，主動地去改變外在的制度結構。換言之，制度因人類行動的自主性而富有動態與變化。

（二）斷續均衡

1972 年，古生物學家古德（Gould）和奧瑞吉（Eldredge）修正達爾文物競天擇演化論的主張：「物種形成是一個逐漸而緩慢的過程，適者生存，演化也隨著發生。」他們認為生物演變有兩大重點：一是「物種的穩定」，一個物種在受到環境的壓力下仍保持穩定；另一是「快速的演化」，物種一旦發生演變，其過程是相當快速，並非緩慢而漸進。這種演化速度呈現動態性變化的狀態，就是所謂的「斷續均衡」（punctuated equilibrium）。

從斷續均衡看公共政策，則林布隆（Lindblom）的漸進理論在面對複雜的環境及偶發的劇變時，似欠缺解釋力。布加德（Baumgartner）與鍾斯（Jones）提出公共政策的「斷續均衡」；他們認為一個政治系統在處理議題的過程中，展現出相當大的穩定性；但是，這種穩定並非長期均衡，而是間斷的，並且處於改變中；因為新理念的產生，會使原先的優勢呈現不穩定狀態。就議程設定的角度而言，政策行動者總是應用各種方式來建立「政策獨占」，以進入政府議程，進而建立制度，形成穩定的政策均衡模式。不過，這個均衡是會被打破的，利益受損或需求未被滿足的一方會企圖扭轉對其不利的政府議程。當新的概念形成議題時，會使原先的均衡狀態失去平衡。

（三）制度變遷與斷續均衡

柯瑞斯納（Krasner）以斷續均衡研究制度變遷，他認為制度變遷的歷程分成「制度創設」和「制度穩定」。新制度結構的產生是出現在危機時刻，主要是因為外在環境的巨變，或是既存社會制度結構的重大分裂，這些危機的發生會導致舊制度的瓦解，加速政治上的衝突，最後創造出新的制度取代舊制度。一旦新制度產生之後，便會維持一段長時期的穩定，在這段時期，制度有自身的生命，會不斷汲取社會資源，穩固其所支撐的權力關係，此時制度的結構配置便能充分說明許多政策的結果。因此，制度的發展史是由穩定和危機這兩個時期相互遞換的過程，呈現出一種斷續均衡的演變過程。

經濟學者梭羅（Thurow）在《資本主義的未來》書中，指出現今資本主義主導的全球經濟正面臨一個發展的瓶頸與危機，也就是位於「斷續均衡」的時期，如果仍以漸進的觀點視之，恐步上恐龍在地球上消失的後塵。因此，人們必須以「斷續均衡」的角度探索人類未來的發展，面對變革，危機才可成為轉機。

生物演化與斷續均衡

這種觀點認為群體中較特別的個體會從中分離出來到別處生活，最後在當地繁衍出新的種類。

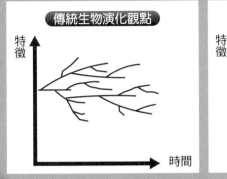

傳統生物演化觀點

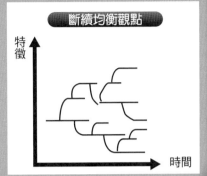

斷續均衡觀點

公共政策的斷續均衡

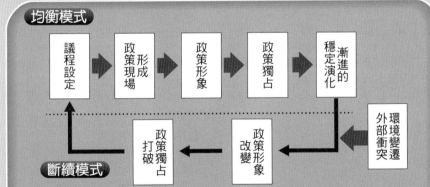

圖形說明	
政策現場／政策轄區（policy venue）	不同的政策有不同的屬性，其屬性將影響政策的主導地位，例如某些議題屬於政策次級系統，某些議題則屬於政治總體系統。例如「兩岸經貿協議」本屬經濟政策次級系統，但一旦涉及兩岸關係，就不再純屬經濟部管轄的政策議題，而成為整個國家認同的問題。
政策形象（policy image）	政策形象是一個政策議題被公眾所理解與認知的特定方向；其本質是一種經驗、資訊和情感評價的混合。政策獨占就在於公眾接受正面的政策形象，同時排除與他們不同的政治形象。媒體在政策形象建構上扮演重要角色，當媒體對政策形象為負面時，反對者將有機會攻擊當前的政策。
政策獨占（policy monopolies）	大部分的政策是在缺乏有力的反動員力量下被建立，並得以繼續落實，進入「漸進主義」時期；但這並非政治系統真正的均衡，而是一種結構誘發導致的均衡，其存在需要依賴某些政治制度的權力。當有新觀點出現時，可能改變既有的政策獨占局面。政策獨占的形成主要係因具有排除外來者之正式或非正式法規，以及政策有正面形象，足以喚起支持者。政策制定者經常試圖建立政策獨占的局面，而政策獨占的建立與摧毀間，有一動態的連結。政治領導者、政府機關、民間組織或民眾對某些議題突然發生興趣，常是因為對政策本質產生新的了解或觀點，形成不同的政策形象。

283

UNIT **8-18**
政策推力與行為政策學的興起

圖解公共政策

　　行為政策學（behavioral public policy）即行為取向的政策研究的總稱，其發展係以「行為經濟學」在公共政策領域的應用為基礎。行為政策學的主要功能，在於發掘個人心理與行為層次的影響因素，以改變標的人口決策的結果，進而節省政府經費，提升政策成效。

　　行為政策學的興起，歸功於有「行為經濟學之父」美譽的諾貝爾經濟學獎得主賽勒（R. H. Thaler）為前英國首相卡麥隆（Cameron）於 2010 年規劃成立的「行為洞察團隊」（behavioral insights team）。該團隊延攬多位行為心理學家，致力於從人類行為的原理或謬誤去提高公共政策的順服程度，由於效果顯著，亦為美國前總統歐巴馬（Obama）仿效成立「社會與行為科學團隊」（social and behavioral sciences team），運用行為科學的觀點提供人民更好的服務。而賽勒所採行的方法，即為著名之「推力」（nudge）。

　　推力係植基於行為經濟學所設計的政策干預或措施，也就是利用或因應人類不理性行為的行為改變技術。行為經濟學家相信可透過人類理性能力有限的特性，運用行為科學設計出簡單、便宜而有效的誘因，促使人們行為的選擇結構往可預測的方向轉變，且並非透過禁止或強迫等方式，最終是讓人們自己做出有利的選擇，因此不是欺騙、獨裁或威權，而是一種「自由的家長主義」（libertarian paternalism）。政策推力的興盛，在當代政府普遍面臨財政壓力下，推力的設計既能節省政府開支，又能提升政策成效。

　　為了使政策推力不違背民主自由的原則，適合的做法包括：

❶合適的動機設定

　　動機的設定應是因人制宜的，設計時應從「使用者」、「決定者」、「付費者」、「獲利者」等四個面向考量。例如消費者經常在電費成本與綠能之間產生矛盾，政府就可在電費單上加入環保警語及改採綠能發電後的電費試算，讓民眾自願加入綠能行列。

❷幫助個人理解其決策結果

　　面對複雜的情境，人們往往難以預期決策結果是否正確，而好的選擇制度應能協助人們選擇對其有利的選項。例如政府可要求電信業者明確呈現消費者的通話費清單，使人們有能力選擇合適的資費方案。

❸提供預設選項

　　為了促使人們選擇某個選項，政府可以直接將鼓勵的選項設為預設值，除非人們主動修改，否則即視為是選擇了那個預設的項目。例如英國地方政府在民眾申領駕照時附上器官捐贈同意書，如果民眾沒有主動勾選「不同意」，即代表「同意」。此法雷同於我國電信業者常贈送一週的來電答鈴，如果用戶沒有在試用期滿時特別取消，即視為同意付費購買。

❹給予顯著的回饋

　　當特定行為出現時，便及時提供顯著的鼓勵或警示回饋，例如民眾裝設智慧電表可馬上顯示冷氣早點關掉可省下的電費；或在公車的行車電腦安裝車速過快時的提示警鈴。

❺避免可預期的錯誤

　　設計良好的推力系統應能預期人們可能的犯錯問題，並運用線索的呈現以降低犯錯率。例如當人們在 ATM 領款時，須先將退卡取出，才能順利領到錢，便可避免忘記取卡的錯誤。

❻簡化複雜的選項

　　當選項愈多時，行為人愈可能採取不適當的策略。所以好的選擇結構，應簡化複雜的決策過程，例如在網路購物中常透過協同過濾的方式，推薦消費者其他類似屬性者也偏好的相關商品，降低消費者的搜尋時間。

行為經濟學的研究方法與成果

行為經濟學植基於經濟學、心理學與其他社會科學，是循證基礎的，尤其須有行為的證據，以強化研究的因果關係與效度。行為經濟學早期的方法主要即為實驗設計，邇來則逐漸多元化，其理論要素主要引自心理學「行為決策」領域的研究，特別是「判斷」（探討人們如何主觀評估某一事件發生的機率）與「選擇」（檢視人們在面臨多元選擇或不確定性時的決策行為）。行為經濟學發現人類行為不理性的影響因素包括：

影響因素	內容
❶損失趨避偏誤（loss aversion）	人們對放棄一項物品的效用損失往往被認為大於得到它可獲得的效用，故人們傾向去避免損失而非追求獲益。所以當行為成敗的客觀機率是輸贏各半時，人們對損失的評價通常高於獲益，會傾向於維持現狀。
❷心理帳戶（mental account）	人們傾向將不同的收入來源歸入不同的「心理帳戶」，而不同帳戶的邊際消費傾向是不同的。例如人們可能會對辛苦賺來的錢省吃儉用，卻快速花掉中獎所得的意外之財。
❸展望理論（prospect theory）	人們的選擇會受參考點的影響，對損失的厭惡常大於對利得的偏好。另外，資訊呈現的次序與脈絡，皆可能改變個人的認知。例如「一個女大學生放學後去酒店陪酒」會讓人厭惡，但「一個酒店小姐下班後還去大學進修」卻會讓人產生好感。
❹捷思偏誤（heuristics）	在有限的認知條件下，人們傾向依賴捷徑的思考方式而非充分的分析，能被反覆呈現、符合人們的經驗與偏好的訊息，即使準確性堪慮，也多會被以為真實。
❺當下偏誤與顯著性（present bias and salience）	當下資訊的確定性、顯著性較能掌握，故人們傾向重視當下而非長期的利益，並將未來的報酬打折。此外，人們較關注能支持其當下觀點或行為的事物，作為一種合理化自我的依據。
❻錯估機率（misestimation of robabilities）	人類對於事物的判斷往往產生可預期的偏誤方向。例如個人往往低估其完成工作的時間，此為「規劃偏誤」；或是基於回憶的準確性和完整性的差異所產生的系統誤差，例如父母比較容易記得養育小孩過程中美好的一面，稱為「回憶偏誤」。

參考書目

王文科、王智弘，2007，《教育研究法》，臺北：五南圖書。

王業立、郭應哲、林佳龍譯，Herbert Levine 著，1999，《政治學中爭辯的議題》，臺北：韋伯文化。

王佳煌、潘中道、郭俊賢、黃瑋瑩譯，W. Lawrence Neuman 著，2002，《當代社會研究法：質化與量化途徑》，臺北：學富文化。

丘昌泰，1995，《公共政策：當代政策科學理論之研究》，臺北：巨流圖書。

丘昌泰，2002，〈從「鄰避情結」到「迎臂效應」：臺灣環保抗爭的問題與出路〉，《政治科學論叢》，17 期，頁 33-56。

丘昌泰，2004，《公共政策基礎篇》，臺北：巨流圖書。

丘昌泰，2005，〈社會發展與集體行動：理論發展與測量指標的檢視〉，發表於歐美政府治理理論與實踐學術研討會，中央研究院歐美研究所主辦。

丘昌泰、李允傑，2007，《政策執行與評估》，國立空中大學。

丘昌泰、余致力、羅清俊、張四明、李允傑，2001，《政策分析》，國立空中大學。

史美強，2005，《制度、網絡與府際治理》，臺北：元照。

江明修、鄭勝分，2004，〈從政府與第三部門互動的觀點析探臺灣社會資本之內涵及其發展策略〉，《理論與政策》，17 卷 3 期，頁 37-58。

曲兆祥，2004，《公民投票理論與臺灣的實踐》，臺北：揚智文化。

朱志宏，2000，《公共政策》，臺北：三民書局。

任德厚，1993，《政治學》，臺北：三民書局。

汪正洋，2006，〈從社會資本觀點探討組織內部的知識分享〉，《中國地方自治》，59 卷 3 期，頁 30-45。

汪正洋，2006，〈地方政府推動地方策略性行銷管理〉，《中國地方自治》，59 卷 6 期，頁 19-36。

汪正洋，2017，《行政院組織改造之研究——歷史制度主義的觀點》，國立臺灣師範大學未出版博士論文。

李再長譯，Richard L. Daft 著，1999，《組織理論與管理》，臺北：華泰文化。

李宛蓉譯，大前研一著，1996，《民族國家的終結；區域經濟的興起》，臺北：立緒文化。

吳定，2008，《公共政策》，臺北：五南圖書。

吳定，2003，《公共政策辭典》，臺北：五南圖書。

吳定，2003，《公共政策》，國立空中大學。

吳瓊恩，1992，《行政學的範圍與方法》。臺北：五南圖書。

吳瓊恩，2005，《公共管理》，臺北：國立空中大學。

呂亞力，2001，《政治學》。臺北：三民書局。

余致力、毛壽龍、陳敦源、郭昱瑩，2007，《公共政策》，臺北：智勝文化。

易君博，2003，《政治理論與研究方法》，臺北：三民書局。

周育仁，2003，《政治學新論》，臺北：翰蘆圖書。

林水波、邱清鈜，2006，《公民投票 vs. 公民會議》，臺北：五南圖書。

圖解公共政策

林水波、張世賢，2006，《公共政策》，臺北：五南圖書。

林玉華，2002，《政策網絡理論之研究》，臺北：瑞興圖書。

林祐聖譯，David Held 等著，2005，《治理全球化》，臺北：韋伯文化。

林祐聖、葉欣怡譯，Lin 著，2005，《社會資本》，臺北：弘智文化。

林鍾沂，1994，《政策分析的理論與實踐》，臺北：瑞興圖書。

林鍾沂，2003，《行政學》，臺北：三民書局。

林鍾沂、柯義龍、陳志瑋譯，Michael Hill 著，2003，《現代國家的政策過程》。臺北：
　　韋伯文化。

胡幼慧，1996，《質性研究：理論、方法及本土女性研究實例》。臺北：巨流圖書。

徐仁輝，2006，〈公共政策的經濟學研究途徑〉，收錄於《新世紀公共政策理論與實
　　務》，臺北：世新大學。

徐仁輝、陳敦源、黃光維譯，Gordon Tullock, Arthur Seldon and Gordon L. Brady 著，
　　2005，《政府失靈：公共選擇的初探》，臺北：智勝文化。

孫治本譯，Ulirich Beck 著，2001，《全球化危機：全球化的形成、風險與機會》。臺北：
　　臺灣商務印書館。

翁興利，2004，《政策規劃與行銷》，臺北：華泰文化。

翁興利、施能傑、官有垣、鄭麗嬌著，1998，《公共政策》，國立空中大學。

國家發展委員會，2016，〈第五階段電子化政府計畫：數位政府（106 年至 109 年）〉，
　　國家發展委員會。

陳恆鈞譯，James P. Lester and Joseph Steward, Jr. 著，2001，《公共政策：演進研究途
　　徑》，臺北：學富文化。

陳恆鈞、王崇斌、李珊瑩譯，Charles E. Lindblom and Edward J. Woodhouse 著，
　　2001，《最新政策制定過程》，臺北：韋伯文化。

陳恆鈞，2002，《治理互賴與政策執行》，臺北：商鼎文化

陳恆鈞等譯，David L. Weimer and Aidan R. Vining 著，2004，《最新政策分析：概念
　　與實踐》，臺北：韋伯文化。

陳義彥等譯，David Marsh and Gerry Stoker 著，2007，《政治學方法論與途徑》。臺北：
　　韋伯文化。

陳義彥主編，2008，《政治學》，臺北：五南圖書。

曹俊漢，1990，《公共政策》，臺北：三民書局。

黃俊英，2003，《行銷學的世界》，臺北：天下文化。

黃新福、盧偉斯，2006，《非營利組織與管理》，國立空中大學。

黃榮護，1999，《公共管理》，臺北：商鼎文化。

許道然等著，2004，《行政學名家選粹》，國立空中大學。

張世賢，2004，《公共政策分析》，臺北：五南圖書。

張世賢，2008，《地方永續發展政策的執行策略：兼理論探討》，行政院國家科學委
　　員會補助專題研究計畫。

張美惠譯，Fukuyama 著，2000，《跨越斷層——人性與社會秩序重建》，臺北：時
　　報文化。

逯扶東，1994，《西洋政治思想史》，臺北：三民書局。

彭懷恩，2000，《政治學 Q & A》，臺北：風雲論壇。

彭懷恩，2003，《政治學理論與方法論 Q & A》，臺北：風雲論壇。

詹中原，2003，《新公共政策—史‧哲‧全球化》，臺北：華泰文化。

楊日青、李培元、林文斌、劉兆隆譯，Andrew Heywood 著，1999，《政治學新論》，
　　臺北：韋伯文化。

楊婉瑩、陳采葳，2004，〈國會改革風潮下黨團協商制度之轉變與評估〉，《東吳政
　　治學報》，19 期，頁 111-150。

楊建成等著，2005，《經濟學帝國主義》，臺北：揚智文化。

賴怡樺、林水波、陳敦源，2018，〈行為政策學：以政策工具「推力」為焦點之探究〉，
　　發表於 2017 臺灣公共行政學會年會，臺灣公共行政學會主辦。

劉怡女譯，Richard H. Thaler 著，2016，《不當行為：行為經濟學之父教你更聰明的
　　思考、理財、看世界》，臺北：先覺出版社。

劉明德譯，Charles E. Lindblom 著，1991，《政策制定過程》，臺北：桂冠圖書。

劉坤億，2002，〈全球治理趨勢下的國家定位與城市發展：治理網絡的解構與重組〉，
　　《行政暨政策學報》，34 期，頁 57-83。

劉瑞華譯，Douglass C. North 著，1995，《制度、制度變遷與經濟成就》，臺北：時
　　報文化。

劉應與，2002，〈民意調查知多少〉，《科學發展》，360 期，頁 52-57。

鄭興弟，2004，《政策規劃：理論與方法》，臺北：商鼎文化。

羅清俊、陳志瑋譯，Thomas R. Dye 著，1999，《公共政策新論》，臺北：韋伯文化。

羅清俊，2015，《公共政策：現象觀察與實務操作》，臺北：揚智文化。

Held, D. and McGraw A. with Goldblatt, D. and Perraton, J., 2001. "Managing the Challenge
　　of Globalization and Institutionalizing Cooperation Through Global Governance," in
　　Kegley, C. W. and Wittkopf, E. R.(eds.), "The Global Agenda: Issues and Perspectives,
　　Sixth Edition," McGraw-Hill Companies, Inc.

Kingdon, J. W., 1984. "Agendas, Alternatives, and Public Policies," Boston: Little Brown.

Kotler, P. and Levy, S. J., 1969. "Broadening the Concept of Marketing," *Journal of
　　Marketing*, Jan(33): 10-15.

Parsons, W., 1995. *Public Policy: An Introduction to the Theory and Practice of Policy
　　Analysis*. UK: Edward Elgar Publishing Limited.

國家圖書館出版品預行編目資料

圖解公共政策／汪正洋著. -- 五版. -- 臺北
市：五南圖書出版股份有限公司, 2022.04
　面；　　公分.--（圖解政治系列；2）
　ISBN 978-626-317-570-9（平裝）
1.公共政策
572.9　　　　　　　　　111000782

1PN2

圖解公共政策

作　　者 — 汪正洋（54.4）

發 行 人 — 楊榮川

總 經 理 — 楊士清

總 編 輯 — 楊秀麗

副總編輯 — 劉靜芬

責任編輯 — 呂伊真

封面設計 — 王麗娟　P.Design視覺企劃

出 版 者 — 五南圖書出版股份有限公司

地　　址：106台北市大安區和平東路二段339號4樓

電　　話：(02)2705-5066　　傳　　真：(02)2706-6100

網　　址：https://www.wunan.com.tw

電子郵件：wunan@wunan.com.tw

劃撥帳號：01068953

戶　　名：五南圖書出版股份有限公司

法律顧問　林勝安律師事務所　林勝安律師

出版日期　2012 年 5 月初版一刷
　　　　　2018 年 12 月四版一刷
　　　　　2020 年 10 月四版二刷
　　　　　2022 年 4 月五版一刷

定　　價　新臺幣380元

經典永恆・名著常在

五十週年的獻禮——經典名著文庫

五南，五十年了，半個世紀，人生旅程的一大半，走過來了。

思索著，邁向百年的未來歷程，能為知識界、文化學術界作些什麼？

在速食文化的生態下，有什麼值得讓人雋永品味的？

歷代經典・當今名著，經過時間的洗禮，千錘百鍊，流傳至今，光芒耀人；

不僅使我們能領悟前人的智慧，同時也增深加廣我們思考的深度與視野。

我們決心投入巨資，有計畫的系統梳選，成立「經典名著文庫」，

希望收入古今中外思想性的、充滿睿智與獨見的經典、名著。

這是一項理想性的、永續性的巨大出版工程。

不在意讀者的眾寡，只考慮它的學術價值，力求完整展現先哲思想的軌跡；

為知識界開啟一片智慧之窗，營造一座百花綻放的世界文明公園，

任君遨遊、取菁吸蜜、嘉惠學子！